Inhalt

Vorwort 7

Einleitung 9

Paaranalyse und Paartherapie – Übergangsritual
und Paarbildung

1 Von der Wirtschaft zur Leidenschaft 25

Die faule Frau – Fallen wir in die Liebe – oder müssen wir sie
bauen? – Der Glaube an ein erweitertes Ich – Die Frau als
Expertin der Liebe – Genuss bietet nur das schwierige Ritual –
Einwände gegen Mr. Taylor und Dr. Masters

2 Rituale gegen die Angst 41

»Du verstehst mich nicht!« – Sind Rituale therapeutisch?
Oder kompensieren Therapien den Ritualmangel? – Zwang –
Vom Zwang zurück zum Ritual – Die autistische Dimension –
Die manische Abwehr – Exkurs über den sicheren Ort –
Das Angst-Wut-Ritual

3 Eros, Geld und Leistung – Rituale der Symmetrie 79

Zur Evolution der Bindung – Genetische und kulturelle
Faktoren – Emotion und Stabilität – Symbiose und Entwertung – Die Verinnerlichung von Austausch – Die Symme-
trie-Falle – Das Ritual als Gebrauchsanweisung – Sexuelle
Versöhnung – Gegen die Welt oder in die Welt? – Das pornografische Ritual – Die schlaflose Frau

4   Ritual und Aggression 131

Fahrer und Beifahrerin – Drohrituale – Individualisierung
und Gewalt

5   Stabile und hydraulische Rituale 143

Pflicht und Neigung – Die Grenzen ritueller Räume –
Die Grenze zur Clique – Kontrollbedürfnis und Ritualbildung

6   Abwehrmechanismen und die Kunst des Grenzrituals ... 168

Exkurs: Manische Abwehr und Konsumismus – Vorwurfs-
rituale – Heilung durch Liebe? – Verdrängung und
Ritualbildung – *The Crumbs off the Wife's Table*

7   Einseitige Rituale 191

Die Bikini-Depression – Die Entwertung des realen
Partners – Das Jagdritual – Schwärmerei und Beziehungswahn – Stalking – Rache

8   Behandlungstechnik 213

Das Ritual der Paaranalyse – Symbiose und Triangulierung –
Das Ritual des schlechten Gewissens – Paaranalyse und
Einzeltherapie – Sucht und Koabhängigkeit

Schluss: Rituale und kein Ende 242

Literatur 248

Vorwort

Drum prüfe, wer sich ewig bindet,
ob sich das Herz zum Herzen findet!
Der Wahn ist kurz, die Reu' ist lang …
Ach! des Lebens schönste Feier
endigt auch den Lebensmai;
mit dem Gürtel, mit dem Schleier
reißt der schöne Wahn entzwei.
Die Leidenschaft flieht,
die Liebe muß bleiben;
die Blume verblüht,
die Frucht muß treiben[1].

Schillers Pathos macht uns mit dem Problem vertraut, ohne mehr als ein »muss« als Lösung anzubieten. Die Liebesehe ist ein riskantes Unterfangen. Sie gründet auf dem schönen Wahn der Verliebtheit, der Leidenschaft – und soll daraus die ein Leben lang verlässliche Bindung formen, in der sich Partner und Kinder sicher fühlen. Aber lässt sich ein Wahn prüfen? Bleibende Liebe moralisch erzwingen? Wo wir doch wissen, dass Gefühle nicht gemacht werden, sondern nur wachsen können.

Partner haben sich auseinandergelebt, man sieht sie nicht mehr zusammen, eine neue Verliebtheit tritt auf die Bühne. Soll es das gewesen sein? »Man gibt eine Ehe doch nicht so einfach auf!«»Denkt an die Kinder!«»Hört auf, euch zu streiten, daran verdienen nur die Anwälte!« Solche Äußerungen kommen von Angehörigen, von Freunden. Die Reue ist lang, wenn die Verliebtheit verblüht und Pflichtgefühl die Liebe ersetzen soll.

Kann die Psychoanalyse Aufklärendes, Hilfreiches zur Metamorphose der Verliebtheit beitragen? Durchaus, aber sie muss sich auf ein Thema beziehen, das ihr bisher eher fremd war, und mit einem Modell arbeiten, das die Grenzen der individuellen Psyche überschreitet. Das

---

1 F. v. Schiller, Das Lied von der Glocke

Thema ist der Austausch zwischen den Erwachsenen in der Familie und die Identifizierung des Kindes mit diesem Austausch.

Das kindliche Erleben wird weniger durch die *Persönlichkeit* des gleichgeschlechtlichen Elternteils geprägt, wie das im Modell des Ödipus-Komplexes vorgegeben ist, als durch den *Austausch* zwischen den Eltern. Vereinfacht: Gegenseitige Entwertung der Eltern verletzt das Selbstgefühl des Kindes; umgekehrt festigt es die wechselseitige Anerkennung der Mitglieder einer Familie untereinander.

Das Modell des Rituals erweitert die Psychoanalyse zur Paaranalyse. Die Verwandlung der Verliebtheit in die liebevolle Bindung ist weder das Ergebnis der zufällig richtigen Liebeswahl noch die Folge eines tief verwurzelten Pflichtgefühls. Sie hängt davon ab, wie viele intensive und stabile Liebesrituale in einem Paar wachsen. Dies ist ein Prozess, der die Individuen verändert und beispielsweise auch darüber entscheidet, ob Dritte – wie Eltern, Geschwister, Freunde, eigene Kinder – in das Paar integriert werden können.

Die unbewussten Rituale der Liebe entwickeln sich aus Ängsten und Wünschen, die mit früheren Erfahrungen zusammenhängen. In der modernen Welt fassen Langlebigkeit und Individualisierung mehrere langfristige Beziehungen in eine Lebensspanne. Die Rituale sind dann von dem Wunsch geprägt, das Scheitern einer vorangehenden Liebe auf keinen Fall zu wiederholen.

Diese intimen Rituale unterscheiden sich von traditionellen Ritualen, die unsere Familien mitgestalten – der Verlobung, dem Hochzeitskleid, dem Traualtar, dem Polterabend, dem Junggesellenabschied. Sie entstehen, um seelische Verletzungen der Kindheit und Jugend zu verarbeiten, biografische Brüche zu heilen. Wir bemerken ihre Existenz und ihre Bedeutung erst, wenn sie nicht mehr funktionieren.

Einleitung

Was hält Paare zusammen, was trennt sie? Wie kann es geschehen, dass sich Liebende misstrauen, die sich einmal blind vertraut haben, dass einer den Menschen hasst, für den er vor wenigen Jahren noch fast alles getan hätte? Man kann solche Entwicklungen damit verbinden, dass ein Ideal zerbrochen ist[2]. Die gegenwärtige Enttäuschung ist nicht die Wurzel des Problems. Es sind die Überschätzung, die große Illusion von gemeinsamer Aufwertung, die das Paar anfangs umgaben.

In dem folgenden Text soll genauer nachgeforscht werden, wie Bindungen zwischen Erwachsenen entstehen und verloren gehen. Die Grundthese ist, dass Liebende ihre Beziehung durch den Aufbau von unbewussten Ritualen festigen. Diese erfüllen ihre Aufgabe, indem sie von den Partnern getragen und in einem Konsens erlebt werden. Solange ein Ritual funktioniert, stabilisiert es das Paar und hält Bilder im Schach, die das Selbstgefühl bedrohen. Der Partner *wird erst durch das Ritual* zu dem liebevoll zugewandten, reifen Menschen, der ein gutes Lebensgefühl vermittelt.

Störungen in der Partnerschaft bis hin zu Mobbing, Stalking oder einem Rosenkrieg folgen dem Zusammenbruch solcher Rituale. *Diese versagen jetzt in ihrer Funktion, verinnerlichte Bilder »böser« primärer Bezugspersonen zu neutralisieren.* Sobald diese Bilder auftauchen, ohne dass sich ein Paar durch die bewährten Rituale vor ihnen schützen kann, verändert sich das emotionale Klima. Der Partner wird misstrauisch beobachtet, kontrolliert, manipuliert, um zu verhindern, dass er mir schadet. Je mehr die Macht der Rituale schwindet, desto ausgeprägter trägt er die Projektion eines ängstigenden Primärobjekts.

In der Paaranalyse wird in einer Rekonstruktion der »guten«, neutralisierenden Rituale deutlich, weshalb und wann sich eine Liebesbeziehung in Entwertungen hineinentwickelt hat. So lässt sich die Frage klären, ob eine gemeinsame Zukunft der Partner in neuen Ritualen ge-

---

2 Wolfgang Schmidbauer, Alles oder nichts. Über die Destruktivität von Idealen. Rowohlt, Reinbek 1980. Ders., Das Mobbing in der Liebe, Gütersloh 2007

lingen kann oder es mehr Sinn macht, sich zu trennen und die zu Reparaturen nötige Energie für den Aufbau einer neuen Beziehung zu verwenden.

Zu Beginn einer Paartherapie verwenden in Krisen geratene Paare viel Zeit darauf, über Verletzungen zu klagen, böse Worte, Kontrolle über Anrufe, Briefe oder Mails, Vorwürfe über Egoismus, Rückzug, erotisches Desinteresse, Ausbeutung, verbale oder physische Gewalt. Sie formulieren das Anliegen, solche negativen Erfahrungen müssten endlich ein Ende haben. Sie erkennen nicht, dass diese nur deshalb unerträglich sind, weil dem Paar die Liebesrituale abhanden gekommen sind.

Liebesrituale verhindern, dass aus den Missverständnissen des Alltags große Fragen werden: ob mich der Partner überhaupt wahrnimmt und nicht vielmehr missbraucht. Wir können auf aktive Liebesrituale nicht verzichten; Kontrollrituale reichen nicht aus, um ein Paar vor destruktiven Entwertungen zu schützen. Liebesrituale lassen Geborgenheit zu und festigen den Glauben, dass es zusammen mit dem Partner schon gut gehen wird. Wo sie verschwinden, wachsen Ängste und Impulse, diese durch Kontrolle zu bändigen.

Scheiternde Versuche, ein Ritual zu reparieren, stehen hinter den meisten Symptomen, welche Paare in Therapie bringen: ständige Vorwürfe, Depressionen, chronischer Streit, sexuelle Frustration.

Auch Experten behaupten manchmal, dass *alle* Paare nach einigen Jahren die sexuelle Intensität des Anfangs verlieren. Die Paaranalyse bestätigt, dass das in der Tat der Fall ist, wenn es den Partnern nicht gelingt, alltagstaugliche erotische Rituale zu entwickeln. Unfähigkeit zum Ritual, Widerwille, wo das Ich ihm ausgesetzt ist, verraten in der Regel eine traumatische Vorbelastung des Selbstgefühls.

Ein charakteristisches Beispiel ist die Abneigung vieler Essgestörter, eine Mahlzeit dann einzunehmen, wenn der Tisch gedeckt ist und die Speisen serviert werden. Das freundliche Angebot wirkt auf sie wie Zwang. Die erotische Analogie ist das Ersterben einer auf Autositzen und in freier Natur blühenden Erotik, sobald die gemeinsame Wohnung mit einem bequemen Ehebett eingerichtet wurde.

Es ist ein schöner Traum, dass liebende Menschen einander so annehmen, wie sie sind. Wenn erotische Beziehungen beginnen, untermalt und fördert eine von den Liebenden geschaffene Illusion diesen Traum. Wenn später die Liebenden in Streit geraten, sagen sie etwa: »Du hast mich nie *richtig* geliebt«, oder auch: »Ich habe dich nie *wirklich* geliebt.« Richtig und wirklich, so wie sie hier verstanden werden, gehören in eine andere Welt als die reale. Statt die eigene Illusionsbildung infrage zu stellen, wird angesichts einer Enttäuschung der Partner entwertet.

Sobald Kinder klug genug sind zu verstehen, was andere sagen, erfahren sie auch von erlaubt und verboten, erwünscht und unerwünscht, gut und schlecht. Da die Liebe ein hoher Wert und ein großes Versprechen ist, wollen wir gut lieben, sicher geliebt werden, viel Anerkennung aus der Liebe beziehen. Das heißt: Schwächen werden verleugnet, Stärken unterstrichen, Fassaden gebaut.

Lieben und ehren in gesunden und kranken Tagen: Darin wird, wer hohe Worte und Ideale nicht von vornherein skeptisch sieht, einen Anspruch ableiten auf jemanden, der stark ist, wenn ich schwach bin und mir so hilft, beschämende, peinliche Schwächen erst mal gar nicht wahrzunehmen. Dadurch entsteht in den von zwei ehrgeizig und anspruchsvoll Liebenden geprägten Ehen ein hoher Druck, der zu Kollateralschäden führen kann.

Wer mir Stärke verspricht, wem ich Stärke biete, der wird, wenn ich seine Kraft brauche, um meine Vorstellung von Familie zu verwirklichen, nicht schwächeln oder sich gar davonschleichen. Ich habe einen Kämpfer an meiner Seite, keinen Deserteur.

In der Verliebtheit glauben Menschen, sie hätten einen Seelenzwilling entdeckt. Sie überschätzen das Sexualobjekt, sagte Freud. Sie glauben, einen Symbiosewunsch, eine Größenfantasie, eine Selbstobjektbeziehung realisiert zu haben, sagt die moderne Narzissmusforschung. Sie gehorchen einem stammesgeschichtlichen Programm, behaupten die Soziobiologen. Nein, Geschlecht und Ehe sind kulturelle Konstruktionen, behaupten die Genderspezialisten.

Sie alle entwerfen Modelle, keine Theorien. Für eine Theorie, welche alle relevanten Faktoren ordnen kann, wissen wir zu wenig über die menschliche Sexualität. Ohne biologisches Wissen, psychologische Introspektion und kulturwissenschaftliches Verstehen kommen wir aber nicht einmal zu einem brauchbaren Modell.

Die Rituale der Partnerschaft, die im Folgenden untersucht werden sollen, sind das Vehikel der Verwandlung von Verliebtheit in Liebe, von Rausch in Alltag. Im Aufbau dieser Rituale können die Partner kooperieren und auf diese Weise die Gemeinsamkeit der Verliebtheit in eine Form bringen. Diese wird zwei unterschiedlichen Persönlichkeiten gerecht und bewahrt doch einen Abglanz von Verschmelzung und Verbundenheit. Wie sich diese Rituale entwickeln, wie sie unterbrochen oder durch unterschiedliche Deutungen gefährdet werden, entscheidet auch über das Schicksal der Partnerschaft.

Es gibt in der Physik das Gesetz der Resonanz: Schwingungen, die etwas Zweites – etwa den Resonanzkörper der Geige, den Resonanzboden des Klaviers – zum Mitschwingen bringen, werden verstärkt. Ein ähnliches Gesetz gilt in Paarbeziehungen. Partner wirken aufeinander, verstärken Schwingungen, die sie mitbringen. Welche Schwingungen das sind, hängt von den prägenden Einflüssen der frühen Leidenschaften ab – welcher Elternteil, welches Geschwister wurde geliebt, wo entstanden Ängste, wo Bindungen, welche Fantasien wurden geschaffen und als Lebensentwürfe bereitgelegt, um Mängel in dieser frühen Welt voller Passionen und Phobien auszugleichen?

Jedes Kind in der modernen Welt ahnt, dass es mindestens eine zweite Chance gibt. Wenn ich mich jetzt gescheitert und beschämt erlebe, kann ich mich gemeinsam mit einem Liebespartner zu einem neuen Menschen machen!

»Du sollst Vater und Mutter verlassen!«, heißt doch auch: du *darfst* es tun, du darfst Beschränkungen durch Freiheit ersetzen, darfst deine eigene emotionale Welt nach einem Grundsatz bauen, dessen Modell der »Diskursethik« Jürgen Habermas[3] beschrieben hat: Gut für die Beziehung ist, worauf sich Partner in einem offenen Gespräch als gut einigen können. Mehr braucht, weniger soll nicht sein.

So kann jedes Paar nach seiner Fasson selig werden. Oder auch nicht – denn wenn einmal der Diskurs zu einer Form, einem Gesetz gefunden hat, kann der eine auf seinem vermeintlichen Recht bestehen, der andere einen neuen Diskurs eröffnen, eine neue Einigung finden wollen. Die Diskursethik ist ein idealistisches Konstrukt, ein Kompass. Sie kann eine Richtung anzeigen, aber die Hindernisse nicht beseitigen, die durch menschliche Sicherheitsbedürfnisse und die in diesen verborgenen Ängste entstehen.

---

3 Jürgen Habermas, Theorie des kommunikativen Handelns (Bd. 1: *Handlungsrationalität und gesellschaftliche Rationalisierung*; Bd. 2: *Zur Kritik der funktionalistischen Vernunft*). Frankfurt am Main 1981

Verliebten sind die Rituale nicht bewusst, die sie aufbauen. Sie leben in einer Welt, die sich jeden Tag neu erschafft. Solange die Rituale noch leicht zu verändern sind, lassen sie sich schlecht erkennen. Sobald aber ihre Gestalt klar wird und volle Aufmerksamkeit auf sich zieht, ist es auch sehr schwierig geworden, sie zu verändern. Denn jede Seite verbindet nun mit ihrer Auffassung Lebensgeschichte, Identität, Selbstgefühl.

Paaranalyse und Paartherapie

Psychotherapeutisches Fachwissen unterscheidet sich von anderen Formen der Wissenschaft. Es wird in einem Dialog mit nicht spezialisierten Gesprächspartnern gewonnen und überprüft. Freud hat über ein Junktim von *heilen und forschen* gesprochen. Junktim heißt, man kann etwas nur verbunden haben oder gar nicht.

In der Tat werden sich Praktiker der unterschiedlichsten »Schulen« darüber einigen können, dass es Sinn macht, nicht eine vorgefertigte Behandlung auf alle Individuen anzuwenden. Es geht eher darum, die Therapie für jeden Patienten neu zu erfinden.

Dies hat illusionäre Qualitäten, ist darum aber nicht weniger kostbar. Auch im persönlichsten Dialog gibt es Routine. Wie in anderen Beziehungsritualen geht es auch in der Therapie darum, dem Patienten ein Gefühl der Einzigartigkeit zu vermitteln, auch wenn er nicht der einzige ist.

Gefühle sind immer neu; der kritische Verstand blickt über sie hinweg und entdeckt Wiederholungen. Beide verbindet das Ritual. Therapie ist ein professionelles Ritual, zu dessen Wesen es gehört, nicht *professionell* zu wirken, sondern *natürlich*[4].

Ich werde in diesem Buch die Begriffe »Paaranalyse« und »Paartherapie« nicht strikt voneinander abgrenzen. In jeder Therapie sollte es *auch* darum gehen, dass jenes Interesse an den eigenen seelischen Vorgängen geweckt wird, das wir analytisch nennen, weil es sich an den Intellekt richtet und versucht, Ereignisse aus ihrer Geschichte heraus zu verstehen.

Therapeuten können Neurosen vielfach nicht heilen, aber dennoch

---

4 Zu diesem scheinbaren Widerspruch siehe auch W. Schmidbauer, Helfen als Beruf. Die Ware Nächstenliebe. Reinbek 1983

ist viel gewonnen, wenn der Patient seine seelischen Grenzen und seine wunden Punkte versteht und angemessener mit sich und anderen umgeht. In der Paaranalyse erweitert sich dieser Auftrag dahingehend, dass sich die Partner in dieser Funktion unterstützen und sich helfen, ihre Rollen in den Liebesritualen möglichst gut auszufüllen.

Analyse ist immer auch therapeutisch. Indem der Analytiker ruhig und wohlwollend bleibt, während der Patient angstvoll wartet, für einen Gedanken bestraft zu werden, den ihm Eltern oder Erzieher dämonisiert haben, fördert er durchaus »suggestiv« die Fähigkeit, angstfrei zu denken. In der praktischen Arbeit des Paaranalytikers mischen sich analytische und therapeutische Interventionen. Analyse ist, wie gesagt, immer auch Therapie, denn ohne die therapeutische Wärme verliert der Patient die Bereitschaft zu seinen freien Einfällen.

Es gibt keine glatte Lösung der Frage, ob Therapie stützen (mit der Gefahr, den Klienten in die Passivität zu führen) oder fordern solle (mit der Gefahr der Überforderung, die in Rückzug und Verzweiflung führt). Die beste Orientierung bieten nicht idealistische, bewertende Modelle, sondern ökonomische: Wie kann ein Paar mit möglichst wenig Aufwand an Kraft und Zeit möglichst viel Lebensqualität gewinnen? Die Aktivität des Analytikers kann die Aktivität der Klienten nicht ersetzen. Ein Kollege hat in diesem Zusammenhang seine Zuhörer ermahnt, sie sollten sich an die alte Fabel erinnern, dass es produktiver sei, Hungrige fischen zu lehren als ihnen Fische zu schenken.

Im Handwerk des Paaranalytikers spielt aber der geschenkte Fisch seine Rolle so gut wie die Aufklärung über die Kunst des Fischfangs. Der Experte beharrt nicht darauf, dass sich das Paar alles Wissen selbst erarbeitet, er gibt auch von seinem Wissen und seinen Erfahrungen so viel ab, wie gewünscht wird und verdaut werden kann. Das Ziel bleibt, die Störung in den Ritualen der Partnerschaft zu erkennen.

Wenn die Partner das Hindernis verstehen, werden sie im günstigen Fall die Mittel finden, es zu überwinden. Wo das nicht gelingt, können sie sich mit ihm abfinden oder aber trennen. Auch in diesen Fällen kann die Paaranalyse hilfreich bleiben. Sie verhindert die ärgsten Entgleisungen in Hass und Rache, weil sie das Verständnis für menschliche Grenzen und die eigene Mitverantwortung an Konflikten fördert.

Übergangsritual und Paarbildung

In der Kulturwissenschaft hat die Ritualtheorie von Victor Turner einiges Ansehen gewonnen. Der britische Ethnologe baute aus seinen Beobachtungen an südafrikanischen Stammeskulturen schrittweise ein Modell des Rituals, das auch Gesichtspunkte für das Verständnis der Beziehungsrituale eröffnet.

In seiner Feldforschung ging Turner von einer Arbeit des holländischen Völkerkundlers Arnold van Gennep aus, der 1909 die »Riten des Übergangs« (Passageriten) beschrieben hatte[5]. Solche Rituale verändern den Status eines Mitglieds der betreffenden Kultur, sie machen beispielsweise aus einem Kind einen Erwachsenen. Sie sind in vielen Stammeskulturen nach einem ähnlichen Schema organisiert.

Erst einmal werden die Menschen, deren Status verändert werden soll, aus ihrer alltäglichen Umgebung herausgenommen (Separationsritual) und mehr oder weniger lange Zeit getrennt von ihren Familien untergebracht (Seklusionsritual). Diesen beiden Phasen folgen am Ende die Wiedereinführung in die Gesellschaft und die Aufnahme des Alltagslebens in der neuen Rolle.

Turners Erweiterung des klassischen Modells konzentrierte sich auf die Zwischenphase, in der die Initianden weder das eine noch das andere sind. Sie sind »between and betwixt« in einem Grenzzustand, den Turner Liminalität nennt. Sie sind nicht mehr Kinder, aber noch keine Erwachsenen. Sie sind beschnitten, aber die Wunden sind noch nicht verheilt.

Das Fesselnde an Turners Arbeit ist die Erweiterung dieses Konzepts der Liminalität auf Gesellschaften, die gar keine verbindlichen Rituale für den Lebenszyklus mehr haben[6]. In den modernen Gesellschaften werden liminale Phasen eines definierten rituellen Zyklus durch liminoide Zeiten, Räume und Symbole abgelöst, in denen neue Werte, neue Symbole, neue soziale Gebilde entstehen.

In den Stammeskulturen ist die Kreativität, welche in dem limina-

---

5 Gennep, Arnold van, 1909: *Les rites de passage*. Paris: Nourry [dt. *Übergangsriten.* Frankfurt a. M.: Campus, 1986]

6 Victor Turner, 1969: The Ritual Process: Structure and Anti-Structure. Ithaca: Cornell Univ. Pr. [dt. Das Ritual: Struktur und Anti-Struktur. Frankfurt a. M.: Campus, 2000] Ders.: (1982) *From Ritual to Theatre: The Human Seriousness of Play.* New York: Performing Arts Journal Publ.

len Zustand möglich wird, strikt eingebunden und rituell geordnet. Demgegenüber bilden sich in den modernen Gesellschaften Liminale, in denen Traditionen kritisiert, Neuanfänge gewagt werden. Die Teilnehmer an diesen Liminalen – Beispiele Turners sind die Hippies und der Franziskanerorden – bilden eine Gemeinschaft (communitas), die sich gegen die bestehenden Strukturen der Umgebung abgrenzt.

Wollten wir Turner folgen, müsste in der klinischen Psychologie und Psychiatrie die Rede von den »Zwangsritualen« aufgegeben werden, die sich in neurotischen Störungen als Waschzwang, Zählzwang, Kontrollritual äußern. Turner schlägt vor, den Begriff des Rituals unbedingt auf jene Prozesse zu beschränken, die ihre Teilnehmer zumindest der Absicht nach *verändern* und mit einem neuen (spirituellen) Inhalt verbinden sollen. Die Funktion der Rituale in der klinischen Psychologie und in der Psychiatrie ist es hingegen, die Abwehr von Ängsten zu festigen und einen Zustand zu *bewahren*.

Leider werden Kulturwissenschaftler nicht in die Kommissionen berufen, welche diagnostische Systeme in der Medizin festschreiben. Begriffe funktionieren in den unterschiedlichen Disziplinen auf jeweils andere Art. Die Beziehungen zwischen beiden Welten sind sehr distanziert. Daher ist es bisher meines Wissens auch niemandem aufgefallen, wie sehr Turners Theorie die psychoanalytische Praxis als modernes Ritual in einem Grenzgebiet zwischen Stammeskultur und Gesellschaft anzusiedeln hilft. Hat es doch die Historiker der Tiefenpsychologie schon immer verwundert, wie sich im Zusammenhang mit der kritischen Reflexion über das *Unbehagen in der Kultur* Methoden entfalten, die bis in Einzelheiten der schamanistischen Praxis in den Stammeskulturen gleichen.

Es gibt psychoanalytische Schulen und Abtrünnige, es gibt als Analogon der Schamanenkrankheit die in der persönlichen Lehranalyse bearbeitete Neurose des Kandidaten. Es gibt das Ritual der lehranalytischen Tradition, das in einer Art Stammbaum die Lehranalysen aller Analytiker auf Freud zurückführt.

Durch das Ritual der Analyse wird der Patient in einen Zustand versetzt, der dem Liminoid gleicht, das Turner beschreibt. Er ist in der analytischen Situation einem Prozess des Übergangs ausgesetzt und wird aus den Kommunikationsstrukturen des Alltags herausgeholt. Durch die Methode der freien Einfälle auf der Couch ohne visuelle Kontrolle des Gesprächspartners wird er in ein Zwischenreich geführt, in dem Bisheriges nicht mehr unangetastet gilt, aber auch neue Strukturen noch nicht gefunden sind. In diesem Grenzgebiet spielen sich Veränderungen ab, werden neue Bedeutungen für bestehende Symbole gefunden oder neue Symbole auf die bisherigen Rituale angewendet.

Gibt es auch in der Entwicklung eines Liebespaars solche liminoiden Zustände? Die Phase der wechselseitigen Idealisierung kommt einem Übergangsritual sehr nahe: Die Liebenden ziehen sich von ihren Familien und Freunden in eine eigene, nur ihnen zugängliche Welt zurück und bilden dort eine communitas, die sich gegenüber den Strukturangeboten der bisherigen sozialen Umgebung abgrenzt.

Turner beschreibt, dass die sozialen Unterschiede zwischen den Menschen aufgehoben werden, die während des Rituals dem liminalen Einfluss ausgesetzt sind. Ähnlich hebt auch die Verliebtheit die sozialen Unterschiede zwischen den Beteiligten auf. Sie kommunizieren durch die wechselseitige Idealisierung gleichberechtigt, auch wenn sie sich an Lebenserfahrung oder Bildung beträchtlich unterscheiden. Sie bauen eine neue soziale Einheit auf und prägen die in ihr aufwachsenden Kinder, vorausgesetzt, die während dieser liminalen Phase geschaffenen Rituale bleiben stabil genug, die dazu notwendigen Veränderungen zu tragen[7].

Die Fähigkeit des Paares, den liminalen Zustand zu nutzen und seine Ergebnisse zu kultivieren, hängt von zwei Faktoren ab: der Stabilität der Partner und ihrer Fähigkeit, Kränkungen zu verarbeiten auf der einen Seite, dem Respekt der bisher bedeutungsvollen Personen für die Beziehung auf der anderen.

Volker und Renate[8] lernen sich gegen Ende ihres Studiums kennen. Sie stammen aus sehr unterschiedlichen Familien. Volker hat kleinbürgerliche Eltern, die seine Wünsche, Künstler zu werden, ablehnen. Renate trägt einen Adelstitel, kommt aber aus instabilen, zerrütteten Verhältnissen, ihr Vater hat sich umgebracht, ihre Mutter ist Alkoholikerin.

---

7 Wenn in diesem Modell die Liebesbeziehung in ihrem Entstehen, ihrer Fähigkeit, sich zu erhalten, und in ihrem Vergehen als Ritual erscheint und gleichzeitig die kleinen Rituale, welche diese Entwicklung bestimmen, Gegenstand der Analyse werden, entspricht das dem Modell der Chaostheorie, die zum Verständnis vieler Naturvorgänge beigetragen hat. Wie bereits Leonardo da Vinci beschrieben hat, entsteht ein Wirbelsturm aus dem Zusammenwirken vieler kleiner Wirbel.

8 Die Namen sind ebenso wie die Inhalte der Fallbeispiele fiktiv; alle Ähnlichkeiten mit lebenden Personen beruhen auf der Universalität der beschriebenen Konflikte.

Zunächst, in der liminalen Phase, hilft Renate Volker, sich von seinen spießigen Eltern zu distanzieren. Beide gehen ins Ausland, wo Renate dank ihrer kosmopolitischen Verbindungen zu entfernten Verwandten und ihrer Sprachkenntnisse Volker unterstützen kann.

Solange beide mit dem ersten Kind sehr isoliert und stark aufeinander bezogen leben und Volker durch knapp ausreichenden Erfolg mit seiner Arbeit als Bildhauer und Silberschmied die Familie erhalten kann, ist die Ehe stabil.

Dann erhält Volker die Chance, in seiner Heimat eine Professur anzunehmen. Renate ist begeistert von seinem Erfolg, erleidet aber kurz nach der Rückkehr in ihre Heimat nach einer Begegnung mit ihrer dementen Mutter einen psychotischen Zusammenbruch, von dem sie sich nicht mehr erholt. Volker distanziert sich radikal von ihr, erkämpft das Sorgerecht für das Kind und findet nach relativ kurzer Zeit in eine neue Beziehung.

Tommy und Hilda (vgl. S. 186) kommen aus unterschiedlichen Kulturen und treffen sich als Fremde in einem Land, das weder für sie noch für ihn Heimat ist. Sie führen eine glückliche Ehe, solange beide dort leben und gemeinsam den Vorurteilen trotzen, die sich gegen die Beziehung eines Afrikaners mit einer Weißen richten. Nach der Rückkehr von Tommy in seine ursprüngliche Heimat erlebt Hilda, dass die gemeinsam entwickelten Rituale zum größten Teil verschwinden und ihr Partner versucht, sie nach dem Muster seiner traditionellen Ursprungsfamilie zu dominieren. Er führt in aller Offenheit Beziehungen zu jüngeren Frauen. Hilda gelingt es, sich ein eigenes Leben aufzubauen und auf den größten Teil der gemeinsam aufgebauten Rituale zu verzichten, ohne sich mit Tommy zu verfeinden.

In diesen Beispielen entsteht die Differenz durch die unterschiedlichen Fähigkeiten der Frauen, die Kränkung des Versagens der aufgebauten Rituale zu ertragen. Die Störung im rituellen Kosmos der Paare wurzelt in Einflüssen von außen, gegen die eine bisher funktionierende Grenze nicht mehr schützt (vgl. Kap. 4 in diesem Buch). Ob das Paar diese Störung bewältigen kann oder nicht, hängt weder allein an persönlichen Eigenschaften (wie der Fähigkeit, Kränkungen zu verarbeiten), noch liegt es ganz in der Macht der Irritationen von außen. Den Ausschlag gibt die Interaktion beider.

Die triviale Aussage, dass jedes Menschenleben kostbar ist, spiegelt eine biologische Qualität. Die Evolution investiert viel in die Autonomie jedes Individuums und darf es doch nicht zu autonom werden lassen, um die Fortpflanzung und vielleicht auch die Empathie in die Kinder nicht zu gefährden.

Die Prozesse, durch die Individuen ihre Bedürfnisse nach Autonomie mit jenen nach Nähe und Verschmelzung in Einklang bringen, sind komplex. Ihr Widerspruch spiegelt sich in der Formulierung über den »Autonomie-Abhängigkeits-Konflikt«, die sich oft in psychologischen Texten findet. Die einander widerstrebenden Tendenzen sind aber keineswegs Autonomie- und Abhängigkeits*wünsche*.

Denn es gibt keine Abhängigkeits*wünsche*, es gibt nur Verlustängste. Kein Autofahrer *wünscht* sich die Abhängigkeit von seinem Vehikel, er will nur, dass es ihn bequem ans Ziel bringt. Sobald dieses Ziel durch Parkplatznot charakterisiert ist, wünscht er sich nichts sehnlicher, als dass sein Fahrzeug sich in dem Augenblick in Luft auflöst, in dem er angekommen ist – freilich unter der Bedingung, dass es sich wieder materialisiert, wenn er die Heimfahrt antreten will.

Mit den Abhängigkeits»wünschen« an Liebesobjekte ist es nicht viel anders. Sie sollen da sein, wenn wir sie brauchen, aber nicht stören, wenn wir unsere Ruhe haben oder uns mit etwas anderem beschäftigen wollen.

Um an diesen Stellen nicht stets neue Konflikte zu riskieren, bilden sich Rituale. Ihre tieferen Schichten sind verborgen wie bei Gesteinen, die sich an der Oberfläche gleichen und doch unterschiedlich stabil sind. Wo die Kontinentalschollen aneinander reiben und glutflüssige Magma nach oben dringt, brechen Vulkane aus; unterirdische Spannungen entlasten sich in Erdbeben.

Menschen wie Renate und Volker (s. o.) können sich gut gegen die Widerstände einer feindlichen oder doch desinteressierten Umwelt behaupten. Dass es gelingt, Aggressionen in einem gemeinsamen Kampf gegen eine spießige Ursprungsfamilie zu erleben, befreit die eigene Beziehung von solchen Gefahren. In einem liminalen Zustand sind beide Partner Kämpfer Seite an Seite, sie schlagen sich zusammen und erholen sich zusammen. Sie sind gleich viel wert, sie genießen ihre Siege gemeinsam und trösten sich gegenseitig in ihren Niederlagen. Der liminale Zustand wird zu einem eigenen Ritual. Der gemeinsame Nestbau, das gemeinsame Erlernen einer Sprache in dem Land, in das ein

Paar ausgewandert ist, das Einrichten einer Wohnung, der Erfolg eines gemeinsam geführten Unternehmens sind Rituale, deren Bindungskraft gerade dann weit unterschätzt wird, wenn es bewusst darum zu gehen scheint, das Ritual abzuschließen und das Erreichte zu genießen.

Im Fall von Volker und Renate war es genau der von beiden bewusst ersehnte Erfolg, die Stelle als Professor in einer Kunstakademie, die Renate erschütterte und ihre Kränkungsverarbeitung überlastete. Bisher war in der Fantasie beider jeder künstlerische Erfolg ein gemeinsamer, Renate war sein liebstes Modell, seine Muse, die Frau an seiner Seite, ohne die Volker niemals den Schritt gewagt hätte, sich als Künstler zu riskieren.

In jedem von uns steckt etwas von dem Wirt Butterblume, der in Tolkiens Geschichte über den Herrn der Ringe ein Gasthaus an der Grenze zwischen dem Land der Hobbits und dem der Menschen betreibt. Er ist so vergesslich, dass er seinen eigenen Namen nicht wüsste, wenn ihn nicht seine Gäste ständig rufen würden. Der Wirt Butterblume ist ein Symbol für unser narzisstisch bedürftiges Ich, das sich selbst nicht mehr gut genug finden kann, wenn ihm das nicht ständig von außen gesagt wird. Ohne Bestätigung durch Erfolg und Liebe sitzen wir da wie der arme Wirt, der auf einmal nicht mehr weiß, wie er heißt und was er soll.

Wer als Kind gut mit Bindung und Zuwendung versorgt wurde, kann sich ein plötzliches Mangelerleben eingestehen, auch wenn er keine vernünftigen Gründe dafür findet. Er kann darüber mit seinem Partner kommunizieren und herausfinden, welche bisher tragenden Rituale plötzlich nicht mehr funktionieren. Aber eine Person wie Renate kann das nicht. In ihrem Selbstbild spielt es eine große Rolle, bescheiden zu sein und doch einem uralten, stolzen und seiner Überlegenheit sicheren Geschlecht anzugehören. Sie betont etwas zu oft, dass Gräfin doch nur ein Teil des Namens sei und der schöpferische Mensch immer wichtiger als sein Titel.

Unbewusst hat sie großzügig Volker mit ihrem Titel geschmückt und sich mit seiner künstlerischen Arbeit. Es war ein fairer Tausch. Jetzt brauchte Volker sie nicht mehr. Und wenn sie ihm nichts mehr geben konnte, weil jetzt die Akademie seine Muse war und sie eine Professorengattin unter vielen, dann bedeutete sie auch nichts mehr. Und weil sie nichts bedeutete, war sie erotisch nicht mehr attraktiv. Sie zog sich von Volker zurück. Als er sich beklagte, sagte Renate: »Du hast doch so viele Studentinnen, die dir gerne Modell stehen würden und die viel hübscher sind als ich!«

Volker war tief gekränkt. Er war nicht der Mann, in Renates Vorwürfen die unterdrückten Wünsche zu entschlüsseln. Sie erinnerte ihn jetzt an seine unglückliche Mutter, die gerne studiert hätte und immer behauptete, es sei ihr wegen der Kinder und wegen der Sturheit ihres Vaters und ihres Ehemanns nicht möglich gewesen – die dann aber doch den Vater unterstützte, wenn er tobte, für brotlose Künste und verkrachte Existenzen gebe er nichts von seinem hart verdienten Geld.

Volkers Sehnsucht nach dem Gegenbild seiner Mutter trug dazu bei, dass er keinen Schlüssel zu Renates Geheimnis fand, die umso abweisender wurde, je mehr sie seine Zuwendung brauchte. Renate ihrerseits geriet durch ihre Geste, Volker zu den vermeintlich attraktiveren Studentinnen zu schicken, in wachsende Not. Sie fühlte sich alt und verbraucht. Sie begann Volker dafür zu hassen, dass er sie fallen gelassen hatte. Er hatte sie ausgepresst wie eine Zitrone und weggeworfen.

Renate konnte nicht mehr schlafen und wurde nach einem Selbstmordversuch – sie sprang vom Balkon im zweiten Stock – zuerst in die Unfallchirurgie und danach in eine psychiatrische Station gebracht. Dort wurde allmählich der Inhalt ihres Wahns deutlich. Sie glaubte sich in eine politische Intrige verstrickt, in der sie als Tochter eines Widerstandskämpfers von einer geheimen Organisation ehemaliger SS-Männer verfolgt wurde. Ins Grandiose gesteigert, um ihre drohende Bedeutungslosigkeit für Volker abzuwehren, war Renate in ihre Ursprungsfamilie heimgekehrt und inszenierte dort ein Ritual von Opfermut und Erlösungswunsch. Ihr Tod sollte das Zeichen sein, das die Welt endlich auf die Macht der Nazi-Verschwörer aufmerksam machte.

Diese Skizze über die Entgleisung des Rituals in der Beziehung von Volker und Renate belegt, wie wenig sich angesichts der Macht des Unbewussten Ursache und Wirkung einschätzen lassen, wenn wir nur dem gesunden Menschenverstand folgen. Dieser würde doch erwarten lassen, dass eine Beziehung gefestigt triumphiert, wenn ein gemeinsames Ziel – die Professur an der Kunstakademie – erreicht wird, während sie zerbricht, sobald deutlich wird, dass sich der im liminalen Zustand gleichberechtigte Teampartner in einen selbstsüchtigen Schürzenjäger verwandelt, wie es in der Geschichte von Tommy und Hilda geschieht (s. S. 186 f.).

Aber auch hier ist die Erklärung zu einfach, dass Hilda eben belastbarer ist als Renate. Jede Partnerschaft ist auch ein Ritual gegenseitiger Einflussnahme, komplizierter als »Erziehung«, der sie doch auch gleicht, aber geprägt durch beabsichtigte und unbewusste Rollenzuweisungen. In der Pädagogik steht meist fest, wer der Lehrer ist und wer der Schüler; in Partnerschaften gibt es einen öffentlichen und einen geheimen Lehrplan, oberflächliche Anpassungen und unsichtbaren Widerstand. Die Zustände können durchaus jenen von Autoren des 19. Jahrhunderts erdachten Romanszenen gleichen, in denen schwarze Sklaven oder Irre in der Anstalt die Macht übernommen haben und in einem grausamen Spiel die jetzt unterdrückten Autoritäten zwingen, ihre Rollen nach außen weiterzuspielen.

Die wechselseitige Einflussnahme kann die Partner stärken und in ihrer persönlichen Kränkungsverarbeitung fördern oder aber sie den erst so angenehmen und später so bedrückenden Kräften der Verwöhnung aussetzen. Wer die Interaktionen beider Paare beobachten würde, sähe Tommy und Hilda über unterschiedliche Auffassungen diskutieren, persönliche Werte vertreten, den eigenen Egoismus darstellen und solche Konflikte dann wieder durch Rituale der Anerkennung, der Zärtlichkeit und der Erotik kompensieren.

Volker und Renate hingegen scheinen sich immer zu lieben und zu verstehen. Sie gleichen den polygonalen Steinen kyklopischer Mauern, zwischen die keine Rasierklinge passt. Sie ersparen sich jeden Konflikt, richten alle Spannungen gegen eine fremde, feindliche, verständnislose Umwelt, während Hilda beispielsweise den Schmerz, den sie durch ihre sexuelle Beziehung mit Tommy ihrer jüdischen Mutter antut, sehr genau reflektiert und sich nach Kräften bemüht, die entstandenen Spannungen zu entschärfen.

Von Anfang an hat sie sich mit Tommys befremdlichen Seiten beschäftigen müssen und auf diese einstellen können. Der Druck, dem sie ausgesetzt ist, kommt von außen und fordert Hildas Intelligenz und Emotionalität zu konkreten Leistungen, bindet sie aber gleichzeitig an die Realität. So kann sie die Rituale, die sie mit Tommy verbinden, schrittweise umbauen und wird dabei auch von ihm unterstützt. Anders als Volker, der durch Renates Veränderung überfordert ist und sich gekränkt zurückzieht, hat Hilda in Tommy einen Partner gefunden, der rücksichtslos für sich, aber auch aufmerksam für sie sorgt und mit dem zusammen solche Veränderungen riskiert werden können.

Volker ist außerhalb seiner Ehe durchaus fähig, in Beziehungen Kompromisse zu finden, diplomatisch zu reagieren und auf jene leidenschaftlichen Schwarz-Weiß-Malereien zu verzichten, die Renates Beziehungsstil prägen. Als Volker Renate traf und sie sich in ihn verliebte, fühlte er sich geschmeichelt, der Erste und Einzige zu sein, der nach einer Reihe von Enttäuschungen Renates quälende Empfindungslosigkeit beseitigte. Ihre Mutter, ihr Vater, ihre bisherigen Liebhaber hatten sie nur enttäuscht. Niemand verstand sie so wie Volker, niemand brachte sie zu so vollkommenem Liebesglück.

Volker fand das schwärmerisch und ein wenig befremdlich, fühlte sich aber doch geschmeichelt und auf eine Weise gehoben, die er bisher nicht kannte. Renate kam aus einer höheren Welt, sie war frei von den verächtlichen, spießigen Bedenken seiner Eltern, genau genommen waren seine Eltern schuld, wenn er so skeptisch auf ihren Überschwang blickte. Renate war eine Göttin, das Glück seines Lebens.

Der Analytiker liest Renates Biografie angesichts ihrer Unfähigkeit, die eigene Gestaltungskraft in den Dramen von idealisierten und entwerteten Beziehungen zu erkennen, als Zeichen einer narzisstischen Störung. Er weiß, dass solche Menschen an der Grenze zur Psychose leben; Psychiater sprechen von Borderline-Strukturen. Die Paaranalyse erklärt, weshalb Menschen nach einigen katastrophalen Erfahrungen und argen Zusammenbrüchen in einer neuen Beziehung plötzlich stabil leben. Und weshalb umgekehrt, wie im Fall von Renate, eine Frau, die bisher den Zusammenbruch von Liebesverhältnissen durch Promiskuität kompensieren konnte, angesichts eines freundlichen und beruhigenden Rollenangebots einen Wahn entwickelt.

1   Von der Wirtschaft zur Leidenschaft

Die faule Frau

Die fleißige Frau macht alles fast perfekt und ist tätig für zwei. Irgendwann ist sie erschöpft und sagt zu ihrem Mann: *Du machst aber auch nie etwas.* Der Mann fühlt sich entwertet und beginnt eine Litanei über seinen Stress im Beruf, seine vielen Überstunden, seinem herausragenden Beitrag zum Familieneinkommen. Die Szene ermüdet beide, an Erotik ist nicht zu denken.

Die faule Frau *kann* sich einfach nicht aus dem Bett erheben, ohne vorher einen Cappuccino zu trinken. So gibt sie ihrem Mann die Chance, ihr jeden Morgen das Frühstück ans Bett zu bringen. Sie dankt es ihm innig und sagt immer wieder einmal, »was täte ich nur ohne dich!«

Die Partner ahnen, dass es sich um ein Ritual handelt – eine sozial geschaffene Wirklichkeit. Die faule Rolle ist gespielt, aber das Spiel spiegelt materiellen Ernst und löst sich nicht beim kleinsten Widerstand auf. Die faule Frau wird einfach nicht aufstehen, solange ihr Mann da ist, der ihr Frühstück macht.

Die faule Frau »leistet« etwas, das ihre fleißige Schwester nicht zustande bringt. Sie ist so selbstsicher, dass sie auf den Beweis ihrer Tugenden – Fleiß, Eifer – auch einmal verzichten kann, um ihren Partner in ein Ritual einzubetten, das beiden Entspannung ermöglicht – ihr, weil sie länger schlafen kann, ihm, weil er sich aufgewertet, tüchtig und als guter Liebhaber fühlt.

Erst wenn er nicht da ist, stellt sich heraus, dass sie in der Lage ist, sich selbst ihr Frühstück zu machen. Aber sie *beweist* ihm nicht, dass sie so tüchtig ist. Sie überlässt ihm ein Stück Dominanz. Sie definiert ihn als jemanden, der »modern« ist, originell, bereit, neue Aufgaben anzupacken. »Mein Mann kann besser Frühstück machen als ich!« Ein Beispiel[9] für die Niederlage einer fleißigen Frau:

---

9 Dem Leser der Kolumne im ZEIT-Magazin über die großen Fragen der Liebe könnte dieses wie auch einige folgende Beispiele vertraut sein. Ich nutze die Gelegenheit, die dort geforderten, sehr kurzen Stellungnahmen zu vertiefen.

Noch vor Abschluss seines Informatik-Studiums hat Franz eine eigene Firma gegründet, die Software entwickelt und inzwischen so gewachsen ist, dass er einen zweiten Geschäftsführer eingestellt hat. Seine Freundin Marlene arbeitet als Ärztin in einem Krankenhaus; beide planen eine gemeinsame Zukunft und Kinder. Franz hat Marlene immer in seine geschäftlichen Entscheidungen einbezogen. Marlene findet aber, dass er wenig auf sie hört. Er beklagt sich über unerträglichen Stress, wischt dann aber ihre Vorschläge vom Tisch, sie habe ja keine Ahnung, wie hart es in seiner Branche zugehe. Auch mit dem zweiten Geschäftsführer gibt es bald Streit. Marlene versucht, Franz zu unterstützen, indem sie ihm geduldig zuhört und in langen Gesprächen erklärt, dass zu solchen Konflikten zwei Rechthaber gehören. Franz wird stiller, je eindringlicher sie fordert, seinen eigenen Anteil an den Problemen zu sehen. Nachher sagt er: »Dieses Gespräch hat mir gar nicht geholfen!« »Dich coache ich nie wieder«, sagt Marlene.

Fallen wir in die Liebe – oder müssen wir sie bauen?

Wenn ein charismatischer Firmengründer einen Stellvertreter sucht, ist Rivalität unvermeidbar: ein nachgiebiger Kandidat ist nicht selbständig und kräftig genug für die Aufgabe; ein starker aber ist auch Konkurrent. Es gibt in jedem Hühnerhof nur einen Hahn – oder die Federn fliegen. Je mehr sich Marlene mit der charismatischen Seite von Franz ausgesöhnt hat, desto weniger wird sie versuchen, ihn zu beschämen, dass er sich seine Probleme selbst einbrockt. Umgekehrt wird Franz, wenn er nicht weiterweiß, mit einem professionellen Coach sehr viel besser klarkommen als mit seiner Partnerin, vor der er doch lieber glänzt, als den Gründen für die kahlen Stellen in seinem Gefieder nachzugehen.

Die moderne Liebesbeziehung wurzelt in den Idealisierungen der Verliebtheit. Sie verführt die Beteiligten, füreinander *alles* zu sein, was auch heißt: *alles* zu tun. Das ist eine riskante Erweiterung der modernen Konstruktion gegenüber dem traditionellen Vorgänger, der arrangierten Ehe, in der zwei Familien einen Vertrag schlossen. Männer taten da nur Männerdinge, Frauen beschränkten sich auf die Frauendinge, beide in den Grenzen ihres Standes und ihrer Traditionen[10].

---

10 Ein durch die zahlreichen Briefe der Partner und durch die intensive biografische Bemühung um den männlichen Protagonisten besonders gut dokumentierte Form des Übergangs in die moderne Ehe zeigt die Familie von Sigmund Freud: Als seine Ver-

Indem die Verliebten davon träumen, einander alles zu sein und füreinander alles zu tun, überschreiten sie die starren Grenzen der traditionellen Strukturen. Es wird nicht getauscht, nicht gehandelt, nicht gekauft und verkauft, es wird *geschenkt* bis hin zur Selbstaufgabe. Woher aber die Geschenke nehmen? Die Liebenden müssen nach ihnen suchen, wie nach seltenem Metall. *To fall in love* genügt nicht mehr. Es gilt, Beziehungsarbeit zu leisten. Name und Stand? Die Liebenden dramatisieren ihre Verweigerung, die Feindschaft ihrer Clans zu pflegen. Julia behauptet, wenn Romeo nicht Romeo hieße, wäre ihre Liebe doch die gleiche.

Der Glaube an ein erweitertes Ich

Der fleißige, zielstrebige, in einem »guten Beruf« verankerte Mann bahnt einer analogen Entwicklung der Frau den Weg. Heute hat sich die Selbstdefinition durch berufliche Leistung in beiden Geschlechtern durchgesetzt. Folgerichtig ist die moderne Verliebtheit von Fantasien einer Leistungssteigerung geprägt. Eben diese können den Beteiligten nach der Geburt eines Kindes zum Verhängnis werden.

Der Glaube an ein erweitertes und erhöhtes Ich, der sich mit dem Finden des idealisierten Liebespartners verknüpft, stärkt das menschliche Selbstvertrauen und ermöglicht Leistungen, die bisher nicht denkbar waren. Wer einen Sport, eine Sprache, eine Kunst erlernen will, tut gut daran, sich in seinen Lehrmeister zu verlieben.

Diese Verstärkung und Ergänzung des Selbstgefühls macht Liebespaare so unternehmungslustig und kreativ. Sie überschätzen sich nicht

---

lobte war Martha Bernays seine Gesprächspartnerin und nahm intensiv an seinem Leben teil. Nach der Eheschließung konzentrierte sich Martha Freud auf Haushalt und Kinder. Beide waren ein Paar, das liebevoll, aber auch vorsichtig miteinander umging (man muss Freuds Reisebriefe lesen, um einen Eindruck davon zu gewinnen). Es gab, sagte Martha nach Freuds Tod, in den über 50 Ehejahren nie ein böses Wort zwischen beiden. Aber es gab auch wenig echte Intimität, was sich z.B. darin ausdrückt, dass Martha krank wurde, wenn sie mit Freud allein verreisen sollte. Trotz Marthas glänzender Intelligenz hat Freud mit ihr anscheinend nie über seine Forschungen gesprochen, von denen Martha nach den Aussagen mancher Zeitgenossen auch wenig hielt. Es kostete die Tochter, Anna Freud, große Mühe, ihre eigene Karriere als Analytikerin gegen die Mutter durchzusetzen. Wie sorgsam Freud die Geheimnisse seiner Ehe hütete, zeigt auch, dass er seine lesbisch orientierte Jüngste wider die Regeln der Kunst selbst in Analyse nahm.

ausnahmsweise, sondern regelhaft. Sie glauben aneinander und daran, dass sie das Beste füreinander wissen, sind und tun. Platon hat in seiner Theorie des Eros (im Symposion) einen fiktiven Urzustand beschrieben, den die Verliebten wiederherstellen wollen. Einst waren die Menschen wie Kugeln und ungeheuer stark, sodass sich die Götter fürchteten. Um sie zu schwächen, schnitten sie sie in zwei Teile. Seither sind die Hälften von der Sehnsucht erfüllt, sich mit dem fehlenden Teil zu vereinen und – implizit – wieder so stark zu werden wie vorher.

Im *Symposion* ist nicht die Rede davon, dass die in Liebe Vereinten jemals wieder so stark werden könnten, dass sich die Götter vor ihnen fürchten. Platon ist in diesem Punkt Realist. Ob Liebe nun erfüllt wird oder sich als pure Sehnsucht manifestiert: Die Menschen bleiben schwach. Verliebtheit wird erst tragfähig, wenn sie den Zusammenbruch der Illusion verarbeitet, sie könne jemals Dauerzustand werden. Grundlage einer solchen Entwicklung der Partnerschaft sind ihre Rituale.

Die Frau als Expertin der Liebe

Sobald sich Männer und Frauen mehr und mehr durch ihre Erfolge im Leistungsvergleich definieren, verstärkt sich im Liebesleben der weibliche Einfluss. Man sollte sich an den von Norbert Elias[11] beschriebenen Kristallisationskern für den *Prozess der Zivilisation* erinnern: die »hohe Frau« am Hof, die als *Frau* ihrem Mann unterworfen ist, aber als *Gemahlin des Feudalherrn* über den Rittern steht und Anspruch auf deren Verehrung hat. Sie schuf das Feld, in dem sich aus der schwärmerischen, unerfüllten Liebe eine Modernisierung des Beziehungslebens, »Höflichkeit«, gute Sitte, Austauschkultur und Handel sowie wachsende Distanz von der Konfliktlösung durch direkte Gewalt entwickeln.

Frauen schreiben in den meisten modernen Beziehungen die Noten, geben sie den Männern und sich selbst. Die Männer delegieren diese Aufgabe. »Ihr Frauen, ihr wisst, was Liebe ist«, singt der Page Cherubino in der Mozart-Oper *Figaros Hochzeit*. Er spielt mit dem Affekt, er will eher haben als wissen. Aber die ganze Oper tanzt entlang der Grenzlinie zwischen der feudalen und der bürgerlichen Auffassung

---

11 Norbert Elias, Über den Prozess der Zivilisation, 2 Bde. Basel 1939 (TB Frankfurt 1976)

der Liebe; am Ende steht die feudale da wie der genasführte Graf, der seine Frau nur noch bitten kann, ihm zu verzeihen.

Wie bösartig und zugleich trivial sich diese weibliche Expertise in einer Ehe auswirken kann, beleuchtet ein Ausschnitt aus einer Paartherapie[12].

Maria und Albert sind Akademiker, bald dreißig Jahre verheiratet, zwei erwachsene Kinder. Sie waren sich bisher treu. Maria ist vor einigen Monaten ausgezogen, weil sie die ständigen Vorwürfe des Ehemannes nicht mehr ertrug, in denen er sich über ihren Boykott der ehelichen Sexualität beklagte und ihr täglich vorhielt, sie tue nicht so viel für ihn, wie er für sie tue, sie arbeite weniger im Garten als er, sie vernachlässige den Haushalt, sei schlampig, wolle nicht kochen, weigere sich, mit ihm am Wochenende etwas zu unternehmen.

Albert: *Wir haben da dieses sexuelle Problem. Kaum waren wir verheiratet, hat meine Frau sich nicht mehr richtig für mich interessiert. Wenn wir in den Urlaub gefahren sind und ich gedacht habe, jetzt haben wir viel Zeit, uns zu lieben, war sie müde oder hatte ihre Tage. Ich habe mich dann damit abgefunden, dass es nur noch alle vierzehn Tage einmal war. Und vor einem Jahr hat sie gesagt, dass es ihr wehtut und schon die letzten Jahre wehgetan hat. So habe ich mir das nicht vorgestellt, ich denke, es könnte so schön sein.*

Maria: *Aber das stimmt doch gar nicht, dass es immer zu wenig war. Am Anfang, als wir noch nicht zusammen gewohnt haben, wollte ich sogar öfter als du. Da wussten wir noch nicht, ob wir zusammen bleiben. Du bist noch Motorrad gefahren und ich hatte Angst um dich. Dann hatte mein Vater diesen Anfall und hat mich geschlagen, und ich bin bei dir eingezogen, und wir hatten viel Sex. Als wir verheiratet waren, da war es bei mir anders, und du hast angefangen, an mir herumzunörgeln. Und dann hast du gesagt, du bist es leid, dass ich dich abweise, und wenn ich überhaupt Sex will, dann muss ich kommen. Und ich bin immer gekommen, außer ich hatte meine Tage oder ich war schwanger, jede Woche bin ich gekommen, und du sagst, es war gar nichts!*

Albert: *Ich hab mich aber doch nicht freiwillig zurückgezogen und alles dir überlassen, sondern nur, weil ich so oft abgewiesen worden bin.*

---

12 Alle Namen und Fallgeschichten sind fiktiv.

Soll ich mich freuen, wenn du sagst, dass es vorbei ist? Im Urlaub, vor vier Jahren, hast du gesagt und hast auch die Namen genannt von den Freundinnen, die das gesagt haben, dass viele Paare, die so alt sind wie wir, schon lange keinen Sex mehr haben und es gar nicht mehr wichtig finden. Das waren Paare, die sind jetzt geschieden, das wundert mich nicht.

Maria: *Meine Frauenärztin hat gesagt, kein Wunder, dass es wehtut, die Scheidenwand ist rissig, ich soll Hormone nehmen, ich will mich aber nicht vergiften und Brustkrebs kriegen. Es ist doch normal, dass man nicht mehr so oft kann wie früher. Und ich halte es nicht mehr aus, dass ich kein gutes Wort von dir bekomme, wenn ich nicht öfter mit dir schlafe.*

Maria hat die ihr aufgenötigte Zuständigkeit für Alberts Erotik angenommen. Sie kann sich mehr schlecht als recht durch weibliche Expertisen (vonseiten ihrer Freundinnen und ihrer Gynäkologin) gegen seine Vorwürfe wehren, sie sei die Ursache seiner Frustration. Ist diese Doppelrolle als Expertin und Geliebte auch der Grund, dass ihre Libido schwand, sobald sie geheiratet hatte?

Albert denkt nicht darüber nach, weshalb sich die erotischen Rituale so verändert haben, seit sie verheiratet sind. Er kann Maria nur in der Rolle sehen, die seine Ritualisierung der Erotik vorschreibt, und sich bei ihr beklagen, wenn sie nicht so ist, wie er es bräuchte – sie müsste ihm doch bitte sagen, was er tun solle, um sie in genau die Geliebte zu verwandeln, die er braucht, um sich nicht unglücklich zu fühlen.

Wenn er es ihr und nur ihr zutraut, die verfahrene Situation zu lösen, verrät Albert seine Idealisierung Marias, die auch der Grund für seine Unfähigkeit ist, sich in sie hineinzuversetzen und ihre Grenzen zu respektieren. Er kann nicht sehen, wie wichtig es für Maria ist, dass er freundlich bleibt. Er erkennt nicht, dass sie seine vorwurfsvolle Miene nicht von der Düsternis ihres Vaters unterscheiden kann, die einen Wutausbruch ankündigte.

Wie sollte Albert das auch wahrnehmen! Für ihn sind Frauen höhere, gefährliche Geschöpfe, er würde niemals eine Frau schlagen, er würde alles tun, um sie gnädig zu stimmen. Wenn er aber alles getan hat und sie ist immer noch nicht gnädig, was soll er dann anderes tun als zeigen, wie beleidigt er ist?

Um ein stabiles Ritual zu gestalten, genügt es nicht, das Beste für den Partner zu wollen; es ist auch nötig, dass dieser es gut genug findet, um es in seine Rolle einzufügen und diese zu festigen.

Wer sein Familienleben betrachtet und seinen Humor nicht verloren hat, wird sich eingestehen, dass Verben wie improvisieren, basteln und durchwursteln sich eher eignen, den Alltag zu beschreiben, als planen, gestalten und optimieren. Rilke hat es schöner gesagt: *Was heisst schon siegen? Überstehn ist Alles!*

Genuss bietet nur das schwierige Ritual

Als Edith noch bei ihren spießigen Eltern wohnte, hat sie ihren Jugendfreund Klaus fast täglich verführt. Klaus fand das toll. Viel Sex gehörte für ihn zu einer guten Beziehung. Er hätte sich nie vorstellen können, dass Ediths Leidenschaft jemals so abkühlen könnte, wie es eigentlich schon in den Flitterwochen der Fall war. »Früher haben wir keine Gelegenheit ausgelassen, sogar den Hochsitz im Wald und eine Telefonzelle haben wir ausprobiert. Und jetzt passiert kaum mehr etwas, dabei könnten wir es so bequem haben!«, klagt Klaus. »Ich weiß nicht, aber seit wir verheiratet sind, fühle ich mich irgendwie unter Druck, das nimmt mir die Lust!«, sagt Edith.

Solange Ediths Eltern ihr den Sex mit Klaus verboten, hat sich Edith ihre erotischen Wünsche ertrotzt und sich frei gefühlt. Klaus war ihr Liebster und damit basta. Inzwischen ist Klaus ihr Ehemann und wirkt auf sie spießiger, als ihn Edith sich vorgestellt hat. Unbewusst ist er für Edith in eine Elternrolle geraten. So hat sie ihre inneren Räume verloren, in denen aus Fantasien erotische Rituale werden.

Klaus litt als Kind unter einer chronisch unzufriedenen Mutter, der er es nie recht machen konnte. Edith war wie ein Wunder für ihn: sie begehrte ihn, er konnte sie glücklich machen. Er baute mit ihr zusammen ein Ritual auf, welches die Macht der Ängste vor einer unzufriedenen Mutter beseitigte. Solange Edith regelmäßig Initiative entfaltet und mit ihm schlafen will, ist der böse Zauber gebrochen, der seine Kindheit verdüstert hat. Das fatale Grundmuster, das Edith durch ihre leidenschaftliche Sexualität neutralisiert, lässt sich bei Klaus so zusammenfassen: Du kannst tun, was du willst, dich anstrengen, wie du es nur vermagst, du wirst die Mutter nicht glücklich machen, somit bist du ein Versager.

Es lag nicht an Klaus, dass seine Mutter unglücklich war. Es lag daran, dass sie halbwüchsig aus ihrer Heimat im Sudetenland vertrieben worden war. Sie hatte schreckliche Dinge erlebt und konnte es nicht ertragen, wie Klaus unbekümmert in den Tag hineinlebte. So behandelte sie ihn streng und warnte ständig vor den Gefahren, die den Arglosen treffen. Sie erzog ihn zum fleißigen Schüler, zum unermüdlichen Helfer im Haushalt, zum pflichtbewussten Mann, der in jedem Beruf seinen Weg machen wird.

Freude, Hingabe an die eigene Lust und Zuversicht hatte Klaus nicht gelernt. Umso glücklicher war er, dass Edith ihn nicht nur an dieser Freude teilhaben ließ, sondern ihn so oft und originell zu dem machte, der Freude *ist*.

Klaus bemüht sich nach Kräften, ein guter Ehemann zu sein. In seinem Erleben sind Leistungen wichtig und Gefühle nicht. Er ist erfolgreich in seiner Arbeit, kommt pünktlich nach Hause und wartet, dass sich Edith um sein Glück kümmert. Wenn sie das nicht tut, wird er ihr doch sagen dürfen, dass er nicht zufrieden ist.

Irgendwann hat das erotische Ritual nicht mehr funktioniert. Und da es spontan entstanden war und jeder es wie ein Geschenk des Gegenübers erlebte, wurde auch sein Scheitern von den Partnern erlebt, als sei jeder Opfer einer Veränderung des Gegenübers.

Edith hat angefangen, als Forderung von außen wahrzunehmen, was sie bisher als den spontanen Wunsch empfand, Klaus nahe zu sein, sich seiner zu versichern. Edith hätte kein Problem, sich Klaus hinzugeben, wenn er sie begehrt und sie passiv bleiben darf. Aber er will, dass sie ihn begehrt und verführt, sonst weiß er ja nicht, ob sie wirklich will – das in den Hintergrund gedrängte Bild der unzufriedenen, lustfeindlichen Mutter ist nicht verschwunden, sondern schlägt durch wie alte Farbe durch neue Tünche. Sie soll die Initiative ergreifen, ihm die Sicherheit geben, sie wolle sich von ihm glücklich machen lassen. Ohne ihren Orgasmus ist seiner nichts.

Für Klaus liegt der Sinn des Rituals im Abwehrzauber gegen die Angst, dass die Frau, die Macht über ihn hat, unzufrieden ist und er nichts tun kann, um sie zufriedenzustellen. Jetzt wird Klaus immer zu wenig, was Edith zu viel ist. Er will, dass sie ihn verführt. Er wartet und betäubt seinen Frust durch Arbeit, durch Termine, die ihn ablenken, er will ihr doch keinen Vorwurf machen, sie nicht unter Druck setzen.

Weil Klaus den Eindruck hat, dass Edith etwas nicht leistet, was sie früher geleistet hat und jetzt eigentlich auch noch leisten müsste, hat sich sein Blick für die vielen Nachlässigkeiten geschärft, die in einem gemeinsamen Haushalt auffallen. Edith ist zerstreut, sie lässt einen Brief, einen Schlüsselbund liegen, irgendwo häufen sich Rechnungen, die sie bezahlen müsste, sie kauft Konserven, die im Kühlschrank schlecht werden. Wenn Gäste kommen, kocht sie für acht, obwohl nur viere essen.

Früher hat Klaus das nur gesehen, es aber nicht kritisiert. Er war liebessatt und voller Vorfreude. Jetzt werden Ediths kleine Nachlässigkeiten zum Symbol für die eine, große. Klaus sieht keinen Grund mehr, sie nicht darauf hinzuweisen, dass das Leben leichter würde, wenn Edith sich mehr bemühe, sich an seinen Empfehlungen zu orientieren, die doch keinen anderen Anlass haben, als ihr überflüssige Mühe zu ersparen. Wer gleich richtig aufräumt, verliert keine Zeit mit Suchen!

Nur gelegentlich, wenn Edith klagt, dass er so kühl geworden sei und so viel mehr nörgele als lobe, er sei auf dem Weg, genauso unzufrieden zu werden wie seine Mutter, der es doch auch niemand recht machen könnte, erschrickt Klaus, setzt aber dann schnell dagegen, sie könnten es so schön haben, wenn es nur wieder so wäre wie früher. Wenn sie ihn nicht lieben würde, hätte sie ihn ja nicht geheiratet, aber wenn sie ihn liebte, warum tat sie jetzt, wo alles gut war, so viel weniger Schritte auf ihn zu?

So fühlte sich für Edith der Ring am Finger an wie eine Falle, die zuschnappt und den Fuchs festhält, bis jemand kommt, um ihm den Pelz zu rauben. Edith hatte ein schlechtes Gewissen. Klaus war ja ein tadelloser Mann. Aber wenn sie ein schlechtes Gewissen hatte, konnte sie nicht an Sex denken. Sie fühlte sich wehrlos, hoffnungslos unterlegen, genau so, wie sie sich als Kind gefühlt hatte, wenn ihr Vater nach Hause kam und die Mutter beschimpfte, weil sie den Tag über billigen süßen Wein getrunken, aber nicht abgewaschen, aufgeräumt, gekocht hatte. Er hätte nie heiraten sollen, diese Frau sei sein Unglück, die Tochter solle nicht heulen, sondern in der Schule besser aufpassen, sie werde gerade die gleiche Versagerin wie ihre Mutter.

Edith war damals stumm geblieben. Sie blieb es auch jetzt, wenn Klaus den Mantel muffiger Disziplin ablegte, unter dem er seine Enttäuschungen verbarg, und – etwa an einem Samstagmorgen, am dritten Urlaubstag – in verhaltener Wut sagte, er habe sich das Leben mit ihr ganz anders vorgestellt, sie sei nicht mehr so wie früher, er habe gedacht, im Zusammenleben entwickle und steigere sich die Erotik, aber jetzt fühle er sich wie bei den Trappisten, er könne gerade so gut schon im Sarg schlafen.

Sollen wir uns Edith und Klaus als ein Paar vorstellen, das weder zusammenleben noch sich trennen kann, eben weil das erste Ritual nicht mehr funktioniert, sie aber durch die ständigen Vorwürfe und Rechtfertigungen über diesen Verlust kein neues Ritual entwickeln konnten?

Oder sind die Vorwürfe inzwischen selbst das Ritual? – »Du gibst mir zu wenig!« »Du willst zu viel!« »Du hast mich enttäuscht!« »Du mich auch!« Rituale schließen ein und schließen aus. Obwohl sich Edith und Klaus so unerschöpflich in Vorwürfen ergehen, sind sie noch zusammen. Die Vorwürfe binden sie aneinander. Weder Edith noch Klaus denken daran, sich von einem anderen Partner geben zu lassen, was ihnen mangelt. Sie beschwören in den Vorwürfen, im Verdeutlichen des Negativs, das Positiv, das einmal da war und immer noch wartet, im Grunde attraktiver als alles andere. Es bräuchte nur einen kleinen Ruck, eine winzige Entscheidung, ein bisschen guten Willen, und alles wäre gut.

Einwände gegen Mr. Taylor und Dr. Masters[13]

Indem er seine Zeit verpachtet, um Paaren in ihren Konflikten beizustehen, kann der Therapeut von sich behaupten, er leiste *Beziehungsarbeit*. Aber da es dem Paaranalytiker auffällt, wie viel in Beziehungen durch »leisten«, »arbeiten«, »sich anstrengen« verdorben wird, scheint es an der Zeit, einmal die mit dem Modell von »Beziehungsarbeit« verknüpften Probleme zu untersuchen. Allgemeiner als die von Freud konzipierte »Trauerarbeit« verknüpft auch die Beziehungsarbeit Leistungsdenken und Gefühlsleben.

Man macht es richtig oder falsch. Man drückt beim Liebesakt auf die richtigen Knöpfe oder auf die falschen. Wenn etwas nicht funktioniert, ist Fehlersuche angesagt. Sie verläuft nach dem Muster der Rechthaberei: Es gibt Beweise, die einem Gericht vorgelegt werden. Sobald

---

13 Mr. Taylor ist der Vater der Arbeitswissenschaft; er steigerte die Produktion in der amerikanischen Industrie durch exakte Beobachtung von Arbeitsabläufen. Dr. Masters ist ein Pionier der sexualphysiologischen Forschung; er hat den Orgasmus von Männern und Frauen im Experiment gemessen.

aber die Geschworenen in diesem Gericht nicht mehr paritätisch besetzt werden, sondern jede Seite Parteigänger aufruft, kommt kein annehmbares Urteil mehr zustande. Beide Parteien gehen unermüdlich in Berufungen, keine kommt zur Ruhe. »Was wünschst du dir zum Geburtstag«, wird die zehnjährige Tochter gefragt. »Dass ihr nicht mehr ständig streitet«, ist die Antwort.

Das Paar, das etwas beschämt von diesem Wunsch der Tochter berichtet, wirkt hilflos, solange dieser Streit unterbleibt. Die Partner können kaum ausdrücken, was sie plagt. Sie krächzen wie die aus der Rille gelaufene Nadel eines Phonographen, ehe sie in die vertraute Welt der Anklagen zurückfinden. Dann wirken sie kompetent. Sie wissen, was sie wollen.

»Mein Mann redet nicht mit mir, er sagt mir nichts!«

»Ich sage meiner Frau alles, was sie wissen will, aber sie hört mir nicht zu. Ich erkläre ihr etwas, aber sie sagt, das ist es nicht. Und wenn ich dann sage basta!, bin ich wieder der, der nicht mit ihr redet.«

»Aber wie kann eine Beziehung funktionieren, in der sich jemand einfach nicht an Abmachungen hält? Er hat mir versprochen, dass er jeden Kontakt zu dieser Frau abgebrochen hat, aber er telefoniert immer noch mit ihr. Ich verstehe ja, dass es schwer ist, eine solche Beziehung einfach zu beenden, aber er kann doch nicht sagen, er hat sie beendet, wenn er noch mit ihr telefoniert!«

»Was heißt schon Beziehung. Da war doch gar nichts. Ich hatte ein paarmal Sex mit ihr, da war doch gar keine Beziehung, und ich habe schon tausendmal erklärt, dass das gar nichts zu bedeuten hat und meiner Frau gar nichts weggenommen hat, weil mir die Familie heilig ist!«

»Ein paarmal Sex, das soll ich dir glauben, dabei weiß ich, dass die Sache über Jahre gegangen ist und immer noch gehen würde, wenn ich nicht dahintergekommen wäre, vielleicht geht sie ja auch noch, ich weiß ja gar nichts mehr!«

»Meine Frau weiß besser als ich, was mir diese Frau bedeutet hat. Wie oft soll ich mich noch entschuldigen? Wir einigen uns immer darauf, dass wir die Vergangenheit ruhen lassen und in die Zukunft schauen, aber wenn wir nicht miteinander reden, dann fühlt sich meine Frau allein und ist unglücklich …«

»Ich möch …«

»Lass mich ausreden, ich hab dich auch ausreden lassen, sehen Sie, wir

lassen uns nicht einmal ausreden, und wenn wir reden, streiten wir uns, das dauert nur ein paar Minuten, bis es so weit ist.«

»*Aber ich merke doch, dass mein Mann unglücklich ist, ich finde, wir müssen das gemeinsam lösen, aber wenn man etwas gemeinsam lösen will, dann muss man sich doch an Absprachen halten, und wenn man sich nicht an Absprachen hält, wie soll man dann etwas lösen können?*«

»*Genau, und deshalb habe ich doch gesagt, wir vereinbaren jetzt, dass wir das nicht gemeinsam lösen können, sondern dass wir zum Therapeuten gehen und nur dort darüber reden, damit wir endlich von diesem ständigen Streit wegkommen.*«

»*Aber wir können doch nicht warten, bis wir beim Therapeuten sind, wenn es darum geht, ob wir am Wochenende wegfahren oder wer zum Elternabend geht!*«

José und Pilar, die hier zitiert werden, sind vor bald dreißig Jahren aus Spanien zugewandert. Sie haben sehr jung geheiratet. Pilar hat ebenso wie José das Abitur gemacht, ihr Studium dann aber nicht abgeschlossen, weil das erste Kind kam und José gerade seine erste Stelle antrat. Er hat Karriere gemacht, während sie zu Hause blieb und nach drei Jahren einen Job fand, in dem sie die Zeit bis zur Geburt des zweiten Kindes überbrückte. Gegenwärtig arbeitet sie halbtags am Empfang eines Hotels. Die Arbeit macht ihr Spaß, aber es fällt ihr schwer zu vergessen, dass ihr vor acht Jahren der Posten einer Geschäftsführerin angeboten worden war und sie ihn ausgeschlagen hatte, weil José ein zweites Kind wollte.

Als sie mit dem zweiten Kind schwanger war, schlief José mit einer Jugendfreundin, die sich in einer Ehekrise von ihm trösten lassen wollte. Es schmeichelte ihm, dass diese Frau ihn nicht vergessen hatte, während Pilar die Kinder wichtiger zu nehmen schien als ihn. Solange Pilar nichts davon wusste, würde doch ohnehin alles in Ordnung bleiben, dachte José. Irgendwann, wenn sie alle älter waren, würde er ihr vielleicht sogar davon erzählen. Sie würden an einem großen Tisch im Freien sitzen, in dem katalanischen Dorf, in dem seine Eltern noch ein Haus hatten, umgeben von den Kindern und den Enkeln, und darüber lachen.

An einem Sonntag ließ José sein Handy liegen. Es kam eine SMS. Pilar dachte, sie sei von dem Sohn, der gerade einen Ausflug machte. Aber es war eine Botschaft der Geliebten.

Pilar forschte nach und fand eine Reihe solcher Botschaften. Sprechende Beweise, dass die Erotik, die Kosenamen, die Aufmerksamkeiten, die sie vermisste, anderswo hingelaufen waren wie Hunde zu den Abfalleimern des Schlachters.

Paare sind durch Rituale verbunden. Aber es gibt den verpflichtenden Rahmen nicht mehr, wie er in traditionalen Gesellschaften vorherrscht. Die Partner finden aneinander Halt, solange sie ihre Rituale gleich deuten und sich diese Deutung im Vollzug des Rituals bestätigt.

José hatte Zeit, sich mit *seiner* neuen Deutung des Rituals einzurichten. Er war aber nicht darauf vorbereitet, dass Pilar sein Handeln als Zerstörung aller bisher gewonnenen erotischen Rituale erlebte. Er war überzeugt, weder eine wichtige Neuerung hinzugefügt noch ein Stück überlieferter Gültigkeit gelöscht zu haben. Er hatte nichts verändert, er wollte nichts verändern, er wollte und will in Zukunft die Familie und die Beziehung mit Pilar so haben, wie sie bisher waren.

Nicht die beteiligten Partner, sondern die zehnjährige Tochter hat das neue, gemeinsame Ritual erkannt und sich gewünscht, dass es endlich aufhört: Die Eltern streiten. Sie haben vor der Krise ihres Rituals wenig gestritten und ihre Differenzen vermieden. Der Streit dreht sich jetzt darum, dass Pilar eine neue Basis für das Ritual finden will. José hingegen fühlt sich nicht in der Lage, diese Aufgabe anzupacken. Er will, dass Pilar seinen Standpunkt akzeptiert, die Nebenbeziehung bedeute »nichts«, das alte Ritual dürfe bestehen bleiben.

Je mehr José die Nichtigkeit seiner Seitenbeziehung betont und unterstreicht, desto weniger kann ihm Pilar vertrauen. Er annulliert dadurch ja auch ihre Versuche, ihm ihre Deutung des bisherigen Rituals verständlich zu machen.

In Konflikten wie dem zwischen Pilar und José zeigt sich die Sollbruchstelle, wenn ein Ritual überlastet wird: José deutet die Beziehung jetzt traditionell, wirkt freilich hilflos in diesem Rechtfertigungsversuch, da er keine Sippe hat, die ihn unterstützt und Pilar darauf hinweist, dass sie einen gut funktionierenden Familienvater nicht mit ihren Einmischungen in sein Sexualverhalten durcheinanderbringen sollte. Männer sind doch so, das wissen Frauen!

Pilar hingegen besteht auf einer Vertiefung des gemeinsamen emotionalen Raums. Sie unterstellt, dass die Geliebte das Ziel von Leidenschaften ist, die sie sich schon lange von José wünschte. Jetzt endlich hat sie das Recht, den Anlass und die Motivation, auf einem solchen

Neuanfang zu bestehen, zurückzuerobern, was ihr gehört. Sie möchte jetzt José »wirklich« kennenlernen. Sie will herausfinden, was »in ihm vorgeht«, und wütet gegen seine Befriedungsversuche, wenn er ihr diese Auskünfte vorenthält.

Mr. Taylor und Dr. Masters verkörpern Stadien in einem Modernisierungsprozess, in dem spontanes Verhalten »taylorisiert« wird. Der Ingenieur, der Arbeitsabläufe beobachtet und mithilfe einer Stoppuhr herausfindet, auf welche Weise möglichst viel mit möglichst wenig Energieaufwand erledigt werden kann, hilft den in der Moderne Verlorenen vielleicht ähnlich wie der heilige Antonius von Padua belasteten Seelen im Mittelalter.

Dr. Masters, der den Orgasmus mithilfe eines mit einer Kamera ausgerüsteten Plexiglaspenis erforschte, ist ein vergleichbarer Schutzheiliger der Optimierung im delikaten Feld der Erotik: Es gibt eine *human sexual response*, die sich unabhängig von den Verwicklungen der Passionen bestimmen lässt.

Indem hier ein Zeitgeist beschrieben wird, unter dessen klimatischen Einflüssen moderne Paare stehen, wird auch verständlicher, wie emotional belastend und bis ins Körperliche hinein verzehrend Konflikte wie der von Pilar und José sein können. Auch in ihrem Streit steckt ein ritualisierter Kern. Sie bleiben zusammen, sie beschäftigen sich miteinander, sie schärfen ihre Wachsamkeit angesichts der Krise.

Pilar wirft sich selbst vor, nichts von dem bemerkt zu haben, was doch zentral bedeutsam sei. Sie wünscht sich von José mehr Sicherheit, dass dergleichen nie wieder geschehen wird. Solange José beteuert, es sei doch gar nichts Bedeutsames geschehen, kann Pilar nicht zur Ruhe kommen.

Zum stabilisierenden Ritual gehört die Einigkeit über seine Deutung. Während nun Pilar erlebt, dass sie diese Fantasie verloren hat, fühlt sich José als Versager, weil es ihm nicht gelingt, Pilar von seinem Standpunkt zu überzeugen.

Was haben nun Mr. Taylor und Dr. Masters damit zu tun? Sie liefern Modelle, die »taylorisiert« sind, d.h. sich an einer rational definierbaren Funktion orientieren[14]. In der Tat glaubt Pilar zu wissen, was ihren Streit ganz einfach lösen könnte: José müsste endlich verstehen,

---

14 Taylor und Masters sind Klischees geworden. Beide haben sich noch zu Lebzeiten gegen Trivialisierungen gewehrt und waren über diese bekümmert.

was sie meint, und tun, was sie möchte. Das kleine, aber hartnäckige Problem auf diesem Lösungsweg: José glaubt ebenfalls zu wissen, welche Leistungen Pilars den Streit vom Tisch brächten.

Kleinigkeiten! Pilar müsste nur endlich akzeptieren, dass es so ist, wie er es sagt, weil er der Einzige ist, der weiß, was in ihm vorgeht. Mit der Geliebten hat er so gut wie nichts, jedenfalls nichts Bedeutungsvolles erlebt, nichts, was sich mit seinen Gefühlen für Pilar vergleichen ließe. Wenn Pilar das endlich begreift, ist die Ehe das, was sie immer war: in Ordnung.

Der wichtigste Halt in der Moderne ist die Leistung: Wenn ich die anstehenden Aufgaben abarbeiten kann, bin ich sicher. Wer fleißig ist und sich an die Gesetze hält, bleibt beschützt von allem Bösen. Diese Form von Autonomie ist der Kern des modernen Selbstgefühls.

José versucht ebenso wie Pilar, ein guter Partner zu sein. Gegenwärtig ist er aber mit dieser Zuschreibung einsam geworden. Das Ritual der Beziehung, in dem diese Zuschreibung wechselseitig vollzogen wird, trägt nicht mehr. In Josés Deutung hat er einen kleinen Fehler gemacht, in Pilars Deutung einen riesigen. Und es gibt keinen Priester, keinen Ältestenrat, der eine Aussage über die gültige Deutung trifft.

In den modernen Ritualen sind die Partner die letzte Instanz. Was sie gemeinsam erarbeiten, das gilt. Pilar und José finden nicht nur die gemeinsame Deutung nicht mehr, sie streiten sich bereits über den Weg, auf dem sie gefunden werden könnte. José will das bisherige Ritual so lassen, wie es ist. Pilar will angeblich verstehen, warum es zum Bruch in ihrem Glauben an dieses Ritual kommen konnte. In Wahrheit will sie sich selbst besser verstehen, wagt aber noch nicht, allein nachzudenken. Sie braucht José als Vordenker. Sie will auch etwas abhaben von dem, was er so treibt.

Pilar war schon lange enttäuscht, wie wenig Anteil sie am Leben ihres Mannes hatte. Er ging zur Arbeit, wollte Sex mit ihr, sprach mit ihr über die Kinder, ohne sich wirklich zu engagieren.

Wenn sich Pilar nicht schon lange als Teil eines Ehe-Uhrwerks gefühlt hätte, das erst Aufmerksamkeit findet, wenn es nicht funktioniert, wäre sie längst nicht so wütend und verängstigt über die Koseworte an die Adresse der Nebenbuhlerin. Wenn José nicht so fixiert wäre auf seine gebetsmühlenartigen Beteuerungen, würde ihm vielleicht einfallen, dass Pilar deshalb so empört sein könnte, weil er ihr mit etwas zuvorgekommen ist, das auch ihre Sehnsucht ist.

José und Pilar hatten nicht darauf geachtet, Liebesrituale zu pflegen und weiterzuentwickeln, die nur sie beide betreffen. José konzentrierte sich auf seine Arbeit, Pilar auf die Kinder. Die Kinder sind von zärtlichen Ritualen umgeben, die Erwachsenen gehen leer aus. José hatte darauf vertraut, dass Pilar nach der Geburt der Kinder die sexuelle Beziehung zu ihm nach seinen Wünschen gestalten würde. Schließlich arbeitete er für die Familie, sorgte finanziell für sie. Hatte er nicht eine Frau verdient, die sich auf ihn freute und ihn verführte, wenn er müde nach Hause kam? Pilar aber war deprimiert und fühlte sich nicht attraktiv. Sie hatte den ganzen Tag nichts Interessantes gemacht.

Die Suche nach Anerkennung für Geleistetes treibt solche Paare in die Krise: Sie beginnen, passive Erwartungen aneinander zu richten. Jeder möchte einmal so richtig gelobt und geliebt werden. Die Hoffnung auf Aktivität des Gegenübers tritt an die Stelle des Austauschs liebevoller Aktivitäten. Die Ansprüche wachsen durch ihre Versagung. Schon hat es ein kleiner Liebesschritt schwer, nicht entwertet zu werden, weil er so klein ist und viel größer sein müsste.

Das Liebesdefizit kommt vorwurfsvoll daher und wird dadurch verschlüsselt. José wirbt um Zuwendung, indem er übertreibt, wie anstrengend sein Beruf ist. Wenn die Zuwendung ausbleibt, sagt er vielleicht bald, Pilar habe es doch gut, sie könne ausschlafen und Tennis spielen, wenn es sie danach gelüste. Wenn Pilar empört sagt, sie würde gerne mit ihm tauschen, sagt José spitz: jederzeit, wenn du so viel verdienst wie ich. Vielleicht erkennt Pilar anfangs sogar noch, dass José besonders viel nörgelt, wenn sexuell wenig läuft. Aber wenn er sie so wenig versteht und ihre Opfer für die Familie so wenig schätzt, wird sie von Josés Versuchen nichts wissen wollen, sie im Morgengrauen wachzustreicheln, wenn er sich verlassen fühlt und sich versöhnen möchte.

Der Vorwurf der zehnjährigen Tochter von Pilar und José, die Eltern sollten aufhören zu streiten, zeigt auch, dass die Tochter einen Maßstab hat, um Rituale zu bewerten. Sie ist Gutes gewohnt in einer Beziehung und wundert sich nun, dass die Eltern, die das mit ihr doch können – sich nicht zu streiten –, es miteinander nicht fertigbringen, obwohl sie doch größer sind und klüger sein müssten als sie.

2 Rituale gegen die Angst

Rituale sind immer auch Gewohnheiten, aber nicht alle Gewohnheiten nennen wir Rituale. In ein Ritual ist immer etwas Drittes einbezogen; Gewohnheiten bilden sich auch nach einem einfachen Modell von Reiz und Reaktion. Von Ritualen sprechen wir bevorzugt dann, wenn über die reine Zweckmäßigkeit hinaus *Bedeutungen* vermittelt werden. Rituale haben einen Sinn, der über den reinen Zweck hinausgeht.

»Gewohnheit ist ein eisern Pfaid (Hemd) – Wer sie auszieht, tut sich Leid!« Dieser Vers des barocken Dichters Friedrich von Logau (1605 – 1655) belegt die zentrale Aufgabe von Gewohnheiten: Sie schützen uns vor den Ängsten, die mit neuen Aufgaben verbunden sind – und sperren uns in ein Gefängnis von Routine.

In der Paaranalyse spielt der Unterschied zwischen funktionalen und dynamischen Ritualen eine Rolle: Zweckmäßige Gewohnheiten können problemlos verändert werden, wenn der Zweck das erfordert. Dynamische Rituale hingegen wurzeln in Affekten und in deren Abwehr. Das weckt Ängste, wenn ihr Ablauf nicht konstant bleibt. Die Dynamik bleibt unauffällig, solange das Ritual besteht; sie fällt auf, wenn ein Partner problemlos eine zweckmäßigere Variante wählen kann, der andere nicht.

Herr Mayer, der gewohnt ist, von A nach B mit der Bahn zu reisen, wird gleichmütig in ein Flugzeug steigen, wenn er es eilig hat; Herr Schmidt wird lieber mitten in der Nacht aufstehen, um nicht fliegen zu müssen. Herr Mayer bezieht sich funktional auf Bahn oder Flugzeug; Herr Schmidt dynamisch: er hat Angst vorm Fliegen und tut alles, um es zu vermeiden. Da beide Bahnreisen bevorzugen, fällt dieser Unterschied erst auf, wenn das bisher bewährte Ritual nicht mehr funktioniert.

Indem wir Gewohnheiten entwickeln, vereinfachen und entängstigen wir unser Leben[15]. Gleichzeitig sorgen wir dafür, dass die Zeit subjektiv

---

15 Charles Duhigg, Die Macht der Gewohnheit. München 2012

viel schneller vergeht, denn Routinetätigkeit wird so wenig speziell erinnert, wie jemand, der neben einer Bahnlinie wohnt, noch die Züge hört. Im Erwachsenenalter haben wir oft so viele Gewohnheiten entwickelt, dass sich Tage und Monate nur noch wenig unterscheiden.

Ein simples Beispiel für Routine ist die Atmung. Die meisten Menschen bemerken nicht, dass sie automatisch den lebenswichtigen Gasaustausch – Sauerstoff gegen Kohlendioxid – vollziehen, indem sie in einem wechselnden, ihrer körperlichen Anstrengung angemessenen Rhythmus einen sehr komplexen Bewegungsablauf vollziehen.

Erst wenn dieser Austausch nicht mehr funktioniert, wird die Bedeutung der Atmung deutlich. Eine Freundin – wir sind beide im selben Monat geboren – erkrankte vor einigen Jahren an einer Lungenfibrose, einem schleichenden Leiden, das allmählich die für den Gasaustausch wichtigen Teile der Lunge durch Narbengewebe ersetzt.

Ich erlebte neben ihr fast mit Scham, wie wenig dankbar, wie gleichgültig ich atmete, während sie bereits bei einer Treppenstufe in Not geriet und in den Monaten vor ihrem Tod nicht mehr ohne die Hilfe einer Sauerstoffflasche sprechen konnte. Die Lust und die Gnade, frei atmen zu können, wird uns in der Regel erst bewusst, wenn es uns selbst oder einer nahestehenden Person nicht mehr gelingt.

Auch Liebende nehmen einen unbewusst gewordenen Austausch oft nicht mehr wahr. Sie werden sich seiner Bedeutung erst bewusst, wenn er plötzlich nicht mehr funktioniert. Ihre Beziehung ist Gewohnheit geworden, sie sehnen sich nach Verliebtheit, nach einem neuen Anfang, der aus der Routine erlöst. Aber wer das eiserne Hemd ablegt, ist auch nicht mehr geschützt.

In die Praxis kommen Paare, die erst nach dem Verlust ihres nicht mehr wahrgenommenen Liebesrituals erkennen, wie viel es ihnen bedeutet. Ein Partner, manchmal auch beide, haben das Gleichmaß ihres Alltags als wertlos eingeschätzt und es für ein Abenteuer riskiert. Jetzt droht es verloren zu gehen. Ein Partner verunsichert durch Ängste und Vorwürfe den anderen. »Wenn ich das gewusst hätte!«

»Du verstehst mich nicht!«

Einen ersten Aufschluss über die Bedeutung von Ritualen in der Partnerschaft bietet die Analyse eines charakteristischen Vorwurfs, wie er sich gegenwärtig auch zwischen Pilar und José erhebt: »Du verstehst mich nicht!« Der Satz fällt so häufig, dass er in dieser oder ähnlicher Form zu einem Buchtitel wurde. In den betreffenden Texten geht es um die unterschiedlichen Kommunikationsbedürfnisse und -formen von Frauen und Männern[16].

Dieser Satz könnte so nicht ausgesprochen werden, wenn es nicht im Hintergrund, sozusagen als Normalfall, die Fantasie gäbe, *dass sich die Partner verstehen.* Das ist in der Tat so. Im Alltag, über Wochen, Monate, vielleicht Jahre hin sind die Partner überzeugt, dass sie sich verstehen, dass Selbstdefinition, Selbsterleben und Definition durch den Partner übereinstimmen. Wie die Gnade der Atmung wird uns auch die Gnade des Liebesrituals erst in seinem Verlust deutlich.

Rituale hängen eng mit Traditionen zusammen, wobei es für die moderne, individualisierte Kultur charakteristisch ist, dass die unterschiedlichsten Traditionen (und ihre Gegenteile) gleichzeitig existieren. In schwarzem Anzug und weißem Kleid zu heiraten ist ein traditionelles, die Hochzeit in Jeans und Pullover ein oppositionelles Ritual. Und manche Paare reisen nach Indien und heiraten blumenbekränzt auf einem Elefanten. Sie eignen sich ein fremdes Ritual an, dessen Bedeutung sich dadurch auf ähnliche Weise verändert wie ein Kriegstanz der Eingeborenen als Begrüßung für den Touristenbus.

Die Rituale einer Kultur sind ähnlich den Liebesritualen oft wenig auffällig und so sehr in die eigene Lebenswelt eingebettet, dass sie erst dann auffallen, wenn sie verloren gehen, gefährdet sind oder ein Fremder einen Blick auf sie wirft. Das verbindet sie mit Sitte und Brauchtum. Unterschiedliche Rituale sind schon von Herodot[17] als Signatur unterschiedlicher Völker beschrieben worden, ebenso wie der elementare Narzissmus, dass jeder Angehörige eines Volkes die eigenen Rituale »normal« findet, während ihm die Rituale eines anderen Volkes auch befremdlich, ja abscheulich und strafwürdig erscheinen können.

---

16 Deborah Tannen, You Just Don't Understand: Women and Men in Conversation. Ballantine, New York 1990 (deutsch: Du kannst mich einfach nicht verstehen. Warum Männer und Frauen aneinander vorbeireden. Ernst Kabel Verlag, Hamburg 1992). Wolfgang Schmidbauer, Du verstehst mich nicht! Die Semantik der Geschlechter. Rowohlt, Reinbek 1991.

17 Herodot erzählt dazu eine Anekdote vom Hof des persischen Großkönigs, in dem eine Ethnie, in der Verstorbene rituell verzehrt werden, die griechische Sitte verdammt, geliebte Tote zu verbrennen. Jede Seite ist voller Abscheu angesichts des »falschen« Rituals; der reisende Grieche stellt fest, dass anscheinend jedes Volk die eigenen Rituale natürlich und gut findet, die fremden aber abscheulich.

Rituale werden nur ausnahmsweise *begründet*. Ihre Substanz liegt nicht in Argumenten, sondern in der Wiederholung: Sie werden gemacht, weil es eben immer so gemacht wurde, weil es in Ordnung ist, etwas gerade so und nicht anders zu machen.

Der Bezug zu den Emotionen und die Funktion der Angstminderung unterscheiden Rituale von Zusammenarbeit schlechthin. Kooperation ist rational organisiert und auf spezielle Situationen zugeschnitten. Rituale sind immer auch Kooperationen, aber nicht alle Kooperationen sind Rituale. Wenn ein Liebespaar zum ersten Mal eine Mahlzeit zusammen zubereitet, gibt es noch keine Rituale. Sie beobachten einander aufmerksam und suchen sich wechselseitig die Arbeit zu erleichtern – umso ausgeprägter, je weiter sie von traditionellen Rollen entfernt sind, in denen Kochen Frauenarbeit ist.

Wenn die beiden zusammenbleiben und wir sie einige Jahre später wieder beobachten, haben sich Rituale herausgebildet, in denen sich die Arbeiten mit minimalen Kommunikationen wie von selbst verteilen. Ritualisierung stiftet Vertrauen in die Konstanz, die Verlässlichkeit der Umgebung und ist deshalb auch eines der wichtigsten Mittel, Ängste zu mildern.

Jedes Gesetz schafft ein Ritual, aber Rituale sind unendlich vielfältiger als Gesetze. Sie bilden sich in der praktischen Erfahrung des Lebens: Wir halten fest, was sich bewährt hat, reduzieren auf diese Weise die verwirrende Komplexität des Lebens, gestalten unseren Tag, erhalten unsere Gesundheit. Dem Kind muss gesagt werden: Putz dir die Zähne! Wasch dir die Hände! Es dauert lange, bis die Hygiene ritualisiert ist, aber erst dann funktioniert sie zuverlässig. Der gute Vorsatz ist das Gegenteil von Ritualen. Er stellt ein schädliches, aber eingeschliffenes Verhalten infrage, ohne die Macht der Gewohnheit zu respektieren (»ich müsste öfter Sport treiben, abnehmen, keinen Alkohol trinken«).

Wenn die Hände nicht auf eine bestimmte Weise gewaschen wurden, neue Kleidung gereinigt, Ritzen im Pflaster vermieden, Schlösser und Wasserhähne geprüft, dann »bringt das Unglück« – weckt Angst. Umgekehrt bringt der Vollzug des Rituals »Glück«, Sicherheit, er beruhigt.

Wir können uns heute kaum mehr vorstellen, in welchem Ausmaß das soziale Leben traditionaler Kulturen von Ritualen durchdrungen war: religiösen Festen, kultischen Schauspielen, gemeinschaftlichem

Tanz, dramatischer Vergegenwärtigung heiliger Mythen. Solche Riten begleiteten Geburt, Heirat und Tod, jeder nahm an ihnen teil; es gab nicht die Trennung zwischen Akteur und Zuschauer, welche heute unsere Theater, Gottesdienste, Opern und Sportveranstaltungen, politische Demonstrationen und selbst die Fronleichnamsprozession oder den Faschingszug kennzeichnen, in denen sich religiöse oder weltliche Elemente alter Riten noch erhalten haben[18].

Sind Rituale therapeutisch?
Oder kompensieren Therapien den Ritualmangel?

Die Frage nach der therapeutischen Wirkung von Ritualen ist missverständlich. Wir tragen den Aspekt einer Zweckmäßigkeit an sie heran. Es ist schier unmöglich, alle Zeremonien, Kulte und weltlichen Feste aufzuzählen, bei denen die individuelle oder Gruppen-Katharsis wirksam wird. Ein erstes Beispiel ist das Ritual der vertauschten Rollen.

Das Psychodrama Morenos, die früheste Form der modernen Gruppenpsychotherapie, verwendet den Rollentausch als therapeutisches Mittel. Rollentausch war aber schon lange vor jeder Psychotherapie ein Element vieler Kulte und ritueller Feste. Das bekannteste in Europa waren die Saturnalien in Rom.

Sie fanden im Dezember statt. Man glaubte, auf diese Weise das verlorene Paradies des Gottes der Saat und der Ehe, Saturn, periodisch zu erneuern, der die Menschen als Erster lehrte, den Pflug zu führen und die Erde zu bebauen. Sein Reich war ein Goldenes Zeitalter: Es gab nicht Herren noch Sklaven, die Erde trug willig Frucht für alle, Privateigentum war unbekannt, ebenso Raub und Gewalt. Neben orgiastischen Zügen war die Verkehrung der Rollen von Herren und Sklaven die hervorstechende Eigenschaft dieses Festes.

Sie ist in zahlreichen literarischen Quellen der Antike überliefert[19]. Die rechtlosen Leibeigenen durften sich nicht nur betrinken und ihre Herren auf eine Weise anreden, die zu jeder anderen Zeit des Jahres mit

---

18 Schmidbauer, W., »Psychohygienische und (gruppen)psychotherapeutische Aspekte primitiver Riten«. Jahrbuch für Psychologie, Psychotherapie und medizinische Anthropologie 17, 1969, S. 238
19 Vergil, Georgica II, 536–540; Lukian, Saturnalia, 21; Seneca, Episteln 18 und 47

Peitschenhieben geahndet worden wäre, sondern sie wurden auch von ihren Herren an der Tafel bedient. Jeder Haushalt wurde für wenige Tage eine Republik, in der die Sklaven hohe Staatsämter besetzten und Recht sprachen wie sonst ein Konsul oder Prätor.

Moreno sah den therapeutischen Wert des Rollenwechsels darin, dass jeder Spieler die Motive erkennt, die seinen Gegenspieler bewegen. Wenn etwa ein Sohn die Rolle seines Vaters übernimmt, dessen autoritäres Gebaren er immer beklagt hat, sieht er den Vater sowohl von der eigenen Seite her, denn mit seinem Spiel wird er ja nicht selbst ein anderer, als auch von der Rolle des Vaters aus.

»Das gleichzeitige innere Erleben der beiden Rollen hat einen großen therapeutischen Wert«, bemerkt Moreno. »Es hilft dem Sohn, seinen Vater besser zu verstehen, selbst wenn er nicht seine Meinung teilt. Der Sohn projiziert den Vater in sich selbst, und umgekehrt projiziert der Vater den Sohn in sich selbst, und so sehen sich beide sowohl durch die Augen des anderen als auch durch die eigenen.«[20]

Ein schwacher Nachklang der römischen Saturnalien tritt uns im Karneval, Fasching und verwandten Festen entgegen, die ja ihrerseits auf heidnische Kultbräuche zurückgehen, die lange vergessen sind. Die Maskierung, ein sehr allgemeines Element solcher Feste, kann man ebenfalls als Rollenwechsel interpretieren.

Bis zur Rollenumkehr gesteigerter Rollenwechsel war ein sehr charakteristischer Zug der mittelalterlichen Narrenfeste in Frankreich. Der niedrige Klerus wählte aus seinen Reihen einen Papst oder Erzbischof der Narren. Auch die Zeit entsprach weitgehend den römischen Saturnalien: Die Wahl erfolgte am Stephanstag; am ersten Januar wurde der Narrenherrscher feierlich in die Kathedrale geleitet. Dort thronte er bischöflich bis zum Vorabend des Epiphaniefestes.

Der Ritualmangel unserer entzauberten Moderne ist jüngst für die Modediagnose der »Aufmerksamkeitsmangelstörung« verantwortlich gemacht worden. Immer mehr Menschen verlieren sich in einer haltlosen Bedeutungsüberflutung, in der sie nicht mehr unterscheiden können, was für sie aktuell wichtig ist und was nicht, was fantastischer Anspruch, was realistische Orientierung.

Der auf die extreme Beschleunigung finanzieller Transaktionen gemünzte Spruch, wonach nicht mehr die guten die schlechten, sondern

---

20 Moreno, J. L., Gruppenpsychotherapie und Psychodrama. Stuttgart 1959

die schnellen die langsamen fressen, lässt sich verallgemeinern: Wer von Aufmerksamkeitsmangel und Hyperaktivität geplagt ist, opfert langfristige Ziele der schnellen Spannungslösung.

In einer entritualisierten Kultur bilden einzelne, in den Medien dramatisch aufgeblähte Ereignisse (Events) einen Ersatz für die kollektiven Rituale. Auch sie beschäftigen die Fantasie mit einer einfachen Gestalt, einem übersichtlichen Drama in einer unübersichtlichen Welt[21]. Es fehlt ihnen jedoch die zentrale Qualität des Rituals: Sie stiften kein Vertrauen in die Beständigkeit und Übersichtlichkeit der sozialen Wirklichkeit.

Die Rituale der Partnerschaft unterscheiden sich von anderen Ritualen durch ihre Intimität: Sie bewegen in der Regel nur das Paar. Manchmal kommen Freunde oder Verwandte dazu. Kinder spielen eine wichtige Rolle, weil sie ihrerseits mit beiden Eltern Rituale aufbauen und deren Beziehungen festigen, aber auch gefährden können.

Die Entwicklung von Kulturen lässt sich auch als Prozess der Differenzierung von Ritualen beschreiben. Bei den Buschmännern können sich beispielsweise die meisten Erwachsenen in Trance tanzen und schamanistische Riten durchführen. In anderen Jäger-Kulturen gibt es bereits den Schamanen als hervorgehobenen »Beruf« und »Schamanenschulen«[22].

Rituale entwickeln ihre spezifischen Formen des Umgangs mit Nicht-Teilnehmern. Vielfach sind diese als Zuschauer willkommener Teil des Rituals, vom archaischen Kriegstanz bis zur modernen Militärparade. An den antiken Weihespielen in Athen *mussten* die Bürger unter Strafdrohung teilnehmen; heute kostet ein Abonnement in der Oper viel Geld. Die Priester des einen Gottes beeindrucken die Stadt mit einem Umzug, in dem das Gnadenbild durch die Straßen getragen wird; andere wiederum lassen nur den in das Mysterium Eingeweihten überhaupt das Gnadenbild sehen.

Die Rituale der Liebesbindung stehen zwischen solchen Polen. Manche von ihnen sind geheim und dürfen nicht preisgegeben werden, ohne dass dies als Verrat empfunden wird. Orte, Gegenstände (wie ein Kleid, ein Bett, ein idyllischer Strand, ein Aussichtspunkt) sind gemein-

---

21 Harald Pühl, Wolfgang Schmidbauer, Eventkultur. Berlin 2009

22 W. Schmidbauer, Vom Umgang mit der Seele. Entstehung und Geschichte der Psychotherapie. Fischer, Frankfurt 2000, S. 29 – 69

sam-ritueller Besitz. Sie anderen zu »verraten«, eine andere Frau in das Ehebett zu lassen, weckt heftige Wut. Anderes wiederum soll gezeigt werden, um die Paarbindung nach außen zu belegen.

Unter den Gründen, die eine Ehefrau nach 30 Jahren für ihren Trennungswunsch vorbringt, erwähnt sie eine Szene kurz nach ihrer Hochzeit, als sie hochschwanger im Urlaub mit ihrem Ehemann die Strandpromenade entlangging und seine Hand halten wollte. Er lehnte ab, *das sehe so verheiratet aus!*

Dieses Paar hat nicht über die Deutungsunterschiede in diesem von ihr vorgetragenen, von ihm abgewehrten Miniritual des Gehens Hand in Hand kommunizieren können. Jeder beharrte auf seiner Bewertung: Die Frau fühlte sich zurückgewiesen. Sie nahm an, dass ihr Mann nicht durch die angedeutete enge Bindung seine Flirt-Chancen auf der Promenade aufgeben wollte. Der Mann hingegen schämte sich eines Verhaltens, das er für kindisch und würdelos hielt.

Er dachte nicht an einen Flirt mit anderen Frauen. Er fürchtete ein negatives Urteil der Zuschauer, wenn er wie ein Kind an der Hand ging. Als Sohn einer dominanten Mutter und eines schwachen, alkoholkranken Vaters wollte er vor allem nicht auffallen. Die besoffene Emotionalität des Vaters hatte ihn immer wieder derart beschämt, dass ihm nur ein von allen Emotionen gereinigtes Auftreten in der Öffentlichkeit *erwachsen* schien.

In der Evolution jeder Liebesbeziehung schlagen sich die Partner gegenseitig Rituale vor. Je nachdem, wie gut diese Rituale funktionieren, festigen sie das Vertrauen der Partner in die Beziehung und damit die Intensität sowohl der Bindung wie der Befriedigung. Die Funktionstüchtigkeit von Ritualen erfordert nun, dass die Beteiligten verstehen, worum es geht und was das Ritual für den Partner bedeutet.

Dass Rituale keineswegs immer so funktionieren, wie sie beabsichtigt sind, zeigt das häufig zitierte Beispiel von den beiden Hälften der Semmel.

Zum Frühstück gibt es frische Semmeln. Seit vielen Jahren schneidet die Frau eine Semmel durch und gibt dem Mann die obere Hälfte, die sie selbst »besser« findet, weil sie knuspriger ist. Der Mann würde lieber die untere Hälfte haben, weil sich diese »besser« streichen lässt. Er denkt, dass seine Frau ebenfalls diese Hälfte bevorzugt, und will sie ihr nicht wegnehmen. Irgendwann kommt die erwachsene Tochter zu Besuch. Als ihr die Mutter eine obere Hälfte gibt, sagt sie, sie hätte lieber die untere. Die Eheleute diskutieren jetzt zum ersten Mal ihre Vorlieben und finden heraus, welches Opfer sie einander jahrelang gebracht haben.

Es ist leicht zu fordern und schwer zu leisten, wenn gesagt wird, Partner sollten »offen kommunizieren« – ähnlich leicht und schwer wie die Forderung, sie sollten nicht versuchen, sich zu erziehen, sich keine Vorwürfe machen, den missionarischen Standpunkt aufgeben und nach einem forschenden, anthropologischen suchen.

Es ist nicht böser Wille oder pure Dummheit, wenn ein angebotenes Ritual destruktiv unterbrochen wird. Es geht eher um die Schwierigkeiten, Ungewissheit zu ertragen und jene Vermeidungen und Verweigerungen hinzunehmen, mit denen Rituale schon immer Neugierige abgewiesen haben: »Das ist doch normal.« »Das macht man so!« »Das haben wir immer so gemacht, das machen alle so, ich kann nicht anders und ich kann auch nicht darüber reden!«

Einem Verständnis dieser Blockaden nähert sich, wer sich daran erinnert, dass es eine zentrale Aufgabe von Ritualen ist, Ängste abzuwehren und Sicherheit zu stiften. Wenn im Kriegstanz alle Männer ihre Waffen schwingen, versichern sie sich ihrer Entschlossenheit, gemeinsam vorzugehen und den Gegner zu schlagen. Das beruhigt die zagenden Herzen der um ihre heile Haut besorgten Kämpfer. Sie beschwören sich ihren Glauben, dass sie gemeinsam standhalten und nicht einzeln davonlaufen.

Jeder kann also nur so gut über sein Ritualbegehren bzw. seine Ritualabwehr (die ja die gewissermaßen negative Form des Begehrens ist) sprechen, wie es seine Kränkungsängste zulassen. Wenn der eigene Vater alkoholisiert alle Register infantiler Unbeherrschtheit durchspielt, wird es der Sohn später schwer haben, in der Öffentlichkeit Gefühle zu zeigen. Zu sehr hat er sich neben diesem Vater geschämt. Er will nicht, dass ihm jemand die Nähe zu seiner verliebten Frau ansieht, er weist sie ab: Er kämpft vereinzelt gegen eine traumatische Einschränkung aus seiner Vergangenheit und kann so nicht mit ihr in ein gemeinsames Liebesritual finden.

Es liegt für ihn nahe, diese Unfähigkeit gegen Einwände zu verteidigen, sogar Freude daran finden, die seinerzeit unterdrückte Rache am Vater durch spöttische Bemerkungen über Gefühlsduseligkeiten von Weib und Kind auszuleben.

Er verspricht einer Frau, die einen eher weichen und liebevollen Vater der Mutter vorzog, Klarheit und Schutz vor einem unbewusst abgewehrten Sog zu großer Nähe zum Vater. Sie spürt, wie er sie braucht und wie er nie ein Versprechen brechen, sich einer Laune hingeben wird. Ein guter Ehemann eben, diese Strenge und diese kühle Distanz wird sie ihm schon abgewöhnen, das sind Kleinigkeiten.

> Vor 15 Jahren habe ich meinem Mann einen Brief geschrieben, in dem ich mich kritisch mit ihm auseinandergesetzt habe, kurz vor unserer Hochzeit. Ich hatte diesen Brief völlig vergessen, aber als ich neulich drüber nachdachte, ob es nicht besser wäre, wenn wir uns trennen, habe ich ihn herausgesucht. Ich war schockiert. Ich habe damals schon ganz genau das an ihm ausgesetzt, was ich heute an ihm kritisiere und womit ich mich nicht länger abfinden will.

Diese Äußerung einer 40-Jährigen, die eloquent und klug Beruf und Familie meistert, spiegelt die Hartnäckigkeit, mit der an einem ersehnten, aber in der eigenen Wahrnehmung vom Partner verweigerten Ritual festgehalten wird.

Die Jahre, in denen das eigene Angebot leer ausgeht, werden nicht benutzt, es kritisch zu prüfen. Statt sich einzugestehen, dass dieser Partner nicht zu den eigenen Vorstellungen passt, und die inzwischen ausgebildeten Rituale als Transformation der ursprünglichen Wünsche anzuerkennen, wird die Dauer der Versagung quasi zur Kraft hinter einer Erneuerung des Anspruchs. Als hätte sich dieser verzinst, fühlt sie nun ein stärkeres Recht auf das, was sie immer wollte und nie bekommen hat.

Solche Dynamiken zeigen die wachsende Bedeutung des Narzissmus in den modernen Beziehungen. Es passt nicht in das Selbstbild, dass in einer Ehe bestimmte Bedürfnisse anders erfüllt werden, als ich mir das für *meine* Ehe vorstelle. Diese ganz unbefangen vorgetragene und nicht reflektierte Rede von »meiner Ehe« signalisiert den Grenzkonflikt: Meine Ehe ist etwas anderes als deine Ehe – unsere Ehe hätte deshalb auch anders sein müssen, als sie sich tatsächlich entwickelt hat.

Die Rituale der Partnerschaft festigen das Selbstgefühl beider Partner. Diese können sich auf Elemente narzisstischer Stabilisierung verlassen. Sie empfinden daher die Beziehung als eine mühelose Quelle von Sicherheit, in dem zentralen Lebensmotiv einer Liebespartnerschaft »gut« zu sein: Meine Frau, mein Mann versorgen mich mit der Überzeugung, ein guter Mann, eine gute Frau zu sein. Im alltäglichen Superlativ der Liebe: Dich zu heiraten war die beste Entscheidung meines Lebens!

Die für eine Beziehung aufgewendete Energie wird von Anerkennung ebenso angezogen wie von Kritik abgelenkt. Wenn ein Partner dem anderen vermittelt, diesem sei etwas Drittes (die Arbeit, der Sport, die Kinder) »wichtiger als die Beziehung«, wird dieser Reparaturversuch das Übel vermehren. Indem ich einem Partner mit dem Mittel der moralischen Einrede begegne, entziehe ich ihm die Qualität des »guten« Partners. Er sieht sich genötigt, die Sicherheit, »gut« zu sein, anderswo zu bekommen.

Wenn ein Arzt von seinen Patienten täglich erfährt, dass er ein guter Arzt ist, während seine Frau jeden Tag klagt, die Patienten seien ihm wichtiger als die Familie, können wir uns vorstellen, wohin ihn Klagen seiner Frau bewegen werden, er solle weniger arbeiten und mehr Zeit mit der Familie verbringen.

Vor allem in der Erotik wachsen hartnäckige Schäden aus dem Versuch, Rituale zu »verbessern«, indem ein Partner den anderen kritisiert. In der Regel wird getadelt, das Gegenüber sei zu wenig an der körperlichen Liebe interessiert, zu selten aktiv, zu wenig innovativ. »Du hast keine Fantasie!« »Immer muss ich den ersten Schritt tun!«

Wenn Menschen in der Erotik eher passiv bleiben und sich vor Neuem scheuen, sind sie in der Regel eingeschüchtert. Sie wurden als Kinder nicht unterstützt, ihren Körper und seine spontanen Gefühle zu genießen und gut zu finden. Sie sollten still und brav sein, sonst waren sie schlecht.

Wenn eine solche Person erlebt, dass ihr Körper und ihre spontanen Empfindungen »gut« gefunden werden, gewinnt sie an Sicherheit und kann sich vielleicht langsam etwas öffnen und Schritte in das gefährliche Gebiet der körperlichen Hingabe wagen. Wenn sie hingegen als Versager oder Versagerin hingestellt wird, verstärkt das ihre Suche nach Sicherheit.

Die Vermeidung sexueller Aktivität bis hin zum angeblichen Desinteresse (»mir ist das nicht so wichtig, geh doch ins Bordell, wenn du das so oft brauchst!«) sind dann ein Versuch, sich vor der Kränkung zu schützen, erotisch zu versagen.

Zwang

In seiner Studie über die Gemeinsamkeiten im Seelenleben moderner Neurotiker und der »Totem und Tabu« unterworfenen Primitiven hat Sigmund Freud die Nähe von (primitivem) Ritual und neurotischem Zwang ausführlich beschrieben. Das Thema beschäftigte ihn aber bereits in der Arbeit über »Zwangshandlungen und Religionsübungen«[23]. Das Zeremoniell der Zwangsneurose – etwa Hände zu waschen oder Türschlösser zu prüfen – macht den Eindruck sinnloser Formalität, erklärt Freud. Als solche wird es auch von den Kranken erlebt, und doch können sie nicht davon lassen. Jede Abweichung löst heftige Angst aus, die zwingt, nachzuholen, was man zu unterlassen versucht hat.

Ich kannte einen Zwangskranken, der jede Woche ein neues Türschloss brauchte, weil er seine Wohnung nicht verlassen konnte, ohne zwei Stunden lang prüfend auf- und zuzusperren. Patientinnen mit Waschzwang erkennt man oft an den völlig zerstörten Händen. Freud erklärt diese Zwänge mit einer Verschiebung, die einen Triebwunsch durch eine ritualisierte Aktion zugleich ersetzt und blockiert.

Der Mann mit dem Schließzwang möchte seine Wohnung nicht verlassen, möchte nicht in die Arbeit gehen, kann sich aber nicht zu dieser Verweigerung bekennen. Der Waschzwang verlagert den Wunsch, sich von schmutzigen Fantasien zu säubern, in die physische Welt. Er hat nach einer Abtreibung begonnen, schützt die Kranke vor dem bedrohlichen Sexualleben, reinigt sie von dem sexuellen Übel und bestraft sie für ihre Sünde.

Ritual und Zwang unterscheiden sich wie Bild und Zerrbild. Das Ritual ist frei gewählt und kann verändert werden, ohne dass Ängste entstehen; der Zwang ist wie aus dem Nichts entstanden und wird bis in die Einzelheiten von Ängsten bewacht. Aber die Grenze zwischen Zwang und Ritual ist nicht rigoros definiert. Rituale können zum

---

23 1907 in einer neu konzipierten »Zeitschrift für Religionspsychologie« (Bd. 1, Heft 1), aufgenommen in Gesammelte Werke Bd. VII, S. 129. Die Abhandlungen von »Totem und Tabu« erschienen 1912 zuerst als Buch; sie finden sich in Ges.W. Bd. IX.

Zwang werden. Ihr drohender Bruch löst dann Ängste aus, die den Betrachter ähnlich befremden wie das zwangsneurotische Zeremoniell.

Als Karl und Lisa sich kennenlernten, haben sie sexuell viel experimentiert. Das machte beiden Spaß. Dann entdeckte Karl, dass es ihn besonders erregte, wenn Lisa ein Latexkostüm und Stiefel trug. Lisa hatte das anfangs aus Neugier gemacht. Jetzt wurde sie unwillig, weil Karl auf Latex bestand, ihr immer neue Kostüme kaufte und sagte, er sei eben nur geil, wenn sie etwas Besonderes trage. Lisa schämte sich, »ich bin doch nicht pervers!« Karl war gekränkt. Er zog sich von ihr zurück. Lisa entdeckte, dass er Latex-Pornos schaute und sich selbst befriedigte. »Früher hast du mich geliebt. Jetzt bin ich nur noch deine Latexnutte!«

Ein primär partnerschaftliches Ritual des sexuellen Spiels entgleist hier zum Zwang. Karl weiß nicht, weshalb ihn Lisa nicht mehr erregt, wenn sie sich nicht kostümiert. Lisa unterstützt ihn nicht darin, diesen Schritt zum Zwang in dem bisherigen Ritual zu verstehen.

Eine mögliche Erklärung wäre, dass Karl Lisa inzwischen so nahe gekommen ist, dass ihre nackte Haut bisher verdrängte Ängste vor einem Inzest mit der Mutter weckt. Indem er sie so ausstaffiert, wie seine Mutter niemals war, kann er sich vor diesen Ängsten schützen und seine Potenz erhalten.

Lisa aber erlebt diesen Ausweg als Versuch, sie zu entwerten. Eine mögliche Erklärung wäre, dass ihr Vater sie während der Auseinandersetzungen in Lisas Adoleszenz als Nutte beschimpft hat, weil sie sich schminkte und nachts länger unterwegs war, als er es für richtig hielt.

Das spielerische Ritual hatte Karl und Lisa erotisch verbunden. Sie fühlten sich von Hemmungen befreit, die ihnen ihre Eltern auferlegt hatten. Aber die wachsende Nähe zwischen beiden hat Ängste ausgelöst. Aus dem Spiel wurde Zwang. Die Partner konnten sich nicht gegenseitig unterstützen, aus diesem Zwang wieder in das Spiel zurückzufinden. Lisas Ängste verstärkten Karls Ängste und hinderten ihn daran, Lisas Ängste zu verstehen. Karls Rückzug weckte mehr von Lisas negativen Erinnerungen an ihren Vater.

Die Neurosen zeigen … auffällige und tief reichende Übereinstimmungen mit den großen sozialen Produktionen der Kunst, der Religion und der Philosophie, andererseits erscheinen sie wie Verzerrungen dersel-

ben. Man könnte den Ausspruch wagen, eine Hysterie sei ein Zerrbild einer Kunstschöpfung, eine Zwangsneurose ein Zerrbild einer Religion, ein paranoischer Wahn ein Zerrbild eines philosophischen Systems[24].

Was Freud als zentralen Unterschied zwischen Bild und Zerrbild, zwischen Kulturleistung und Neurose entwirft, gilt auch für die Differenz zwischen Ritual und Zwang. Die Neurosen sind laut Freud asozial; sie suchen mit privaten Mitteln und unter dem Druck sexueller Triebkräfte zu leisten, was in der Gesellschaft durch gemeinsame Arbeit entsteht. Ganz ähnlich sind Zwänge asozial, sie ignorieren die Chancen einer gemeinsamen Verarbeitung von Ängsten, einer gemeinsamen Herstellung von Austausch und wechselseitiger Festigung des Selbstgefühls.

Im Zwang ist der Akteur isoliert und kämpft einen einsamen Kampf gegen seine Angst. Er empfindet Zuschauer als störend und kann sich nicht vorstellen, dass ihm jemand hilft.

Vom Zwang zurück zum Ritual

Die Frage liegt nahe, wie der Weg in die Gegenrichtung gefunden werden kann. Wie kommen die Partner vom Zwang wieder zurück ins Ritual, von der Angst zu Spiel und Kreativität? Rituale erfordern Aufmerksamkeit für das Gegenüber. Es muss genau wahrgenommen werden, um hinreichend differenziert zu reagieren. Das kann nur gelingen, wenn die schnellen Affekte von Wut und Angst nicht übermächtig werden.

Seit den ältesten Texten der Menschheit kennen Liebende das Rezept, zu *warten*, bis Wut verraucht ist, und erst dann wieder Kontakt aufzunehmen. Aber es fällt ihnen auch in vielen Situationen schwer, sich an diese schlichte Regel zu halten, die sich die zyklische Gestalt menschlicher Affekte zunutze macht, um eine De-Eskalation zu ermöglichen.

Das liegt daran, dass die Wut des einen Partners die Angst des anderen wecken kann. Er fühlt sich total verlassen, meint, ein ganz fremdes, verzerrtes Gesicht zu sehen, und erträgt diesen Anblick nicht. So klammert er sich an den Wütenden und versucht diesem einzureden, er

---

24 Sigmund Freud, Totem und Tabu. Einige Übereinstimmungen im Seelenleben der Wilden und der Neurotiker. Frankfurt (Fischer) 1956, S. 84

dürfe nicht wütend sein, er habe keinen Grund. Da nun aber die Wut eine elementare Reaktion auf narzisstische Kränkungen ist, kann sie durch solche Einrede nicht beseitigt werden. Im Gegenteil: Sie wird noch mehr gereizt, denn zu dem bereits vorhandenen Anlass tritt nun ein neuer.

Die Vorhaltung, es gäbe keinen Grund für die Wut, wird nicht ganz zu Unrecht als Entwertung verstanden – der Wütende sei uneinsichtig, verbohrt, nicht fähig, die Realität korrekt wahrzunehmen und sich von seinen primitiven Affekten zu distanzieren. Die gut gemeinte, jedoch erniedrigend erlebte Einrede, den Wütenden zu beruhigen, gleicht dem Versuch, einen Brand mit Benzin zu löschen. Wer Paare analysiert, deren Rituale in Gewalt hinein entgleisen, findet oft diesen Mechanismus der Eskalation: Die Angst, verlassen zu sein, zwingt einen Partner, ein Gegenüber gleichzeitig festzuhalten und zu entwerten, das in seiner Empathiefähigkeit durch eine Wutreaktion beeinträchtigt ist.

Thomas und Ulla sind seit zwei Jahren verheiratet. Sie suchen Hilfe, weil Thomas immer wieder in heftigsten Streitigkeiten die Beherrschung verliert, Ulla wüst beschimpft, und sie fürchtet, er werde demnächst zuschlagen. Ein Beispiel: An einem Wochenende freuen sich beide auf einen Ausflug. Sie steigen ins Auto, als Ulla einfällt, dass sie noch ihre Wanderschuhe abholen müssen, die beim Schuster sind. Thomas hat die Schuhe dorthin gebracht; er kennt den Weg; Ulla sitzt am Steuer. Thomas hat es sich auf dem Beifahrersitz bequem gemacht, er ist erschöpft, er will das Wochenende ganz gemütlich angehen lassen, Ulla soll alles machen, wie sie es richtig findet. Ulla verfährt sich und beklagt sich bei Thomas, dass er sie nicht auf die richtige Abzweigung hingewiesen hat. Thomas entgegnet spitz, wenn die Dame den Weg nicht kenne, müsse sie ihn fragen, er könne doch nicht ahnen, dass sie einfach drauflosfahre. Ulla weist Thomas darauf hin, wie unhöflich es sei, so zu reagieren, sie wolle doch nur möglichst schnell aus der Stadt herauskommen. Thomas schreit, er sei nicht unhöflich und verbitte sich diesen Gouvernantenton. Ulla hält am Straßenrand und sagt, unter diesen Bedingungen könne sie nicht weiterfahren. Thomas sagt, ihre Empfindlichkeit vermiese ihm schon jetzt das Wochenende, sie sei eine echte Zicke. Ulla schluchzt, wenn sie die Frau sei, die ihm das Leben vermiese, sei es doch besser, sich scheiden zu lassen.

So glatt, wie die Eskalation hier erzählt ist, lässt sie sich nur mit einigem Aufwand an Nachfragen rekonstruieren. Anfangs betonen beide Partner, sie wüssten nicht mehr, was den Anlass zu dem Streit gegeben habe. *Irgendeine Kleinigkeit!* Diese Reaktion belegt, wie gering die Bereitschaft der meisten Erwachsenen ist, sich die Macht ihrer kindlichen Affekte einzugestehen. Diese artikuliert sich so: Auch die kleinste Kränkung ist eine narzisstische Katastrophe und ruft nach Rache, um dem Liebesobjekt ein für alle Mal und um fast jeden Preis klarzumachen, dass so etwas nie wieder vorkommen darf.

Es kränkt uns in der Regel, kränkbar zu sein; diese Eigenschaft wird gerne verleugnet. Thomas sieht sich als gutmütigen Typen, der laut wird, wenn man ihn nicht in Ruhe lässt. Aber er ist nicht nachtragend, er braust eben auf, schluckt seinen Groll nicht hinunter und vergiftet die Pfeile, wie es Ulla tut, wenn sie ihre Gouvernantenrolle spielt.

Ulla hingegen sieht sich als wohlerzogenes, stets um tadellose Umgangsformen bemühtes Opfer einer entwürdigenden Behandlung durch einen Mann, der seine Launen nicht zügeln kann. Sie hat doch eigentlich nichts gesagt, man wird doch noch an die einfachsten Regeln des menschlichen Zusammenlebens erinnern dürfen!

Eine elementare Regel der Paaranalyse ist es, Kleinigkeiten ernst zu nehmen und dadurch den Partnern die Chance zu geben, sich über ihre unterschiedlichen Vorstellungen auszutauschen. Thomas wäre gern ein Held, den nichts aus der Ruhe bringt. Sobald er sich aber genauer betrachtet, bemerkt er (und kann das in der entspannten Situation mit dem einfühlenden Analytiker an seiner Seite auch zugestehen), dass er die kleinste Kränkung an seinem Heldentum, den Versuch, ihn auf einen Fehler hinzuweisen, er sei nicht liebevoll genug mit Ulla umgegangen, als Entwertung empfindet.

Dann beginnt er, um sich zu schlagen, um sich seine Männlichkeit zu beweisen und die Anfechtung auszulöschen. Er verstärkt durch sein heroisches Ideal den Schaden. Er ist mit sich selbst fast ebenso zerfallen wie mit Ulla, die ihm wegen einer Kleinigkeit sein Selbstbild des unerschütterlich guten Mannes kaputt macht. Sobald ihm geholfen wird, ins Nachdenken zu kommen und nicht schnell zu reagieren, versteht er auch, dass sich in seinem Selbstrettungsversuch Ulla ausgelöscht fühlt.

Ulla hingegen hält sich viel darauf zugute, dass sie Kritik annehmen kann und nicht empfindlich ist. Sie bemerkt aber, wie schwer es ihr fällt, ohne Neid und geheime Aggression eine Art glücklicher

Selbstbezogenheit bei Thomas zu ertragen. Er kann gut nur an sich denken und sich in die Sonne legen, wenn Gelegenheit dazu ist, ohne über die Aufgaben nachzugrübeln, die am Abend zu erledigen sind. Ulla kann das nicht, sie achtet immer auf ihn und auf künftige Probleme. Es wäre ihr nie unterlaufen, ihn in die Irre fahren zu lassen, obwohl sie den Weg kennt.

Sobald bisher als bedrohlich erlebte Eigenarten des Partners in ihrem Zusammenhang mit kindlichen Formen der Kränkungsverarbeitung erkannt sind, lösen sie auch weniger Ängste aus und können mit Humor hingenommen werden. Sie stören nach wie vor, aber solche Störungen gehören zum Leben und zur Liebe. Nach drei Sitzungen einer Paaranalyse kommen Thomas und Ulla deutlich entspannt. Ulla ist schwanger. Sie wünschen keine weitere Behandlung. Thomas sei nicht mehr so cholerisch, sagt Ulla. Ulla habe ihren Gouvernanten-ton abgelegt, sagt Thomas.

Es ist immer leichter, Veränderungen des Partners wahrzunehmen als eigene: Die Physik ist viel älter als die Psychologie. Wir sind darauf vorbereitet, die Außenwelt zu erforschen, und erleben es oft als gefährlich, uns in unsere Innenwelt zu vertiefen. Denn wer zu viel denkt und träumt, kann Gefahren nicht bestehen. Gefahr ist aber auch das Liebesobjekt.

Die autistische Dimension

Ich bin einige Male mit meiner psychoanalytischen Praxis in neue Räume gezogen. Die Analysanden reagierten sehr unterschiedlich. Die meisten blieben gelassen und sprachen eine Weile über die bessere Anbindung der neuen Praxis an die U-Bahn oder den Mangel an Parkplätzen, über größere Räume und ob die »alte« Praxis schöner gewesen sei als die »neue« oder umgekehrt. Einige Analysanden aber reagierten verstört, ängstlich, sie fanden alles verkehrt. Eine Patientin fand die neue Praxis einfach nicht und stand dicht davor, die Behandlung abzubrechen, weil die neue Adresse einfach falsch sei und sie das so mit mir nicht abgemacht habe. Andere ignorierten das Stockwerk, stiegen die Treppe weiter hoch, als sei da kein Schild an der Tür. Ein Patient sagte, er fände es toll, dass ich endlich umgezogen sei, die alte Praxis sei doch total weitab und langweilig gewesen; jetzt wolle er einen Neuanfang starten.

Aus solchen Beobachtungen lässt sich erschließen, dass es in unserem Erleben eine Dimension gibt, die eine *bekannte Umgebung* mit Geborgenheit und »richtiger« Ordnung verknüpft, eine unbekannte, neue aber mit Unruhe und Unordnung. Ihr entgegen steht eine andere Tendenz, in der ein Wechsel der Umgebung schlechterdings als gut und nützlich erlebt wird.

Die meisten Menschen können Vorzüge und Nachteile eines Wechsels vom Vertrauten zum Neuen *gleichzeitig* wahrnehmen. Sie diskutieren die Veränderung vorwiegend sachlich und empfinden allenfalls milde Affekte, wie sie mit ästhetischen und praktischen Erwägungen verknüpft sind. Eine Minderheit hingegen reagiert erheblich heftiger.

Die Analyse ergibt nun, dass diese unterschiedlichen Reaktionen weniger mit dem Ortswechsel zusammenhängen als mit der Intensität der Beziehung zwischen Analytiker und Analysand. Wo diese Beziehung als die wichtigste Komponente der gemeinsamen Arbeit erlebt und festgehalten wird, scheint der Ortswechsel unproblematisch. Es hat sich nichts Entscheidendes verändert, der Analytiker ist in der neuen Praxis derselbe wie in der alten.

Wo aber diese Beziehung großen Schwankungen unterworfen ist, Patienten den Analytiker nicht als konstante Person, sondern als Mosaik erleben[25], übernimmt der vertraute Rahmen einen Teil der Beruhigung, den sonst die vertraute Person einflößen kann. Die Bindung an diesen Rahmen und die mit ihm verknüpften Verlustängste kann in manchen Fällen manisch abgewehrt werden – das Ergebnis ist die Behauptung, die alte Praxis sei schon »viel zu lange« an Ort und Stelle gewesen.

Die Vokabel »autistisch« bezieht sich darauf, dass krasse Formen dieser Bindung an die unbelebte Welt besonders beim Asperger-Autismus beschrieben werden. Im typischen Fall schieben autistische Kinder die Mutter aus dem Weg, als sei sie ein Hindernis, ein unangenehmer Gegenstand, während sie sich an die Ordnung unbelebter Dinge bin-

---

25 Das drückt sich beispielsweise darin aus, dass ein scheinbar ausgeglichener Patient sich nach einer Sitzung verabschiedet und in der nächsten Sitzung völlig verstört darüber berichtet, der Analytiker habe ihn angeschrien und mit dem Abbruch der Behandlung bedroht. Hier hat sich das Bild des Analytikers in der Fantasie des Patienten verändert und jene aggressiven Züge angenommen, die den Patienten bewegt haben.

den und in Panik geraten, wenn die zeremonielle Anordnung – etwa von Spielsachen, von Möbeln – in ihrer Umgebung nicht konstant bleibt.

Die Nähe des autistischen Zeremoniells zu den Zwangsneurosen liegt auf der Hand. In beiden Fällen gewinnt der Betrachter den Eindruck, dass das entspannte Weltvertrauen fehlt. Die Zuversicht, dass sich Fehler zurechtrücken lassen und Annäherungen möglich sind, kann die Ängste nicht in Schach halten.

Wir verstehen die Störungen von Liebesritualen durch Zwang und autistisches Zeremoniell besser, wenn wir die Ubiquität solcher Ängste akzeptieren. Die meisten Menschen können ihre autistischen Tendenzen einigermaßen ausgleichen. Sie geraten nicht in Panik, wenn sich eine Kleinigkeit in ihrer Umwelt verändert. Wer in Beziehungen lebt, wer Kinder aufzieht, wird ständig trainiert, Überraschungen zu ertragen, ohne den Eindruck zu haben, dass ihm alle Kontrolle entgleitet.

Aber diese Kompensationsmöglichkeiten können sich erschöpfen, wenn ihnen zu viel abverlangt wird. Die autistischen Ängste vor allem, was anders ist, als wir es erwarten, verhelfen uns auch zu einem tieferen Verständnis der Verliebtheit. Die Überschätzung des Liebesobjekts verhilft zu dem Aberglauben, es sei wie durch ein Wunder genau so beschaffen, wie es zu einer Befreiung von autistischen Ängsten hilfreich ist. Partner werden idealisiert, um die Differenz nicht zu erleben.

Lässt sich die Differenz nicht mehr leugnen, kann die Liebe zum Objekt nur dann erhalten bleiben, wenn es gelingt, die primitiven Reaktionen von Kampf oder Flucht zu beherrschen. Im günstigen Fall bleibt dann ein Ritual, das den erträglichen Partner sichert und seine unerträglichen Merkmale durch Trauer kontrollierbar macht. Es ist sozusagen schade, dass Traumprinzessinnen und -prinzen ihr Flitterkostüm verlieren müssen, aber sie sind deshalb nicht hassenswert und müssen auch nicht sogleich verlassen und/oder bekämpft werden.

In diesem Prozess spielen Rückkopplungen eine wichtige Rolle. Die Paaranalyse zeigt in der Regel, dass nicht Einzelne zu der Überzeugung finden können, die Angst vor der Differenz sei erträglich. Dazu brauchen die Partner Interaktionen, Rituale, in denen die Bereitschaft zum Austausch das in Einsamkeit und Freiheit schwankende Selbstgefühl stützt. Jedes gelingende Ritual ist auch ein die Partnerschaft stärkender Prozess von Wechselwirkungen und Rückmeldungen. Aus klinischer, problemorientierter Sicht müssen uns freilich die Fälle mehr beschäftigen, in denen dieser Prozess entgleist und aus seiner Wohltat eine Plage wird.

Wir haben uns vielleicht damit abgefunden, dass es in der Liebe irrational und ungerecht zugeht. Die eigene Eifersucht quält, die des Partners würden wir am liebsten ignorieren, sie ist nur lästig. Warum kann ich nicht einen Don Juan zur Treue bewegen, warum wird meine reine Liebe nicht erwidert, warum hat meine faule Schwester einen Freund und ich habe keinen?

Eine andere Qualität des Leidens an der Liebe scheint uns aber denn doch gänzlich überflüssig: Es ist die Entwertung eines Rituals, das in guter Absicht und mit erträglichem Gelingen eine ganze Weile funktioniert hat und nun nicht nur beendet, sondern im Nachhinein schlecht gemacht wird.

Nach zwölf Ehejahren gesteht ein Mann, dass er sich in eine Arbeitskollegin verliebt hat. Er weiß nicht, wie es weitergehen soll, ist aber entschlossen, mit der Geliebten einen Urlaub zu verbringen. Daraufhin erklärt ihm seine Frau, er sei sexuell ein kompletter Versager und habe sie noch nie zum Orgasmus gebracht. Er dagegen: das könne er sich nicht vorstellen, sie sei doch gekommen wie im Lehrbuch. Sie: Alles gefakt, ich hab das nur getan, damit du nicht hinter anderen her bist, und was hat es mir gebracht?

Solche Reaktionen belegen, dass die narzisstische Funktion erotischer Rituale sehr viel tiefer reicht als unsere Vernunft. Es geht um die Abwehr archaischer Ängste, verlassen zu werden. Sie gefährden das Selbstgefühl derart, dass Zeichen gesetzt werden, die nun wiederum auf lange Sicht das Selbstgefühl noch mehr beschädigen. Die Frau in dem Beispiel hat die Kränkung nicht verarbeitet, dass sie ihrem Mann eine sexuelle Rolle vorspielen musste. Sie erlebte sich nur so lange im Austausch mit ihm, wie er ihr die erwünschte Sicherheit gab. Sie meinte, für ihn zu tun, was sie für sich tat. Sobald das Ritual nicht mehr funktioniert, entdeckt sie quasi widerwillig ihre Autonomie.

Aus der erniedrigten Frau, die ihrem Mann einen Orgasmus vortäuschen muss, um von ihm als Partnerin einer gelingenden Erotik geschätzt zu werden, wird eine Rächerin. Sie hat ihn die ganze Zeit zur Puppe gemacht, hat eine Lüge inszeniert, von der sie wusste, während der Tölpel glaubte, es sei alles echt. Durch die neue Deutung zerfällt das alte Ritual nicht nur. Es wird in einer Weise ausgelöscht, die an den Umgang von Diktatoren mit der Geschichte erinnert. Stalin retuschierte Trotzki aus den Fotografien für die sowjetischen Geschichtsbücher.

Wir können mit ernsten Fragen spielen oder Spiele bitter ernst nehmen. Die Frau, die den Orgasmus vorspielt, nimmt ihn sehr ernst. Sie macht ihn zu einer Leistung. Sie wirft einen männlichen Blick auf sich selbst. Sie weiß, dass es das Selbstgefühl der Männer steigert, eine Frau zum Höhepunkt zu bringen. Je eindrucksvoller der weibliche Orgasmus, desto »besser« ist der Mann.

Der Analytiker muss nicht lange nachdenken, um sich an Männer zu erinnern, die im Brustton der Überzeugung behaupten, sie hätten jede Frau, mit der sie jemals zusammen waren, zum Höhepunkt geführt. Nur auf den ersten Blick scheint es paradox, dass diese Männer meist keine stabilen erotischen Beziehungen aufbauen konnten. Viele von ihnen geben zu, sie hätten noch keine Frau gefunden, die sie nicht enttäuscht hätte, was zur unbewussten Bedeutung des Rituals passt, obwohl es ihr nach den Gesetzen der Logik zu widersprechen scheint.

Liebe ist ein Ideal. Ideale sind erhabene Fiktionen, die uns übel zusetzen, wenn wir sie überschätzen und uns zwingen, sie zu erfüllen. Mit Idealen dürfen, ja sollten Menschen spielen. Mit selbstloser Hingabe, mit ewiger Treue fällt das Spiel nicht leicht, enthalten sie doch unsere tiefsten Bedürfnisse nach Sicherheit. Aber sobald wir beginnen, sie so ernst zu nehmen wie Hunger oder Kälte, wird es gefährlich. Rituale entgleisen. Dann werden sie noch im Nachhinein zum Muster ohne Wert.

Wenn wir Spiel, Ernst und das zentrale Lebensmotiv der Angst grafisch darstellen, müssen wir ein Rechteck zeichnen, durch das eine Diagonale gelegt wird. Im linken Dreieck ist der Raum des Spiels, weiß und frei; darunter schiebt sich der dunkle Bezirk der Angst, die den Ernst schafft – es geht um Leben oder Tod, um alles oder nichts.

Das bedeutet in dem durch und durch sozial geprägten Erleben des Menschen: um soziales Überleben als geschätztes Mitglied einer Gruppe (hier: eines Paares) – um sozialen Tod als entwertetes, verlassenes, minderwertiges Nichts.

Wir können nun einen hellen Blick ins Dunkle riskieren oder umgekehrt durch einen finsteren Blick die Leichtigkeit des Spiels zerstören wie die Frau in dem Beispiel mit ihrem »immer nur« gespielten Orgasmus. Der helle Blick bereitet auf mögliche Katastrophen vor und nimmt ihnen die totale Düsternis, welche durch das Streben nach einer perfekten (erotischen) Rolle entsteht.

»Manchmal spiele ich dir etwas vor, weil ich mich fürchte, dass du mich sonst nicht attraktiv findest.« – »Wie charmant. Aber eigentlich nicht nötig. Obwohl – ich mache es auch, gelegentlich.« – »Sag mir nur rechtzeitig, wenn der Überdruss anfängt!« – »Kein Gedanke. Aber du wirst es als Erste erfahren!«

Dieses Dialogfragment zeigt, wie ein Paar spielerisch mit erotischen Täuschungen umgeht, die nicht als Betrug, sondern als Bemühung bewertet werden. Dann lotet das Gespräch kurz die Trennungsängste aus: Sie werden spielerisch erkundet, registriert und überwunden.

Das nächste Beispiel zeigt eine Auseinandersetzung, in der alle spielerischen Qualitäten verloren gegangen sind. Der zwanzig Jahre ältere Arzt hatte eine Krankenschwester gezielt als Mutter seiner Kinder ausgesucht und intensiv um sie geworben.

»Als wir geheiratet haben, da haben wir doch eine Losung ausgesucht. Erinnerst du dich daran?« – »Nein, ich weiß nicht – ist das nicht immer das Gleiche, in guten und in schlechten Tagen, bis dass der Tod euch scheidet …«– »Nein, wir hatten da einen eigenen Spruch, den haben wir uns ausgesucht. Und du hast ihn vergessen. Das ist doch typisch. Ich weiß ihn noch wie am Hochzeitstag, und du hast ihn vergessen!« – »Ich hab ihn vielleicht nicht so wichtig genommen, es gab ja fromme Sprüche genug, und ich war zu jung, um mir klarzumachen, was die alle bedeuten!« – »Aber jetzt bist du nicht mehr zu jung!« – »Es hat sich aber so ergeben, dass ich jetzt einen Liebsten habe. Ich will mit dir über die Trennung reden, nicht über Bibelsprüche!« – »Ich verstehe aber nicht, warum du dich trennen willst!« – »Weil ich mit dir nicht glücklich bin!« – »Aber das stimmt doch nicht. Du hast oft gesagt, dass du glücklich bist!« – »Aber nicht mehr in den letzten Jahren. Ich wollte ja auch die Kinder und ich hatte so viel zu tun und war erfüllt davon, solange sie klein waren. Aber dann brauchten sie mich nicht mehr so und ich dachte wieder an mich. Ich weiß, wie ich zum ersten Mal ohne Familie für eine Woche auf einem Malkurs war. Es war gar nichts Besonderes dabei, keine Liebesgeschichte, gar nichts. Aber

als ich nach Hause fuhr, habe ich die ganze Fahrt geweint. Und da wusste ich, dass etwas nicht in Ordnung ist.« – »*Ich war auch sehr enttäuscht, weil ich dachte, dass du da aufgetankt wiederkommst, ich habe dich eigens vom Bahnhof abgeholt, es war aber nichts!«*

Dieses »es war aber nichts« bringt das Dilemma auf den Punkt. Der Ehemann konnte die Trauer seiner Frau nicht aufnehmen. Er war ein guter Ehemann, also durfte sie nicht unglücklich sein! Daher gelang es ihm nicht, den Mangelzustand bei seiner Partnerin wahrzunehmen und die bestehenden Rituale infrage zu stellen, sie womöglich zu ergänzen.

Es dauert oft sehr lange, bis Partner die Einsicht zulassen können, dass ein Ritual komplett einseitig geworden ist. Auch in diesem Fall wirkt der Versuch absurd, an einen Hochzeitsspruch zu erinnern, obwohl die Ehefrau schon seit zwei Jahren mit einem anderen Mann zusammenlebt, den sie »meinen Liebsten« nennt. In dem Paargespräch soll es um sein Einverständnis mit der Scheidung gehen.

Der Dialog über den Bibelspruch belegt die Neigung, nicht nur das Scheitern eines Rituals zu verleugnen, sondern auch den Mechanismus zu ignorieren, der dieses Scheitern bedingt. Der Ehemann hatte lange jede feste Beziehung vermieden, wünschte sich aber eine Familie und Kinder. Seine Kindheit war von einer kühlen, dominanten Mutter geprägt. Sein Ritual der Partnerschaft lässt sich auf die Formel bringen: Entziehe dich der Kontrolle, indem du sie ausübst!

Gegenüber seiner ihm anfangs an Lebenserfahrung und Bildung unterlegenen Partnerin hatte er unbewusst die Rolle einer Mutter übernommen, welche die Familie kontrolliert und um sich ein Klima der Pflichterfüllung entstehen lässt. Ihr Bruch des in seinen Augen unantastbaren Ehevertrags führte dazu, dass er genau jenen Teil des Rituals intensivierte, der sie von ihm entfernte. Sein Moralisieren förderte ihren Rückzug; ihr Rückzug seine Moralpredigt.

Solche Teufelskreise verstärken einen narzisstischen Mangelzustand. Sie werden so zur Antithese der Liebesrituale, welche in Zweierbeziehungen das Selbstgefühl der Partner festigen.

Zum Verständnis der Teufelskreise sollte die Angstkomponente herausgearbeitet werden. Angst ist der zentrale Affekt, durch den Menschen ihr Sozialverhalten steuern. Sie speist das Sicherheitsbedürfnis, das unsere Rituale prägt, reguliert Bindungen, indem sie die Gefahren von Trennung und Verlust akzentuiert, hemmt die Wut, welche Kränkungen auslösen.

Das Urmodell des destruktiven Liebesrituals ist die kannibalische Oralität. Der Säugling beißt in die Brustwarze, weil er Angst hat, dass die Mutter ihm die Brust entzieht. Der Schmerz weckt in der Mutter den Wunsch, dem Säugling die Brust tatsächlich zu entziehen. Ein Partner, der sich an den anderen klammert, weil er fürchtet, diesen zu verlieren, gerät in einen ähnlichen Zirkel. Er wird von dem Gegenüber zurückgestoßen, weil dieses sich bedroht fühlt.

Der Klammernde gerät in Panik, sein Objekt endgültig zu verlieren; dieses fürchtet, für immer festgehalten und in die Tiefe gerissen zu werden wie der Rettungsschwimmer vom Ertrinkenden. Jeder steigert durch seine Reaktion die Angst des Gegenübers, denn er sucht die eigene Angst durch eine Geste zu bewältigen, die beim Gegenüber Angst auslöst.

Rettungsschwimmer müssen lernen, einen Menschen im Wasser bewusstlos zu schlagen. Das passt nicht in die Rolle des Helfers, ist aber nicht zu vermeiden, wenn der Ertrinkende noch kräftig genug ist, sich an den Retter zu klammern. Anders als Säuglinge oder Ertrinkende können Mütter und Rettungsschwimmer den Teufelskreis verstehen und nach Abhilfe suchen.

Der Teufelskreis im Liebesritual der Erwachsenen hingegen ist deshalb schwer aufzulösen, weil er Entwertungen übermittelt: Wenn du mich *wirklich* lieben würdest, müsstest du nicht klammern! Wenn du mich *wirklich* lieben würdest, würde dich mein Klammern doch nicht stören, nicht in den Rückzug treiben, sondern als Beweis erfreuen, wie intensiv meine Liebe ist.

Stalking ist ein modernes Phänomen und vielleicht eines der klarsten Signale, wie sehr in unseren Liebesbeziehungen die narzisstische Qualität die erotische Triebhaftigkeit übertrumpfen kann. In dem Kapitel über einseitige Rituale soll dieses Phänomen ausführlich untersucht werden.

Der Stalker inszeniert ein Ritual fanatischer Einseitigkeit nach dem Motto Carmens: »Liebst du mich nicht, bin ich entflammt!«

Mit dem Don Juan verbindet ihn die Unfähigkeit, Rituale des Genusses zu stabilisieren. Er ersetzt sie durch das Ritual der Suche. Während Don Juan sich im Augenblick der Eroberung die eigene phallische Dominanz beweist und nur reale Sexualobjekte in Leporellos Register verzeichnet werden, nährt sich der Stalker von der Fantasie, *wichtig* zu sein für sein Objekt, dessen Aufmerksamkeit auf sich zu ziehen. Es darf ihn hassen, aber es *soll ihn wahrnehmen*[26].

Der Stalker kann die Wunde der eigenen Bedeutungslosigkeit nicht ertragen. Er untersucht sie immer wieder, wie die Zunge die Höhle ertastet, die nach dem Verlust eines Zahns offen geblieben ist. Er ruft an, hört die Stimme, die Teil seiner Wunde ist, und legt wieder auf. Er verfolgt seine Wunde, er bedroht sie, er will sie zwingen, ihn zu heilen, und bremst sich erst, wenn die Angst vor einer zweiten Verletzung mächtiger ist als die Versuchung, durch den Vollzug seines autistischen Rituals endlich zu siegen.

Die Streit-Rituale, wenn ein Paar sich weder trennen noch in eine Einigung über die Deutung ihrer Rituale zurückfinden kann, lassen sich mit einem Stalking zu zweit vergleichen. Die Partner kontrollieren, verfolgen und quälen sich gegenseitig, ständig auf der Lauer nach einer morschen Stelle in den Verteidigungsanlagen des Gegenübers.

Ein Mann möchte verhindern, dass seine Partnerin in seiner Abwesenheit eine Freundin besucht, eine »Geschiedene«, die seiner Überzeugung nach einen schlechten Einfluss auf sie ausübt. Das Paar wohnt auf dem Land, normalerweise ist die Partnerin mit seinem Auto unterwegs, er erledigt seine beruflichen Reisen mit dem Firmenwagen. Um zu verhindern, dass sie die Freundin trifft, versteckt er morgens den Autoschlüssel. Die Partnerin hat diesen Schachzug vorausgesehen und sich ein Duplikat anfertigen lassen.

Seit drei Jahren sind Klaus und Dagmar liiert. Manchmal erklären sie sich gegenseitig zum Traumpaar, vielleicht um zu bemänteln, dass Klaus zehn Jahre jünger ist und Dagmar eine Schönheit von einst männermordendem Ruf. Eines Tages fällt Klaus Dagmars iPhone in die Hände. Er spielt damit und entdeckt unter ihren Textbotschaften einige aus jüngster Zeit an Fritz, einen alten Flirt Dagmars. »Weißt du, wie es Fritz geht?«, fragt Klaus einige Tage später. »Keine Ahnung, ich habe schon seit Monaten nichts mehr von ihm gehört«, sagt Dagmar.

---

26 Bei den Stalkern der Prominenten kommt das Motiv hinzu, dass die Verfolgten einen Teil ihres Ruhms abgeben sollen nach dem Motto: Wenn ich dein Fan bin, musst du auch meiner sein!

»Warum lügst du mich an?«, sagt Klaus. »Ich habe zufällig gesehen, dass du erst vor ein paar Tagen eine seiner Flirtmails beantwortet hast!« – »Du spionierst mir nach«, schreit Dagmar. »Wenn du nicht die Wahrheit sagst, muss ich sie mir auf anderen Wegen verschaffen«, sagt Klaus.

Klaus hat spioniert, Dagmar geschwindelt. Beide sind auf dem Weg, in einen Zyklus des Stalkings zu zweit einzusteigen, in ein Misstrauens- und Verunsicherungs-Ritual, in dem jeder den anderen belauert. Die Lösung ist ebenso leicht zu finden wie angesichts der mobilisierten Ängste schwer zu ertragen. Klaus müsste, wenn er schon seine Neigung zu geheimen Ermittlungen nicht kontrollieren kann, über die Ergebnisse den Mund halten.

Dagmar und Klaus haben die Ängste nicht verarbeiten können, welche die Differenzen in ihrer Beziehung auslösen: Der Altersunterschied und die Tatsache, dass Dagmar viele, Klaus wenige sexuelle Erfahrungen mit in die Beziehung bringt. Die Fassade einer gemeinsamen, idealisierend-manischen Abwehr vom »Traumpaar« kann differenziertere Rituale des Umgangs mit diesen Ängsten nicht ersetzen. Heimlichtuerei und Spionage blockieren den Weg zu einem entspannten Umgang, in dem diese Unterschiede benannt und entschärft werden können.

Die manische Abwehr

Sonja hat Fridolin beim Motorradfahren kennengelernt und fand gleich, dass er ein prima Kumpel ist: groß, gut aussehend, nie um einen Scherz verlegen und immer bereit, sich für einen Freund oder eine Freundin die Hände dreckig zu machen, um die Maschine wieder flott zu kriegen. Inzwischen leben sie seit fünf Jahren zusammen in einem Haus mit Garten und zwei Katzen. Fridolin hat seine fröhliche Art nach einigen beruflichen Krisen sogar noch gesteigert. Sonja hat in letzter Zeit abgenommen und schleppt sich ohne rechte Freude in die Arbeit. Am schlimmsten findet sie, dass sie mit Fridolin nicht darüber reden kann, wie unglücklich sie ist. Er bezieht das sofort auf sich, kann nicht zuhören, will ihren Kummer nicht wahrhaben und redet hektisch auf sie ein, sie hätten es doch sooo gut miteinander.

Fridolin ist das Kind einer alkoholkranken Mutter, gegen deren Elend und Trostansprüche an den Sohn er sich durch seine manische Fassade zur Wehr setzte. Daher kann er auch nur Rituale entwickeln, in denen übersichtliche Probleme schnell gelöst werden und ängstliche Einwände, Zukunftssorgen oder Scham- und Schuldgefühle keine Rolle spielen.

Sonja konnte in der Regel gut auf Fridolins Ritual-Angebote einsteigen, obwohl sie längst nicht so intensiv als Bikerin unterwegs ist wie er. Sie konnte sogar lachen, als er ihr kleine Kätzchen brachte, weil sie wegen einer Endometriose nicht schwanger wurde. Fridolin hätte gerne einem kleinen Jungen das Fahren beigebracht, aber was nicht ist, ist nicht!

Sonjas Depression ist teils ein Nachklang auf die Enttäuschung über ihre Kinderlosigkeit, über die sie mit Fridolin nicht gemeinsam trauern konnte. Der unmittelbare Auslöser kommt aus der Firma, in der sie tätig ist. Sonjas Konflikte dort sind typisch für eine begabte, aber selbstunsichere Mitarbeiterin. Sonja hatte ihrem Chef während einer privaten Krise den Rücken freigehalten und ihn nach oben gedeckt. Statt Gleiches mit Gleichem zu vergelten, ließ er sie fallen, weil es ihm lästig war, ihr verpflichtet zu sein. Er sorgte dafür, dass eine Leitungsposition, für die Sonja vorgesehen war, an eine jüngere Mitarbeiterin vergeben wurde, von der es hieß, sie sei seine Geliebte.

Sonja ließ sich in eine andere Abteilung versetzen und nahm erhebliche Nachteile in Kauf, um nie wieder etwas mit diesem Vorgesetzten zu tun zu haben. Fridolins Fantasie, dem Chef die Reifen zu zerstechen, erschreckte Sonja. Dann wäre sie selbst auch nicht besser als dieser Mann! Mehr noch belastete sie aber Fridolins kaum verhehlte Kritik, dass sie in eine schlecht bezahlte Stelle ausgewichen war.

Fridolin kann sich seinen Mangel an Empathie nicht eingestehen, Sonja wiederum nicht wahrnehmen, dass er keine Ahnung hat, was sie bräuchte. Die normale Reaktion auf einen Verlust ist Trauer. Die Depression entsteht aus dem Scheitern manischer Abwehrversuche. Sonja fürchtet sich vor ihren Depressionen und kann diese weniger stabil und energisch abwehren als Fridolin. Aber beide verband lange Zeit ein Ritual der manischen Abwehr. Es infrage zu stellen, löst bei Sonja bewusste Ängste und endlich eine manifeste Depression aus, während Fridolin die manische Position festigte.

Sonja hatte sich in Fridolin verliebt, weil er ihre Abwehr zu stützen versprach. Auch sie neigt dazu, Erwartungen aufzubauen und nach schnellen Lösungen zu suchen. Sie kann sich beispielsweise nicht vorstellen, passiv zu bleiben, wenn ihr Chef sie verrät, weiter ihre Arbeit zu tun und keine Nachteile in Kauf zu nehmen, um jeden Hinweis auf ihre Kränkung auszulöschen. Es fällt ihr ähnlich schwer wie Fridolin, herauszufinden, wo Tätigkeit Sinn macht und wo Eifer schadet.

Aus eben diesen Gründen hat sie auch die Geschäftsführung für ihren durch eine Ehekrise gelähmten Chef übernommen, ohne sich abzusichern. Sie gehorchte einer magischen Illusion: Er wird mich, wenn ich ihn supergut behandle, nachher ebenfalls supergut behandeln!

Wer traurig ist, bleibt in Kontakt und kann sich auch vorstellen, dass ihn andere trösten. Sonja kann sich nicht vorstellen, dass ihr Chef, der sie durch seine Entscheidung derart enttäuscht hat, auf der sachlichen Arbeitsebene nach wie vor an ihr interessiert ist und sie mit etwas Geduld und Geschick doch noch etwas aus der kränkenden Situation herausverhandeln kann.

Die moderne Partnerschaft hat keinen präformierten Austausch. Die Rituale sollen sich aus wechselseitiger Opferbereitschaft und Einfühlung entwickeln. Der Partner soll beobachtet, seine Wünsche müssen erraten und im Idealfall auf Kosten der eigenen Bedürfnisse erfüllt werden.

Während in traditionell fundierten Beziehungen die Erwartungen von Anfang an geschlechts- und standesspezifisch vorgeformt sind, ist es in der modernen Partnerschaft »normal«, *alles* vom Partner zu erwarten. Verliebte empfinden es als Verrat, wenn sie ihm nicht *alles* sagen und wenn sie nicht mit *allen* Wünschen zuerst zu ihm gehen.

Es erscheint minderwertig, nüchtern festzustellen, dass der Partner bestimmte Wünsche nicht einmal versteht, geschweige denn erfüllt. In unserem Beispiel ist klar, dass ein Mann kein Ansprechpartner für depressive Zustände ist, der solche Gefühle um fast jeden Preis von sich fernhalten muss.

Vermutlich *kann* Sonja ihr Problem gar nicht so formulieren, dass Fridolin Zugang zu ihm gewinnt. Wenn sie sich Einfühlung und Verständnis für depressive Zustände wünscht, müsste sie sich diese von jemandem holen, der keine derart solide Depressionsabwehr aufgebaut hat. Aber es ist nicht einfach, sich dazu durchzuringen, eine solche Grenze des Partners wahrzunehmen und nicht an ihr zu rütteln.

Fridolin wird eine hektische Gegenrede beginnen, sobald Sonja versucht, ihm zu erklären, dass ihr Zustand *nichts* mit ihm zu tun habe und er ihn *bitte nicht* auf sich beziehen solle. Er wird behaupten, dass dies sonnenklar sei, sie aber auch keinerlei Grund habe, depressiv zu sein, die Sache sei doch schon entschieden und geregelt und sie brauche jetzt nur einen neuen Anfang.

Statt ihn mit ihren Forderungen nach mehr Verständnis und Mitgefühl zu verwirren, könnte Sonja ihm klare Anweisungen geben, was zu tun ist, und ihn loben, wenn er es tut. Er wird nicht verstehen, was es heißt, depressiv zu sein, aber er wird ihr verlässlich und sorgfältig die Tabletten abzählen und sie hoffnungsfroh auf einem Tellerchen servieren.

Die Verliebtheit liefert uns einen Partner mit einer schlichten Gebrauchsanleitung ins Haus. Er funktioniert genauso wie ich! Was bei mir wirken würde, wird auch bei ihm wirken. Er wird erraten, was ich brauche, wenn auch ich es bei ihm errate. Sie werden mir die Wünsche von den Augen ablesen, wie ich es bei ihnen tue.

In traditionellen Kulturen orientieren sich Frauen und Männer an typischen Vorbildern. Heute glauben verliebte Paare an ihre Einzigartigkeit. Alles scheint möglich. Gerade ein Mann mit manischer Abwehr wie Fridolin wird sich leicht tun mit der Behauptung: »Ich tue alles für dich!« Verliebtheit ist ein großes Versprechen. Es ist wohl weder Zufall noch Planung, dass dieser emotionale Zustand in einer Moderne so wichtig wurde, die angesichts schwindender Ressourcen Verschwendungen steigert.

Fridolin ist insofern erfolgreich und beispielhaft, als er ein Selfmademan ist: Er hat sich selbst aus den Trümmern seiner frühen Verletzungen erhoben und zu dem gemacht, was er teils ist, teils gerne wäre: ein Mann aus Stahl, unverwundbar. Seine und Sonjas Probleme, die ja auch die seinen geworden sind, prallen entweder von ihm ab oder lassen sich schnell reparieren. Er blickt nach vorne.

Aber er kann es nicht ertragen, wenn Sonja seine Blickrichtung nicht teilt. Seine hektische Rede verbirgt, was er am liebsten täte: ihr den Kopf so zu drehen, dass die Blickrichtung wieder stimmt. Der Weg zum Halsumdrehen ist da ähnlich kurz wie bei der Mutter, die ihrem heulenden Kind statt Empathie eine Ohrfeige gibt – »damit du wenigstens weißt, warum du heulst!«

Das hedonistische Klima der Konsumgesellschaft mag mitverantwortlich sein, dass es Liebenden schwerfällt, angesichts eines Leids des Partners, das ihre Hilfe nicht bessern kann, lieber Schaden anzurichten als untätig zu bleiben. Wer leidet, ist unbequem, erinnert an Gefahren, die jeden von uns bedrohen, er soll sich helfen lassen, sich selbst helfen oder verschwinden.

In Sonjas und Fridolins Partnerschaft ist Sonjas Depression keine individuelle Erkrankung, sondern ein paardynamischer Prozess, in dem das bisher funktionierende manische Ritual zerfällt. Beide konnten über den Zusammenbruch ihrer Vorstellung nicht trauern, eine Familie mit Kindern zu gründen. Sie dachten nicht gemeinsam über andere Möglichkeiten nach wie die Angebote der Fertilisationsmedizin, ein Pflegekind, Adoption.

Fridolin wollte die Frage schnell vom Tisch haben; entweder lief alles normal, oder es war besser, sich anderem zuzuwenden. Zum letzten Mal konnte sich Sonja für Fridolins Lösungsfreude begeistern. War es nicht ein lieber Einfall, ihr zum vierzigsten Geburtstag die Katzen zu schenken?

Die von Paul Watzlawick beschriebene Kommunikationsfalle nach dem Prinzip »Mehr vom selben!« gilt für alle Formen der manischen Abwehr[27]. Jedes Zeichen von nachlassender Widerstandskraft gegen eine drohende Depression steigert die gespielte Euphorie, das demonstrative *no problem never.*

Wer eine Beziehung durch Redefluss dominieren und positive Stimmung verbreiten möchte, wird angesichts des Versuchs, ihn zu unterbrechen, einen Einwand vermuten und deshalb noch schneller und noch lauter sprechen. So weckt er stärkere Einwände, ein Teufelskreis entfaltet sich.

Die typische Reaktion auf einen Bruch des Liebesrituals ist ein blitzschneller Wechsel von der Angst zur Angstabwehr mit Projektion auf den Partner. Dabei stellt die moderne, individualisierte Beziehung sehr

---

27 Niemand kann genau angeben, wer beispielsweise bei einem Streit wirklich »angefangen« hat. Anfänge werden subjektiv gesetzt als sogenannte »Interpunktionen«. Kommunikation gelingt, wenn beide Partner sie als Regelkreis verstehen. Sie misslingt, wenn die Partner an unterschiedlichen Punkten des Kommunikationsablaufes nicht mehr antworten, sondern sich wiederholen oder einen Einschnitt vornehmen und jeweils für sich sagen: »Hier hat es angefangen, das ist die Ursache.« Paul Watzlawick, John H. Weakland, Richard Fisch: Lösungen – Zur Theorie und Praxis menschlichen Wandels. Huber, Bern 1974.

viel höhere Anforderungen an eine Fähigkeit, die in den traditionellen Kulturen noch nicht einmal einen Namen hat: die Verarbeitung von *Ambivalenz*, die Toleranz für *Ambiguität*.

Beide hängen damit zusammen, dass der Bruch des Rituals Angst auslöst. Angst ist der schnellste, heftigste, für das Überleben wichtigste Affekt. Wir haben Angst, verlassen zu werden, schutzlos zu sein, später: schwächer zu sein, eine Niederlage zu erleiden, das Ansehen in unserer Bezugsgruppe zu verlieren und damit Gefühlen der Scham, Wertlosigkeit, Hoffnungslosigkeit ausgeliefert zu sein.

Die Angst, nie eine sexuelle Erfahrung gemacht zu haben, lässt uns als Jugendliche die Beschämung riskieren, welche mit den Ungeschicklichkeiten der Erotik verbunden ist. Die Angst, seine Potenz zu verlieren, zwingt den Sexsüchtigen dazu, sie sich ständig zu beweisen. Die Angst vor Verlassenheit kittet Beziehungen und führt Menschen dazu, erst dann eine belastende Beziehung aufzugeben, wenn sie eine neue Liebe gefunden haben.

Angst führt dazu, dass wir unter großem inneren Druck und heftigsten unangenehmen Anspannungen streben, einen sicheren Ort zu finden. Der wichtigste dieser sicheren Orte ist ein Liebesobjekt, genauer gesagt: ein Liebesritual, denn gerade in ambivalenten Situationen verlieren die Liebesobjekte die Fähigkeit, unsere Ängste zu beruhigen. Wir suchen dann verzweifelt nach Lösungen, um das beruhigende Ritual wiederzufinden. Der Partner an und für sich weckt eher Wut, wenn er nicht sofort alles stehen und liegen lässt, um dem Verunsicherten entgegenzueilen. Nicht sein Anblick beruhigt, nicht seine Anwesenheit, nicht das Gute, das in der Vergangenheit war – es beruhigt allein der Vollzug eines bestätigenden Rituals. Erst in diesem findet das geängstigte Ich einen sicheren Ort.

Da wir in der Angst eine Bedrohung von außen erleben, sind wir meist nicht imstande, *uns selbst* als Angstquelle wahrzunehmen. Das bringt beträchtliche Schwierigkeiten mit sich, ungünstige Rituale in Partnerschaften zu verändern: Die Partner erkennen genau, wo ihnen ihr Gegenüber Angst macht und was dieses unbedingt ändern müsste, damit sie weniger Angst haben. Aber sie erleben nicht, wo *sie selbst* ihrem Partner Angst machen und was sie selbst tun könnten, um *seine* Ängste zu mildern. »Du kannst doch keine Angst vor mir haben! Ich bin doch dein Mann, ich habe dir noch nie etwas getan, im Gegenteil, ich habe dich versorgt, dir ein Haus gebaut, wir haben Kinder, und wenn es dich stört, dass ich manchmal gereizt bin, weil du dich sexuell verweigerst, dann ist die Lösung doch ganz einfach!«

Dieser Ehemann hat Angst, jenen Teil seiner narzisstischen Stabilität zu verlieren, den er daraus gewinnt, dass sein sexuelles Ritual mit seiner Frau ungestört abläuft. Angst bedroht immer die Konstanz unserer Umwelt. Daher verallgemeinert sie auch den Eindruck der Bedrohung. Es ist meist harmlos, wenn ich nachts nicht schlafe; ich erhole mich fast genauso gut, wenn ich still liege und mich möglichst entspanne. Aber wenn mir die Schlaflosigkeit Angst macht, wenn ich unbedingt einschlafen will, weil ich fürchte, unausgeschlafen mein Leben nicht zu bewältigen, dann wird aus dem Schneeball eine Lawine.

Wo Angst regiert, gibt es keine kleinen Probleme, keine harmlosen Missempfindungen, keine gewöhnlichen Paarkonflikte. Es gibt nur Katastrophen. Die Missempfindung steht für eine tödliche Krankheit, der Paarkonflikt wird meine Ehe ruinieren; ich werde das Haus verkaufen müssen, am besten bringe ich mich gleich um. Alles, was wir haben und sind, wird als gefährdet erlebt. Das hat seinen biologischen Sinn darin, alle Kräfte zu sammeln, um die Motivation so anzuspannen, dass die Gefahr bezwungen wird.

Für den Mann, dem seine ritualisierte Erwartung an das sexuelle Entgegenkommen seiner Frau unerfüllt bleibt, sind das schöne Haus, der grüne Garten, die munteren Kinder nichts mehr wert, wie ja auch sein Vorfahr auf der Flucht vor dem Säbelzahntiger nicht auf die Schönheiten der Steppe achten konnte.

Die Gefahr hat sich verändert, seit wir in verwalteten Sicherheiten leben; die affektive Reaktion aber nicht. Ganz ähnlich wird auch für die Frau, die eine erotische Mail der Rivalin im Rechner ihres Mannes findet, der nur imaginierte Verlust ihres Partners zum herzerschütternden Schmerz. Er will bei ihr bleiben, sonst hätte er den Seitensprung ja nicht verheimlicht. Aber das gemeinsame Ritual ist bis in die Grundfesten erschüttert.

Es ging verloren, was bisher ein sicherer Ort war. Sie hat geglaubt, *er liebe sie so, wie sie ihn liebt* – und jetzt liebt er eine andere! Durch diese im Erleben des Partners winzige Verletzung *seiner* Sicht auf die Symmetrie *seiner* Liebeswelt entweicht in *ihrem* Empfinden alles Wesentliche. Spätestens in solchen Situationen wird deutlich, dass die symmetrischen Rituale auf Interpretationen, nicht auf Tatsachen beruhen. Deutungen können Fakten nicht ersetzen, über Deutungen können wir endlos streiten; jeder führt dann eine andere Kette von Tatsachen an, die seine Deutung bestätigen, es gibt aber kein Gericht mehr, das entscheiden könnte, welche Beweislage gilt.

Das Dilemma der modernen Paare lässt sich so zusammenfassen: Sie müssen den Partner, diesen Träger egoistischer Interessen und nicht erkannter Prägungen, auch dann als Richter akzeptieren, wenn sie ihn als Henker erleben. Mit ihm zusammen, in einer Zweierherrschaft, vergleichbar jener in der römischen Republik, können sie durchaus ersetzen, was früher in Krisensituationen die Normen der Sippe anboten: etwas Drittes, das schlichtet, wenn die Affekte zwischen den Liebenden nicht in Harmonie gedeihen.

In unserem Beispiel hat die Ärztin in der Krise des Rituals den Künstler nicht mehr als Richter wahrnehmen können, der mit ihr zusammen entscheidet, wie es gerechterweise weitergehen kann. Sie hat ihn nur noch als Henker gesehen, der ihren Lebenswunsch zerstört. Diesen Lebenswunsch findet sie völlig normal, ganz und gar berechtigt. Ihre Freundinnen und ihre Familie werden es mit ihr tun, aber sie verkörpern keine Normalität mehr, die für den Maler ebenso verbindlich ist wie für die Ärztin.

Spiegelbildlich hat auch der Künstler seine Exfreundin nicht mehr als Richterin gesehen, die sich um Gerechtigkeit bemüht, sondern als Henkerin der Romantik, der Freiheit von Spießertum und Enge, die ihm in den Jahren mit ihr so viel gegeben haben. Auch seine Freunde verstehen nicht, warum sie ihn nach so vielen Jahren einer harmonischen Beziehung auf einmal derart unter Druck setzen kann, wo sie doch schon immer hätte wissen können, dass ihm die Kunst alles ist.

In der Paartherapie wird in der Regel der Therapeut als Richter gesucht. Er soll entscheiden, wer in dem zerfallenen Zustand des Zweiergerichts Henker ist, wer Richter. Wenn er seine Aufgabe erfüllen kann, wird er diesen Auftrag freundlich abweisen und das Paar überzeugen, sein Zweiergericht wiederherzustellen und seine Rituale in gemeinsamer Verantwortung neu zu gestalten.

Exkurs über den sicheren Ort

Der sichere Ort ist nicht die Höhle, die Laubhütte, das Iglu. Es ist das *Ritual*. Die Teilnahme an diesem Ritual bindet Ängste. In der Konsumgesellschaft verschachteln sich die Rituale. Der Jugendliche spielt World of Warcraft vor dem Bildschirm seines PC mit dem Taschengeld, das er von seinen Eltern bekommt. Er lebt periodisch in archaischen Ritualen von Kampf, Flucht und Beutemachen.

Der Angestellte in der Großstadt sucht Sicherheit, indem er die beruflichen Rituale, für die er bezahlt wird, möglichst gut macht. In seiner Freizeit, auf Partnersuche, bleibt er an Plätzen, die sich gut anfühlen, und meidet solche, die sich nicht gut anfühlen; wer solche Vibs (slang für Vibrations, Schwingungen) genauer analysiert, entdeckt auch, dass die Eignung eines Ortes bzw. einer Menschenansammlung darauf geprüft wird, ob er Ängste binden kann. »Schlechte« Schwingungen stehen für Angstauslöser, »gute« vermitteln ein Gefühl der Sicherheit.

Der sichere Ort baut sich in unserem Erleben dadurch auf, dass sich Erwartungen erfüllen. Schützende Arme, eine Mutter, die Milch hat und bereitwillig die Brust anbietet, sind die ersten Ansätze zu Ritualen: Erwartetes geschieht, Angst weicht der Sicherheit, Hungerschmerz der Entspannung. Nur die *gewünschte*, aus einem Mangel an ihr gesuchte Sicherheit lässt das Ritual des sicheren Ortes gedeihen. Festgehalten zu sein weckt ebenfalls Ängste: vor dem Verlust der Autonomie.

Die menschlichen Ängste gewinnen eine neue Struktur, wenn das Kind nicht mehr von Wildnis umgeben ist, die allen gehört, sondern von fremdem Eigentum. Die emotionalen Wächter an den Grenzen des Eigenen zum Fremden haben seit dem Neolithikum (Städtegründung, Grundbesitz, Vorratswirtschaft) viel mehr zu tun als früher.

Die Bienen, welche ihren Honig bewachen, sind für den Jäger Hindernis, nicht Feinde. Wenn er ihnen ihren Vorrat raubt, muss er nicht fürchten, dass sie in seinen sicheren Ort eindringen und ihm Gleiches antun. Solche Beispiele zeigen, wie sehr die Ängste zunehmen müssen, wenn wir nicht mehr durch den Hunger motiviert sind, uns die Weite der Wälder und Steppen zu erschließen, sondern durch Angst, entweder nicht genügend Vorräte an Getreide oder Vieh anzusammeln oder einem Feind zu begegnen, der diese Vorräte wegnimmt, die wehrhaften Männer tötet, Frauen und Kinder als Sklaven hinwegführt. Dazu kommen die Ängste, dass sich jemand für vergangenes Unrecht rächt oder ein Opfer selbst zur Rache verpflichtet ist.

Der sichere Ort in den arbeitsteiligen, hierarchischen Gesellschaften verliert die einfache Grenze zur freien Wildnis, wie ihn die Höhle oder das Schlafnest in der Astgabel hat. Er wird zur Position in einer Rangordnung, in einer Werteskala. Der Schüler beruhigt sich dadurch, dass er sein Klassenziel erreichen, in die nächste Klasse aufrücken wird. Was besser ist als ausreichend, schafft ein Polster, das Ängste bindet.

Ähnlich gewinnt der Soldat dadurch Sicherheit, dass er entweder von einem Rang zum nächsten aufsteigt oder aber die Werte des Gefreiten, des Leutnants so gut erfüllt, dass er sich im Vergleich mit anderen Soldaten dieser Ränge sicher fühlen kann. Während die Ängste des Jägers, der in der Dämmerung den Löwen brüllen hört und keinen sicheren Platz findet, für alle einfühlbar sind, wird die Angst in der arbeitsteiligen Gesellschaft aus dem verständlichen Affekt zu einem Rätsel. Es gibt Phobien, Angstneurosen, unerklärliche Panikzustände.

Sobald das unreife und beeindruckbare Kind nicht mehr überwiegend den Naturnotwendigkeiten, sondern einer Erziehung für die von Menschen geschaffenen Notwendigkeiten ausgeliefert ist, verändert sich seine emotionale Struktur. Diese Veränderungen erreichen dann auch die nächsten Generationen. Jetzt noch von einer *menschlichen Natur* zu sprechen, gewinnt nostalgische Qualitäten.

Der wichtigste sichere Ort ist ein Liebesritual. Wir binden uns an Rituale. Das sieht dann aus, als seien wir an Personen gebunden, doch reicht diese Bindung nur so weit, wie die Person für das Ritual steht und entsprechende Erwartungen erfüllt.

Das Angst-Wut-Ritual

Melanie Klein[28] hat in bis heute nicht übertroffener Eindringlichkeit beschrieben, wie wir dem Liebesobjekt einzig gute Qualitäten zuschreiben und seine schlechten Seiten abspalten.

Ein ergänzender Gedanke ist die in unserer Stammesgeschichte wurzelnde Suche nach dem sicheren Ort. Der älteste und mächtigste Affekt ist die Angst. Sie engt die Weite des Blicks ein. Es gibt nur hell und dunkel, Sicherheit und Gefahr. Daher werden die Sicherheit spendenden Objekte der frühen Erlebniswelten gespalten.

Auf der Straße schüttelt ein Vater seinen dreijährigen Sohn und schreit ihn an, weil er ihn erst im letzten Augenblick hindern konnte, auf die Fahrbahn zu laufen. Das Kind weint, strampelt, sucht sich zu befreien, tritt nach dem Vater und schreit hilfesuchend: »Papi, Papi!«

28 Melanie Klein, Die Psychoanalyse des Kindes. Wien 1932

Diese Reaktion zeigt, dass im Erleben des Dreijährigen der »böse« Vater, der ihn anschreit und ängstigt, nicht der *einzige* Vater ist, den er hat. Es gibt noch einen guten Vater, den er gegen diesen Bösewicht zu Hilfe rufen kann. Durch den Mechanismus der Spaltung kann sich das Kind ein gutes, Sicherheit spendendes Objekt erhalten und gleichzeitig seine Wut und seine Enttäuschung über den anderen ausdrücken, den es tritt und beißt.

Willi und Vera sind in ein idyllisches Dorf gezogen, seit die Kinder aus dem Haus sind, Vera nur noch gelegentlich Aufträge als Grafikerin annimmt und Willi eine Stelle als Mathematiklehrer an dem nahen Kleinstadt-Gymnasium bekommen hat. Im Erstgespräch der Paartherapie sagt Vera, Willi sei seit dem Umzug kalt, egoistisch und abweisend. Sie habe den Verdacht, es gebe eine andere Frau. Nachweisen kann sie ihm nichts, Willi streitet es ab. Vera sagt, sie könne nicht mehr schlafen und sei mit ihren Kräften am Ende. Willi sagt, Vera verkrafte anscheinend nicht, dass er noch berufstätig sei und viel Anerkennung in der neuen Schule bekomme. Sie sei rasend eifersüchtig und wolle ihm sogar verbieten, in der Mensa der Schule zu Mittag zu essen, wenn er Nachmittagsunterricht habe. Müsse er wirklich die Brote im Lehrerzimmer mampfen, die sie ihm mitgebe? Sexuell wolle sie nichts von ihm wissen, aber nachts reiße sie ihn aus dem Schlaf und beschimpfe ihn als Egoisten.

Vera weist den »bösen« Willi zurück, dem in ihrem Erleben sein Erfolg in der Schule wichtiger ist als die Nähe zu ihr. Nachts sucht sie dann den »guten« Willi, kann ihn aber nicht finden. Sie hofft, wenn sie ihn wecke, könne er sie aus ihrem verzweifelten Zustand erlösen.

Vera findet statt des guten Objekts, das alles versteht und dessen Zuwendung das Kind beruhigt, einen gereizten Mathematiklehrer, der um seinen Schlaf fürchtet. Willi wirft Vera vor, sie werde ihn, wenn es so weitergehe, beruflich ruinieren. Wie solle er nach einer solchen Nacht die Konzentration für seinen Unterricht aufbringen?

Die Liebenden ersetzen das unbewusst von Idealisierungen getragene Ritual ihrer Liebe durch Bilder, in denen sie Gefühle von Angst und Wut finden. Sie können die Beziehung nicht mehr genießen und gönnen auch dem Partner keinen Genuss, ehe er nicht die Störung beseitigt, die Idealisierung wiederhergestellt hat.

Hin- und hergeworfen zwischen Sehnsucht und Zorn, steigern sie einerseits die Intensität der Suche nach dem »guten« Partner, begegnen dabei aber immer wieder seiner »bösen« Seite und müssen dann das Sehnsuchtsangebot abbrechen. Es wird durch den Versuch ersetzt, die böse Seite genau zu beschreiben und den Partner mit allen Mitteln von ihrer Existenz zu überzeugen, als wäre es so auch möglich, den Partner dazu zu bewegen, sie zu löschen[29].

Auch die Überschätzung der Macht des Liebesobjekts, die sich hier zeigt, lässt sich bei Kindern beobachten. Dreijährige quittieren mit Wut und deutlicher Enttäuschung, wenn es der Mutter nicht gelingt, unangenehme Situationen (etwa Erkältungssymptome) zu beseitigen.

Aua, Aua, Mama, wegmachen!
Du hast Schnupfen. Schneuz dich.
Mama Schnupfen wegmachen!
Das kann ich nicht, das kann niemand, das muss von selber vergehen!
Blöde Mama!

Wenn es Willi gelänge, Vera in ihrer Sehnsucht zu verstehen und sie über deren Scheitern zu trösten, ließe sich vielleicht wieder ein Liebesritual herstellen. Im Weg steht die Kränkung: Willi fühlt sich gestört, verunsichert, von Vera verkannt und schlecht behandelt. Er kann ihre »böse« Seite so wenig annehmen wie sie die seine. So versucht er ihr nachzuweisen, dass sie »verrückt« ist und ihn »kaputt machen will«. Aus dem Liebesritual, das die Beziehung zu einem sicheren Ort macht, wird ein Angst-Wut-Ritual, in dem sich die Partner verunsichern und erschöpfen.

---

29 Melanie Klein verband die Spaltung mit einer »paranoiden Position« und stellte ihr die »depressive Position« gegenüber, in der Liebende fähig werden, die gute und die böse Seite eines Objekts gleichzeitig wahrzunehmen. Aus der Psychiatrie stammende Ausdrücke für einen zentralen, gesunden Reifungsschritt erscheinen mir problematisch; sie führen dazu, dass Psychoanalyse Geheimwissenschaft wird. Ich ziehe daher für die spaltende Position mit ihren Gegenpolen von Überschätzung und Entwertung, mit manischer Verleugnung aller Schwächen und Grenzen des Partners (und der eigenen Person) den Ausdruck »manisch-depressive« Position vor und stelle ihr die integrative oder »humorvolle« Position gegenüber. Vgl. a. W. Schmidbauer, Das Mobbing in der Liebe. Gütersloh 2007.

Das Angst-Wut-Ritual hat vier mögliche Ausgänge:

1. Die »böse« Seite des Liebesobjekts wird, um endlich Ruhe und Klarheit zu haben, die einzige. Rache ist angesagt, Krieg um die kleinsten Ressourcen. Die Wut siegt über die Angst vor dem Verlust des Liebesobjekts. Die Intelligenz tritt in den Dienst von Racheritualen. Die Partner nehmen den eigenen Ruin in Kauf, wenn nur durch ihn auch das Hassobjekt leidet.

2. Die Wut über die »bösen« Seiten des Liebesobjekts wird verarbeitet, aber die guten Seiten des Partners schwinden in diesem Prozess derart, dass ein Liebesritual nicht mehr möglich ist. Die Folge sind »vernünftige« Trennungen oder erotisch entleerte Ehen, die um der Kinder willen aufrechterhalten werden.

3. Der enttäuschte Partner kann die »böse« Seite integrieren und akzeptieren, dass auch er »böse« Seiten hat. Die Paare können das Ende ihrer Überschätzungen ertragen, es betrauern und allmählich spielerisch mit früher unerträglich scheinenden Kränkungen umgehen. Dann würde Vera etwa sagen: »Besser ein Mathematiklehrer als gar kein Mann!« Willi dagegenhalten: »Besser eine Hexe als gar keine Frau!«

4. Das Angst-Wut-Ritual durchsetzt mit Höhen und Tiefen, Kampfgetümmel und brüchigem Frieden die Partnerschaft. Die »bösen« Seiten der Partner werden nicht toleriert, aber die Auseinandersetzung mit ihnen wird auch nicht auf die Spitze getrieben und führt nicht zur Trennung. Es gibt einen taktischen Frieden durch Erschöpfung, Angst um das Vermögen oder die Kinder. Manchmal neutralisiert ein gemeinsamer Außenfeind (etwas ein störender Nachbar) die Aggression. Ein Partner wird krank, Schwäche oder pflegerische Bemühung erledigen den Kampfgeist. In diesen Fällen haben weder die Vernunft noch der Humor über die Wut gesiegt, sondern die Angst.

Es nützt in solchen Krisen wenig, an das Versprechen von den guten und den schlechten Tagen zu erinnern, das sich Liebende zu geben pflegen. Es wäre vielleicht insgesamt sinnvoller, dieses Versprechen durch ein anderes zu ersetzen, das skeptische Töne in die Hochzeitswonne brächte: *ich will dich lieben und ehren mit deinen guten wie schlechten Seiten.*

3   Eros, Geld und Leistung –
Rituale der Symmetrie

In jedem Ritual gibt es Rollen, die problemlos von jedem fähigen Spieler besetzt werden können. Andere Rollen aber sind genau auf eine bestimmte Person angelegt und dürfen nicht ohne die Gefahr des Misslingens von einer anderen Person eingenommen werden. Wer in der Krönungszeremonie die Kutsche lenkt, ist irrelevant; wenn aber der König fehlt, scheitert die Feier.

Die sexuelle Vereinigung ist das Urmodell aller Rituale der Liebe. Biologisch sinnvoll, im Reich des Lebenden verbreitet, ist sie ein mächtiges, ehrwürdiges, in seiner Wucht aber auch zerstörerisches Ritual. Das gilt keineswegs nur für Spinnen oder Raubinsekten wie die Gottesanbeterin, deren weibliche Exemplare manchmal noch während des Verkehrs den männlichen Partner nutzen, um die eigenen Eiweißdepots zu füllen.

Menschliche Partner suchen Sicherheit in einer exklusiven, von Bindung getragenen sexuellen Beziehung. Manche sind nur nach einem Treueschwur bereit, sich hinzugeben – und müssen entdecken, dass dieser Schwur nicht eingehalten wird, dass das sexuelle Ritual wahllos bleibt und nach neuen Partnern giert, ohne ihre Angst zu berücksichtigen.

Rituale der sexuellen Partnerschaft sind beim Menschen riskant, weil sie wörtlich oder latent sexuelle Befriedigung und persönliche Bindung in eine stabile Legierung zu verschmelzen versprechen. Die Paaranalyse zeigt, weshalb diese Legierung vielfach instabil bleibt. Sie ergänzt diese Einsicht durch Hinweise, wie sie an Stabilität gewinnen kann, wenn beide Partner die Komponenten und ihren Widerspruch bewusst erleben, und an Stabilität verliert, wenn ein Teil ausschließlich die Bindung akzentuiert, sein Gegenüber aber das Begehren.

In der Erzählung von Hilda Ogbe »The Crumbs off the Wifes's Table« beschreibt die Autorin sehr anschaulich ihre Ehe mit einem Nigerianer, der *ihre* Treue schätzt, aber auf sexuelle Abenteuer nicht verzichten will.

Um zu kaschieren, dass sie in der Erotik austauschbar ist, vergleicht er die Geliebten mit den Krumen, die vom Tisch der Ehefrau fallen. Er könnte ihre Untreue nicht ertragen (und ist auch später höchst eifersüchtig auf Nebenbuhler bei seinen Geliebten), kann aber andererseits nicht auf die Bestätigung durch seine Affären verzichten. (Vgl. S. 186 f.)

Die 45-jährige Irene kommt in aufgewühltem Zustand. Sie kann nicht mehr schlafen, weint jede Nacht, macht sich Sorgen um ihre Ehe und ihre Kinder. Sie hat sich in einen Mann verliebt, der gebieterisch fordert, sie solle sich von ihrer Familie trennen, eine kleine Wohnung nehmen und nur noch für ihn da sein. Sie will das tun, obwohl ihr der Abschied von ihrem Ehemann und ihren Kindern sehr schwerfällt. Jetzt hat eine Frau angerufen und behauptet, sie sei eine Geliebte des neuen Freundes, ob Irene wisse, dass dieser immer mehrere Beziehungen gleichzeitig habe. Der Liebhaber gibt zu, die Anruferin zu kennen, redet aber diese Beziehung klein und beteuert, er liebe nur Irene, sie sei seine große Liebe, er werde bald ganz für sie da sein und sie müsse auch ganz für ihn da sein.

Das sexuelle Ritual dieser Männer verwirrt ihre Partnerinnen. Es ist extrem asymmetrisch, verführt aber durch Leidenschaft und radikale Verliebtheit. Die Frauen werden in eine feste, exklusive Bindung gezwungen, müssen aber erleben, dass ihre Partner sich ganz und gar nicht an die Gebote halten, welche sie über sie verhängen.

Die entstehende Situation unterscheidet sich von der traditionellen Doppelmoral, in der es feste Rollen für Männer und Frauen gibt, welche von den Autoritäten der Großfamilie bewacht werden. Hilda Ogbes Partner verstand sich ausdrücklich als modern, europäisch, von Stammestraditionen distanziert. In deren Rahmen hätte er niemals eine Weiße heiraten können. Ähnlich wie bei den »Ehrenmorden« beruft sich die narzisstische Störung Entwurzelter nicht selten auf Traditionen, die es gar nicht gibt.

Die weibliche Verwirrung hängt damit zusammen, dass die betroffenen Frauen nicht in der Lage sind, hinter der stark und selbstbewusst wirkenden Fassade ihrer männlichen Partner deren kindliche Bedürfnisse wahrzunehmen. Die Männer mischen Wunschdenken und Wirklichkeit. Sie sehen keinen inneren Widerspruch darin, gleichzeitig der bisherigen *und* der neuen Geliebten zu beteuern, sie stünde turmhoch über allen anderen Frauen, nur sie zähle, alle anderen seien bedeutungslos.

Das unbewusste Ritual, in das Frauen mit solchen Partnern geraten, ist eine Art mütterliche Verantwortung für die Defizite des grandiosen männlichen Ego bis hin zu Schuldgefühlen, Mitleid und Opferbereitschaft, sobald dieses Ego an der Realität zu scheitern droht. Wenn Männer kindisch werden, wecken sie in den Frauen die Bereitschaft zum mütterlichen Ritual. Wenn hingegen Frauen kindisch werden, rivalisieren die Männer mit ihnen um die Babyrolle und beweisen, dass sie noch viel kindischer sein können. So wird die Hoffnung der Ko-Narzisstinnen enttäuscht, etwas wie ein Guthaben anzusammeln, wenn sie nur lange genug einen der narzisstisch bedürftigen Männer unterstützen.

Der in seiner Kränkbarkeit beschützte und mütterlich getröstete Partner erweist sich als unzugänglich, sobald eine Geliebte ihre Zuwendung zurücknimmt und ihrerseits auf Versorgungswünsche pocht. In der Untersuchung von Austausch und Symmetrie in Ritualen wird diese Situation noch gründlicher analysiert (siehe S. 79 f.).

Vorher soll noch die Entwicklungsgeschichte der Spannung zwischen Sexualität und Bindung untersucht werden. Zweifellos ist die Erotik für den Homo sapiens das mächtigste Bindungen *stiftende* Ritual. Aber bereits in der Antike gilt Eros als Binder *und* Löser. Bei modernen Paaren hat sich daran nichts geändert. Erotik leitet die Bindung ein und verstärkt sie – aber sie ist auch einer der häufigsten Gründe, dass sich Beziehungen wieder auflösen.

Sexuelle Erregung ist das wirkungsvollste Mittel gegen die Angst, anderen gefährlich nahe zu kommen. Wer auf Abstand achtet, lebt sicherer. Diese Angst ist tief verwurzelt. Sie meldet sich als »Achtmonatsangst«, sobald ein Kind in der Lage ist, vertraute und fremde Gesichter verlässlich zu unterscheiden. Während der späten Kindheit und in der Pubertät verstärkt sich die Angst vor zu großer Nähe weiter.

Kinder, die bisher die Türen zu Toilette und Bad offen gelassen haben, legen jetzt Wert darauf abzuschließen. Es ist, als ob diese Formen von Scham und Scheu der erotischen Vereinigung einen neuen Raum öffnen und ihr eine Bühne bauen. Diese dann auch tatsächlich zu betreten, kostet Überwindung und wird anfangs oft mehr von Neugier und der Angst getragen, später als andere an einem Ritual der Erwachsenen teilzuhaben als durch die Integration der oft bereits aus der Selbstbefriedigung bekannten Lust in den sexuellen Kontakt.

Zur Evolution der Bindung

In romantischen Bildern schenkt der Liebesbund Erwachsener die Kinder. In biologischer Sicht ist es umgekehrt: Die Bindung zwischen Mutter und Kind lässt den Liebesbund entstehen. Die Bedeutung der Bindungen in offenen Gruppen für die menschliche Evolution hat zuerst Vernon Reynolds untersucht, dessen Beobachtungen für die Paaranalyse sehr nützlich sind[30]. Reynolds geht von den Lebensbedingungen im Tier-Mensch-Übergangsfeld aus. Er widerspricht Modellen, wonach die Hominiden Territorien verteidigten, und rekonstruiert die allmähliche Integration der jagenden Männer in die von engen Bindungen bestimmten Gruppen der Frauen und Kinder.

Wenn Frankreich und Deutschland bis auf die Zähne bewaffnet um das Elsass kämpfen, hat das Autoren wie Robert Ardrey zu der Metapher verleitet, dass sich hier ein biologisch fundierter »territorialer Imperativ« auswirke[31]. Aber so einfach ist die Sache nicht; der Weg von der Urmenschenhorde zum Nationalstaat ist weit.

Reynolds ist ein ausgewiesener Primatenforscher und hält wenig von dem Versuch, die an Pavianen gewonnenen Erkenntnisse auf Menschen zu übertragen. Er trägt Gemeinsamkeiten der nächsten Verwandten des Menschen zusammen, die sich bei den anderen Altweltaffen *nicht* finden:

1. **Nomadentum.** Kein Gorilla, Schimpanse oder Orang hat ein begrenztes Gebiet, das die Gruppe selten verlässt und in dem es festgelegte Pfade gibt, wie das bei den Pavianen der Fall ist. Die Bewegungen der Gruppen passen sich der Verfügbarkeit und Verteilung der Nahrung an. In knappen Zeiten schwärmen Individuen in kleinen Gruppen aus und legen lange Strecken zurück. Jeder kann kommen und gehen, wie es ihm gefällt.

---

30 Vernon Reynolds, The Apes: their scientific and natural history. Dutton, New York 1968

31 Richard Ardrey, The territorial imperative. Collins, London 1967. Deutsch: Adam und sein Revier. Molden, Wien 1968

2. **Offene Gruppen und persönliche Bindungen.** Einer der überraschenden Züge der Schimpansengesellschaft ist, dass sich die Tiere liebevoll begrüßen, wenn sie sich längere Zeit nicht gesehen haben. Junge Männer, die in Gruppen losgezogen sind und mit ihren Müttern keinen Kontakt mehr hatten, kommen von Zeit zu Zeit zurück. Die Gruppen sind nicht geschlossen; sie nehmen auch »Fremde« auf, oder Mitglieder zweier Gruppen nutzen ein reiches Erntegebiet gemeinsam.

3. **Wenig Kontrolle in sexuellen Beziehungen.** Während bei den Pavianen ein Männchen mehrere Weibchen monopolisiert und bewacht, *bestimmt bei den Menschenaffen durchweg das Weibchen,* mit wem es sich paart. Der Führer einer Gorilla-Truppe kann uninteressiert zusehen, wenn sich neben ihm eines der Weibchen mit einem Männchen paart. Schimpansenweibchen im Östrus verkehren nacheinander mit mehreren Männchen, ohne dass Rivalitäten erkennbar sind.

Diese Beobachtungen der Feldforscher erweisen ein in der psychoanalytischen Literatur seit Freuds Thesen in »Totem und Tabu« hartnäckig fortexistierendes Modell als Mythos: das Bild des dominanten Gorilla (und ihm folgend des Ur-Patriarchen), der eifersüchtig über seine Weibchen wacht. Auf Frauen (und Männer) gerichtetes Besitzdenken ist kein für Primaten gültiges Naturgesetz.

Als Irrtum ist dieses Modell ebenso lehrreich wie als Hypothese: Es zeigt, wie sonst kritische Forscher wie Charles Darwin und Sigmund Freud Hörensagen akzeptieren, wenn das Ergebnis in ihre Entwürfe passt, und wie sehr diese Entwürfe den Zeitgeist spiegeln. Es war im 19. Jahrhundert undenkbar, dass kein männliches Gesetz, sondern die sexuelle Aktivität und die Bindungsfähigkeit von Frauen die Familie gestalten.

4. **Exploratorisches Verhalten der erwachsenen männlichen Tiere.** Anders als bei den niederen Affen gibt es bei allen Primaten eine Tendenz der Männchen, umherzuschweifen und die Umwelt zu erkunden. Das sonst im Reich der Säugetiere nur für Kinder kennzeichnende, allgemeine, spielerische Forschungsverhalten bleibt vor allem bei den männlichen Menschenaffen im Erwachsenenalter bestehen. Bei den Schimpansen sind diese beweglichen, kleinen Gruppen männlicher Tiere die Scouts, welche z. B. Fruchtbäume entdecken und dann durch Rufen und Trommeln die Weibchen und

Jungtiere herbeiholen. Die Feldbeobachtungen zeigen, dass es bei Schimpansen auch »häusliche« Männchen gibt, die stets bei einer Gruppe der Weibchen und Jungtiere bleiben und diese beschützen.

5. **Werkzeuge und Künste.** Primaten bauen Betten, nutzen verschiedene Werkzeuge, trommeln und tanzen. Schimpansen gebrauchen Stöcke als Waffe und dünne Zweige als Werkzeug, um essbare Insekten aus ihren Löchern zu holen; sie knacken Nüsse mit Steinen und machen sich aus Blättern Trinkschalen oder Schwämme, um Wasser aufzunehmen. Orangs in Gefangenschaft sind berüchtigt für ihr Geschick in der Verwendung von Hebeln, um Fluchtlöcher zu erweitern.

Die menschliche Gesellschaft hat sich um einen Kern aus miteinander verbundenen Frauen und Kindern entwickelt. Diese wurden vielleicht schon früh von Männern begleitet, die häuslicher gesinnt waren als ihre in die Steppe hinausziehenden Geschlechtsgenossen. Die Beziehungskultur des Homo erectus bildete sich an den Waldrändern und Wasserstellen um diese Gruppen herum.

Millionen von Jahren im Übergangsfeld von Australopithecus zu Homo erectus wirkte der Selektionsdruck im Savannen-Habitat auf die bereits vorhandenen Verhaltenstendenzen. Unter diesem Einfluss entstand die menschliche Paarbindung, wie wir sie nicht nur heute kennen, sondern auch bereits in den Resten von altsteinzeitlichen Jäger- und Sammlerkulturen vorfinden, die sich erhalten haben.

Die menschliche Paarbindung hat eine ganz andere ökologische Funktion als die anderer, in Paaren lebender Tiere. Während diese in Nahrungs- und Territorial-Konkurrenz zu anderen Paaren leben und sich gegen diese abschotten, sind menschliche Paare immer Teil einer größeren Gruppe, mit der sie Beziehungen pflegen.

Wenn das Modell von Reynolds durch die psychoanalytische Forschung ergänzt wird, lassen sich die Komponenten in der Paarbindung genauer beschreiben. Es handelt sich einerseits um die sexuelle Aktivität, die sich beim Menschen (und beim Bonobo-Schimpansen) von der Anlehnung an den weiblichen Zyklus befreit hat, auf der anderen Seite um die von starken Trennungs- und Verlustängsten bewachte Bindung des Kindes an die Mutter.

Die Evolutionsbiologen sprechen von *Neotenie*, wenn sie beschreiben, was den Homo sapiens anatomisch vom Schimpansen unterscheidet, mit dem er vor vielleicht acht Millionen Jahren den letzten gemeinsamen Ahnen hatte. Die Evolution hat den Menschen gestaltet, indem sie kindliche Merkmale im Erwachsenenleben beibehielt, beispielsweise den kleinen Unterkiefer und die im Vergleich zum Rest des Schädels sehr große Gehirnkalotte.

Parallel dazu ist auch die sexuelle Bindung erwachsener Menschen von Gefühlen bewacht, die ähnlich existenzielle Ängste enthalten wie die lebensbedrohlichen Zustände frühkindlicher Verlassenheit. Die Fantasie vom Tod durch unerfüllte Liebe, von zehrender Krankheit, wie sie Heinrich Heine im Gedicht vom Asra beschrieb (»welche sterben, wenn sie lieben«), gehört ebenso hierher wie die Fantasie von der Erlösung durch Liebe.

Entwicklungspsychologisch entspricht sie dem Gefühl des verlassenen, von jeder Freude abgeschnittenen Kindes, das plötzlich die Mutter entdeckt. Diese Freude spiegelt sich auch in der Beziehung der Mutter zum Kind, welche ähnliche Intensität annehmen kann, vor allem, wenn Elemente der Bedrohung, der Angst inszeniert werden wie beispielsweise im Zusammenhang mit einer Entführung.

Genetische und kulturelle Faktoren

Bonobo-Schimpansen gelten zusammen mit den »normalen« Schimpansen als die nächsten genetischen Verwandten des Menschen; sie teilen mindestens 98 Prozent, nach einer Studie sogar 99,4 Prozent ihrer Erbanlagen mit dem Homo sapiens. Autoren wie Jared Diamond[32] haben daraus den Schluss gezogen, dass entweder Schimpansen auch in die Gattung Homo aufgenommen werden sollten – es gäbe dann Homo sapiens für den Menschen und Homo arboreus für den Schimpansen. Ein zweiter Vorschlag, der noch witziger ist, läuft darauf hinaus, Homo sapiens als Pan sapiens zu reklassifizieren; Pan troglodytes bliebe dann der normale, Pan sylvestris der Zwergschimpanse oder Bonobo.

Bonobos gelten als »friedfertig«, was Frans de Waal, einer der besten Kenner, eher kritisch sieht: Bonobos sind durchaus reizbar und konfliktfreudig, aber sie verfügen auch über ein großes Repertoire freund-

---

32 Jared Diamond, The Third Chimpanzee: The Evolution and Future of the Human Animal. Hutchinson, Los Angeles 1992

licher und versöhnender Gesten, darunter eben auch über ein sehr reiches Sexualleben.

Sexualität ist bei den Bonobo ein weithin verwendetes Mittel, um Spannungen abzubauen und Versöhnung zu demonstrieren; ihre Funktion reicht weit über die »normale« Kopulation hinaus und trägt auch Elemente, die wir bei Menschen lesbisch oder schwul nennen, ohne dass sich Tiere beobachten lassen, welche diese Bisexualität auf Homoerotik einengen[33].

Diese Entwicklung der Waldschimpansen zeigt die Flexibilität des erotischen Repertoires bei den Primaten, die bei Homo während der Anpassung an die arbeitsteilige Gesellschaft der Jäger und Sammlerinnen eine große Rolle spielte. Die erotische Bindung ist ein großer Schritt und eine spezifisch menschliche Errungenschaft, für die es unter Primaten keine Belege gibt. In diesem Sinn ist King Kong, der sich in eine weiße Frau verliebt und todesmutig an diese bindet, mehr Mensch als Gorilla.

Die Beobachtung der männlichen Scouts bei Primaten, deren Lust am Hinausziehen und der Erkundung neuer Territorien zu dem eher sesshaften Verhalten der Frauen kontrastiert, wird manchmal kurzschlüssig als Ursache einer größeren Neigung der Männer gedeutet, auch in der Erotik auszuziehen und neue Erfahrungen zu machen.

Solche Erklärungen sind nicht viel mehr wert als andere Ausreden von Männern, die sich gegenüber weiblicher Kritik rechtfertigen wollen. Interessanter ist der Rechtfertigungsdruck selbst, welcher den Unterstellungen männlicher Dominanz widerspricht und nahelegt, wofür auch die evolutionstheoretischen Modelle sprechen: Um die Elemente spezifisch menschlicher Kultur zu entwickeln, mussten die Männer sich an den Frauen orientieren. Sie übernahmen ein Verhaltensrepertoire, das in den Mütter-Kinder-Gruppen entstanden war und zunächst nur jene eher untypischen Männchen betraf, die nicht in kleinen Männergruppen umherschweiften, sondern zusammen mit den Frauen und Kindern unterwegs waren.

Die menschliche Evolution hat ihre biologisch und genetisch fassbaren Resultate während der vielen Millionen Jahre intensiver Auslese

33 Woods, Vanessa, Bonobo Handshake. Gotham Books, London 2010
    de Waal, Frans and Frans Lanting, Bonobo: The Forgotten Ape. University of California Press, Los Angeles 1997

in kleinen Gruppen erzielt, während Kulturentwicklung und endlich Geschichte die hohe Intelligenz und Flexibilität nutzen konnten, welche sich in diesem Prozess bildeten. Genetisch unterscheiden sich Buschmänner und Europäer nicht nennenswert. Eifersucht, Bindung und Sexualität kennen alle Menschen in allen Kulturen. Aber sie können Impulse hemmen und hungern nach sozialen Formen. So finden sie, je nach Erziehung und eigener Entscheidung, die Liebesehe »normal« oder die arrangierte Verlobung im Kindesalter, Monogamie oder Polygamie, lebenslange Treue oder höfliche Promiskuität wie in der heidnischen Eskimo-Familie, wo es zur guten Sitte gehörte, einem Besucher, der schon lange allein unterwegs war, Sex mit der Hausfrau anzubieten.

Der Besitzanspruch auf Grund und Boden, eine sehr junge Errungenschaft der Kulturgeschichte, hat sich mit dem Besitzanspruch auf Frauen und dem Prinzip der jungfräulichen Braut verknüpft, die legitime Erben garantiert. In der emanzipierten Gesellschaft verstehen die modernen, selbst für ihren Lebensunterhalt sorgenden Frauen die Buschmannfrauen wieder sehr viel besser, als das die Frauen der traditionellen Hirten und Ackerbauern können.

Wenn ihr Mann zu viel unterwegs war, legte eine Buschmannfrau ihre Ketten aus rund geschliffenen Stücken von Straußeneierschalen wieder an. So signalisierte sie ihm und anderen Bewerbern, dass sie zu haben sei. Frauen waren in den altsteinzeitlichen Kulturen nicht von den Männern abhängig. Der Anteil pflanzlicher Nahrung überwiegt in der tropischen Diät bei Weitem. Daher erübrigt sich auch die bereits erwähnte, kleinbürgerlich anmutende These, dass Frauen aus »biologischen« Gründen ältere, wohlhabende Männer suchen. Sie gehört in jene späten Formen der städtischen Kultur, in der Besitz angehäuft werden kann. Die Menschen im Paläolithikum können nur so viel besitzen, wie sie bereit sind zu tragen. Reiche alte Männer gibt es nicht.

Die dramatischsten Zusammenbrüche erotischer Rituale ergeben sich aus einer Art Deutungs-Zusammenprall: Eine Seite fühlt sich in ihrem Bindungsbedürfnis verletzt, ohne dass die andere das beabsichtigt hat oder es nachvollziehen kann. Die häufigste Form dieser Erschütterung entsteht durch die Fantasie, als Sexualobjekt ausgetauscht, ersetzt worden zu sein.

Lange habe ich gar nichts bemerkt. Er wollte auf einmal allein in den Urlaub fahren, er hat gesagt, er muss sich selbst finden, das kann er nicht, wenn ich mitkomme, und ich hatte in der Praxis sowieso sehr viel zu tun, es war mir ganz recht, dass er diese Abenteuerreisen allein machte. Nur war er gar nicht allein, seine Freundin ist überallhin mitgekommen, ich habe nichts gemerkt. Erst als ich eine Entzündung hatte und mich untersuchen ließ und es sich herausstellte, es ist Gonorrhö, wurde ich misstrauisch und habe ihn gefragt, und er hat es dann scheibchenweise zugegeben, da ist eine Welt für mich zusammengebrochen. Und dass sich diese Dame nichts dabei denkt herumzuschlafen und über ihn auch mich anzustecken, das hat allem die Krone aufgesetzt.

Dann habe ich in Parship diese Frau kennengelernt, sie hat mir gut gefallen, und sie wollte, wie ich ja auch, eine Familie gründen. Sie hat sich sehr anhänglich gezeigt, wir wollten nach ein paar Monaten ein Kind zusammen haben und heiraten. Dann war sie schwanger, ich verstand nicht, weshalb sie unbedingt diesen Test machen wollte – und der zeigte, das Kind ist nicht von mir. Sie hatte die ganze Zeit noch einen anderen, den sie vor mir verborgen hat. Ich war fassungslos, aber sie hat sich entschuldigt und hat gesagt, sie sei eben unter Druck gewesen, die biologische Uhr tickt, und sie wollte nicht die ganze Zeit vergeudet haben, wenn es mit mir nichts würde. Sie hätte auch gar nichts gegen mich, und wenn es meine Spermien gewesen wären, die zum Ziel kamen, dann hätte sie eben mich geheiratet.

Ich wollte Kinder, und er wollte nicht, und da hab ich mich in die Arbeit gestürzt und er auch. Wir haben uns nicht mehr viel gesehen, aber dann wurde er doch merkwürdig, war so geistesabwesend, aber wenn ich gefragt habe, da sei nichts, sagte er. Irgendwann war ich es müde und habe einen Detektiv beauftragt, hat zweitausend gekostet, aber dann hatte ich die Fotos als Beweis. Ich habe noch am gleichen Tag seine Möbel einlagern lassen, die Schlösser ausgewechselt und die Scheidung eingereicht.

Die hier beschriebenen Männer und Frauen pflegen eine zweite Beziehung und bemühen sich gegenüber den Berichterstattern um den Anschein der Exklusivität. Wenn es die Eifersucht nicht gäbe, wäre das ebenso zweckmäßig wie der Plan des Beduinen, auf seinem Wüstenritt mehrere Pferde mitzuführen: Wenn eines der Tiere ausfällt, kann er sich auf den Reservegaul retten.

Don Juans Ritual karikiert diese Vorsicht: Durch den ständigen Wechsel des Liebesobjekts, die Entwertung des Gewonnenen, die Verachtung der Bindung schützt er sich vor der eigenen Trennungsangst. Keine Frau wird jemals die Chance haben, ihn zu verlassen. Er ist schneller.

Die zentrale Aufgabe erotischer Rituale ist es, die Triebkomponenten mit den Anforderungen der Bindung zu versöhnen. Der Exkurs in die Welt der Primaten rechtfertigt sich, wenn verständlicher wird, wie schwierig diese Aufgabe ist. Es war ein langer Weg aus den Urwäldern zu den Waldrändern, in dem sich schrittweise die Bindungen der Männer an eine Frau und ihre gemeinsamen Kinder vertieft haben.

Die menschliche Kultur hängt an dieser speziellen Bindung. Nur wenn sie funktioniert, wachsen Kinder heran, die dazu fähig werden, Traditionen weiterzugeben. Dazu müssen sie ihren eigenen Kindern die Voraussetzungen mitgeben, ohne Impulsdurchbrüche und Soziopathie ihren Beitrag zum Bestehen ihrer Gesellschaft zu leisten.

Dieses Geschehen ist alles andere als selbstverständlich. Immer wieder gibt es Zusammenbrüche, gehen ganze Kulturen demoralisiert in Alkoholismus und Verwahrlosung unter. Sobald eine Mehrheit der Mütter nicht mehr in der Lage ist, von den Männern unterstützt ihre Kinder zu versorgen, kann eine (Stammes-)Gesellschaft binnen einer Generation ausgelöscht werden.

In anderen Fällen bricht sich die archaische Tendenz Bahn, Schwächere nicht zu beschützen, sondern sie zur Beute zu machen. Auch in scheinbar zivilisierten, friedlichen Ländern wie im früheren Jugoslawien taucht dann plötzlich wieder Vergewaltigung als Waffe rassistischer Kriege auf.

Zusammenbrüche des sexuellen Rituals werden in den meisten Ehen verleugnet, solange das nur irgend geht. Das ist so häufig, dass wir gesonnen sind, es trivial zu finden. Das Phänomen verdient aber eine genaue Untersuchung.

In einer durch die Traditionen des Christentums sexualfeindlichen Kultur fühlt sich ein Partner vielfach »normal«, der erotischer Nähe nur während der Aufbauphase der Bindung und/oder bis zur Geburt der von ihm erwarteten Kinderzahl Aufmerksamkeit schenkt. Dann droht ein Ritual zu zerfallen, das auf der Integration von Sexualität und Bindung beruht.

Ein Partner mit sicherem Selbstgefühl wird Rückzug oder zeitweiliges Desinteresse des Sexualobjekts als Hindernis ansehen, das überwunden werden kann. Er wird dagegen kämpfen, dass Sexualität nur dann stattfindet, wenn es nichts »Besseres« zu tun gibt. Er wird die Bindung für so belastbar halten, dass die sexuelle Differenz ausgetragen werden kann. So entstehen frühe Konflikte, die aber auch Aussichten eröffnen, das Ritual mit neuem Inhalt zu füllen und es zu festigen.

In vielen Fällen wird jedoch der Verlust an sexueller Aktivität zur Normalität. Die Bindung kann keine Differenz zulassen; an ihre Stelle tritt die Projektion: Wenn mein Partner sexuell bedürfnislos geworden ist, wenn ihm mein erotisches Anliegen »zu viel« ist, dann gebe auch ich auf, nehme mich zurück. Wer weniger begehrt, ist der bessere Mensch. Verzicht ist erwachsen; sexuelle Wünsche brauchen einen perfekten Rahmen, sonst sind sie nichts wert.

Anfangs war das »man wird ja mal keine Lust haben dürfen« gar nicht grundsätzlich gemeint. Meist ist zunächst nur die erotische Laune am Werk, Amor mit den Schmetterlingsflügeln. Aber sobald ein Partner hier in seiner Projektion die Wiedergeburt der vielen Sexualfeinde erlebt, die ihn in seiner Kindheit eingeschüchtert haben, wächst die Gefahr der Identifizierung mit dem Angreifer. Niemand hat es gewollt. Und doch sind die einst Verliebten einander Sexualfeinde geworden, die sich, obwohl längst ihrer Kirche entfremdet, jetzt doch an das Gebot halten, ihre Erotik nur dann aus dem Winterschlaf zu wecken, wenn noch ein Kind gezeugt werden soll.

Besonders makaber mutet das Detail der Ansteckung mit Gonorrhö bei dem Paar an, das ganz ausnahmsweise wieder einmal Sex hatte, als der Mann aus dem Urlaub kam (s. S. 88). Er hatte seine Ferien offiziell in einsamer Meditation verbracht, sich aber mit seiner Geliebten getroffen, die in einem Strandclub in Kenia auf ihn wartete und mit einem der Animateure angebändelt hatte.

Dieser Ehemann war zwischen die promiskuöse Welt seiner Freundin und die Bindungswelt seiner Frau geraten. Das Vorbild der Freundin, die von dem *beach boy* erzählte, aber noch nichts von dem Tripper wusste, schien ihn angeregt zu haben, seinerseits mit zwei Frauen kurz hintereinander zu schlafen.

Die Ehefrau hat ihm auch diese Kränkung schließlich verziehen.

Die Ehe ging noch fünf Jahre so fort. Dann trennte er sich von ihr, weil eine neue Geliebte ihn unter Druck setzte. Weniger geduldig ist die Frau in der dritten Skizze. Als ihre Zweifel wachsen, ob das Ritual noch gilt und die Distanz zu ihrem Partner symmetrisch ist, kauft sie sich Klarheit und beendet die Beziehung von einem Tag auf den nächsten.

Sie wehrt Verlustängste in einer grandiosen, manischen Geste ab. Die Analyse ergibt einen sehr frühen Mutterverlust. Der Vater trennte sich, als sie ein halbes Jahr alt war. In der Folge entwerteten sich die Eltern gegenseitig. Der Vater setzte durch, dass die Tochter von *seiner* Mutter aufgezogen wurde. Ihre leibliche Mutter lernte sie erst kennen, als sie volljährig war und das ausdrückliche Verbot ihres Vaters ignorierte.

Nach der Scheidung von dem ausgesperrten Mann lebte die Frau einige Jahre allein und begann dann eine lesbische Beziehung. Es liegt nahe, in dem Ehemann, der von einem Tag auf den anderen keine Wohnung und keine Frau mehr hatte, einen Wiedergänger ihres Kindheitsschicksals zu sehen: Sie hatte von einem Tag auf den anderen keine Mutter mehr. Diese Verwandlung von Erlittenem in Aktivität prägt viele Krisen erotischer Rituale.

Abstand und Entfremdung in einer Partnerschaft werden anfangs meist verleugnet. Die Möglichkeiten, durch Illusionen über die Rolle des Partners Lücken in dessen faktischem Verhalten zu schließen, sind buchstäblich fantastisch. Er ist wie immer, er ist, genau wie ich, ein wenig unzufrieden, ein wenig zurückgezogen, aber er geht nicht fremd, das würde ich sofort bemerken!

Weshalb aber unternehmen manche Menschen, deren erotisches Ritual in eine Krise gerät, mehr oder weniger geduldige Reparaturversuche, während andere sich sofort trennen? Wenn die Antwort lautet, dass es hier eben um unterschiedliche Grade der Kränkbarkeit, der narzisstischen Störung oder der Borderline-Organisation geht, sind damit im Grund nur neue Namen für das alte Rätsel gewonnen.

Die impulsive Trennung befreit *sofort* von den schmerzhaften Seiten des Partners. Sie opfert aber auch dessen gute Seiten. In der ersten Wut scheinen diese nicht zu fehlen; später wird der Mangel aber deutlich. Manchmal scheint er den Betroffenen unerträglich. Sie tun dann fast alles, um den Liebespartner zurückzugewinnen, den sie erst verwünscht und fortgejagt haben. Dieser Prozess kann sich zyklisch wiederholen. Das Ergebnis sind die On-off-Beziehungen, Paare, die heute definitiv getrennt, morgen aber – Überraschung! – doch wieder zusammen sind.

Das On-off-Ritual ersetzt hier ein Ritual, das sich festigen kann, weil die unerwünschten Seiten des Partners / der Partnerin in ihm ihren Platz haben können. Die nach außen auffälligen Beziehungsabbrüche und Kontaktstörungen verbergen, dass immer wieder Mini-Verliebtheits-Rituale erprobt und angesichts der ersten Enttäuschung dramatisch zurückgenommen werden.

Wenn eine Frau einen Detektiv engagiert, weil sie ihre Ängste nicht zusammen mit ihrem Partner beruhigen kann, lässt sich das als Versuch verstehen, Trennungsängsten durch eine Art Hyperrealismus beizukommen, hinter dem sich die blinde Fluchtbereitschaft der Panik verbirgt. Wenn er fremdgeht, liebt er mich nicht, ich liebe ihn nicht, die Beziehung ist zu Ende, sie muss dann wirklich vorbei sein, nichts darf noch an sie erinnern, sie ist ausgelöscht, ich bin komplett allein, aber ich vermisse auch nichts, weil nichts mehr ist und nie etwas war. Ich schließe das Kapitel Heterosexualität, will nie wieder etwas mit einem Mann zu tun haben und starte völlig neu.

Panische Ängste oder deren manische Abwehr können zu sofortigem Zusammenbruch eines Rituals führen. Dieser kann definitiv sein oder in ein Wechselbad von Scheidung/Ehe/Scheidung/Ehe (oder deren nicht formalisierten Surrogaten) münden.

Die menschliche Angstverarbeitung ist ein komplexes Geschehen. Erbanlagen spielen eine Rolle, sind aber längst nicht so beeinflussbar wie die Verschmelzungs- und Rückkopplungsvorgänge im Umgang mit den frühen Objekten. Alle Primaten entwickeln sich nur dann normal und können später spontan sexuelle Beziehungen aufnehmen, wenn sie ein Minimum an frühem Austausch mit ihnen zugewandten Artgenossen erleben.

Nur ein mit einem Mindestmaß an Bindungserfahrungen versorgtes Kind kann stabile sexuelle Rituale entwickeln. Hier gilt der Satz aus der Bibel, dass dem gegeben wird, der hat. Wer ein Stück angstfreie Erotik anbieten kann, wird Rituale entwickeln, die sein sexuelles Selbstgefühl festigen, den Partner binden, sein Selbstvertrauen stärken und die Entwicklung neuer erotischer Rituale fördern, in denen Bindung und Sexualität sich ergänzen.

Wer hingegen mit Ängsten kämpfen muss, wird ein hohes Maß an Bindung benötigen, um seine Angst so weit kontrollieren zu können, dass er Sexualität zulassen kann. Wird ihm die Sicherheit in der Bindung verweigert, kann sich das erotische Ritual in eine fatale Richtung entwickeln. Um den Sexualpartner nicht zu verlieren, *wird Sexualität nicht durch Lust, sondern durch Verlustangst motiviert.*

Dadurch entsteht ein psychosomatischer Widerspruch. Angst soll den Körper auf die Anspannungen und die kontrollierte Höchstleistung der Flucht vorbereiten, um einen sicheren Ort zu finden. Im Angstzustand trocknen die Schleimhäute aus, wie auch der aufgeregte Redner bemerkt. Phobos, der Dämon der Angst, in der griechischen Mythologie ein Sohn des Kriegsgottes, ist der wichtigste Gegenspieler des Eros.

Während eine wechselseitig erfüllte Sexualität die Beteiligten sättigt, kann die Fantasie, dass ein Partner nicht erfüllt, nicht wirklich befriedigt, nicht ganz entspannt ist, zu hektischen Bemühungen führen, diese Entspannung doch noch zu erreichen. In solchen Interaktionen entstehen dann Rituale, in denen ein Partner behauptet, er bekomme immer zu wenig Sex, während sein Gegenüber sagt, es werde immer zu viel verlangt, eigene Bedürfnisse würden unter dem Andrang des Gegenübers gar nicht mehr zu Wort kommen. Womöglich schickt dann der durchsetzungsfähigere Teil sein Gegenüber in die Sexualtherapie, entweder wegen Sexsucht oder wegen Frigidität bzw. Impotenz.

»*Wir waren ganz jung verheiratet, und ich hatte gedacht, weil meine Frau vor der Ehe so spröde war, es wird besser, wenn wir erst verheiratet sind. Dann wollte sie unter der Woche nie, weil sie zu müde war am Abend oder früh aufstehen musste, wir haben damals ja beide viel gearbeitet. Und am ersten Samstagmorgen habe ich gedacht, jetzt schlafen wir aber zusammen, da springt sie aus dem Bett und sagt, sie muss jetzt unbedingt eine Musiksendung hören, ich weiß es noch wie heute, ein Oratorium von Bach. Ich habe ganz klar gesagt, wie enttäuscht ich bin. Ich habe eben meine Bedürfnisse, und wenn dir das Radiohören wichtiger ist, dann kann ich für nichts mehr garantieren!*«

»*Es war eben einfach so, dass ich das Gefühl hatte, ich genüge dir nicht. Aber war es deshalb nötig, mit diesen Frauen in Urlaub zu fahren? Oder wann immer du eine Frau am Strand gesehen hast, sie anzustarren? Und diese erotischen Bildbände, ich kann sie nicht mehr sehen, mach doch dein Ding, ich will nichts damit zu tun haben!*«

»*Aber es ist doch normal, es ist eine rein ästhetische Sache, wenn ich eine schöne Frau sehe, dass ich mir die auch anschaue, das bedeutet doch noch gar nichts. Es wäre doch komplett verlogen, wenn ich da nicht hinsehen würde – soll ich so tun, als sei sie gar nicht da, als hätte ich sie gar nicht gesehen?«*

»Ich weiß es ja, es ist mein Fehler, wenn ich mich derart als erotische Versagerin fühle. Ich habe eben auch immer weniger empfunden und am Schluss gar nichts mehr. Aber ich finde, wenn wir als Mann und Frau zusammenbleiben wollen, dann müssen wir miteinander reden, dann möchte ich wissen, was dich beschäftigt, wie es dir geht!«

Dieser Dialog stammt von einem Paar in der Situation vor einer Spätscheidung. Das jüngste Kind ist aus dem Haus, der Ehemann ist in Rente gegangen, seine Partnerin möchte in eine eigene Wohnung ziehen, weil sie vieles an ihm nicht mehr erträgt – vor allem, dass er manchmal am Abend weggeht und ihr nicht sagt, was er unternimmt. Sie ist sicher, es hat mit Sex zu tun; die erotische Beziehung zwischen den beiden ist nach der letzten Schwangerschaft erloschen – »weil meine Frau keinerlei Interesse hat!«, »weil mein Mann mir immer gesagt hat, dass ich in diesem Punkt eine Versagerin bin!«

Der Ehemann will zusammen mit ihr in dem Haus alt werden, das sie bisher bewohnt haben. Sie hätten so viele gemeinsame Interessen, die Kinder, die Enkel. Über Sex mit seiner Frau zu reden bringe nichts, das habe er schon vor zwanzig Jahren akzeptieren müssen. Er wisse nicht einmal, was sie hören wolle. Man rede doch auch nicht mit einem Blinden über Farbnuancen. Er habe eben, auch um seine Frau nicht zu belasten, nach den ersten Ehejahren die Sexualität ausgelagert, komplett, nicht gern, aber das sei doch das kleinere Übel gewesen. Da habe sie ihre Ruhe gehabt und er seine Befriedigung, und das Ganze habe mit seiner Familie nie das Geringste zu tun gehabt.

Diese Skizze zeigt, dass Kompromissrituale auch nach Jahrzehnten ihre Stabilität verlieren, wenn sich die Ritualsumme verändert. In diesem Fall sind die Kinder ausgezogen. Die Mutter ist deprimiert über diesen Verlust und wünschte sich mehr Nähe zu ihrem Partner. Dadurch wird ihr in voller Schärfe bewusst, was ihr fehlt und was in ihrer jetzt geweckten Bedürftigkeit den Ehemann als der Wunsch traf, von ihm endlich zu erfahren, was andere Frauen ihm bedeuteten und was überhaupt in ihm vorging, wenn er eine Frau behalten wollte, mit der er in ihrem Erleben keinen *wirklichen* Kontakt hatte.

Auf Ideale der Liebe (und der »wirkliche Kontakt« gehört zu ihnen) können viele Menschen weder verzichten noch sie sich erfüllen. Die Beziehung gerät in Gefahr, wenn die Auseinandersetzung darüber ihre spielerischen und humorvollen Anteile einbüßt. In vollem Ernst lässt sich das Problem nicht lösen, dass jeder Partner seine eigene Vorstellung von Liebe hat und beide doch glauben müssen, es sei dieselbe, wenn sie sich miteinander sicher fühlen möchten.

Emotion und Stabilität

Immer wieder begegnen wir in einer Analyse der modernen Partnerschaft dem Widerspruch von Affekt und Struktur. Die Partner sollen einander die liebsten Menschen sein und bleiben. Ohne Liebe keine Ehe, keine Familie. Lieben in guten und schlechten Zeiten wird beschworen. Emotionen aber sind zyklisch, sie schwellen an, erreichen einen Höhepunkt, flauen ab.

Die Paaranalyse beschäftigt sich nicht nur mit diesem Gegensatz, sondern auch mit einem verwandten Geschehen, das sich unsichtbar im Erleben der Liebenden vollzieht: Es geht um die Fähigkeit, die eigenen Gefühle zu idealisieren – und um die Gefahr, sie zu entwerten. Wer die eigene Liebe als gut genug[34] anerkennen und sich selbst stabil als liebesfähig einschätzen kann, hat es leichter, Liebesbeziehungen zu stabilisieren: Er ist weniger kränkbar und nicht so sehr auf stete Liebesbeweise angewiesen wie in ihrem Selbstgefühl verletzte Menschen, die sich wertlos fühlen, wenn sie nicht dauernd bewundert werden.

Maria, eine 35-jährige Juristin, lebt seit zwei Jahren in einer Partnerschaft. Als sie Volker kennenlernte, war sie sehr verliebt. Auch Volker sagte, noch nie zuvor so verliebt gewesen zu sein. Es war eine starke Emotion. Aber schon nach wenigen Wochen begannen ihre Gefühlsschwankungen. Es fühlte sich manchmal so an, als würde sie für Volker gar nichts mehr empfinden. Sie litt heftig unter diesem Verlust, aber dann kamen die positiven Gefühle ebenso stark zurück. Dieses Wechselspiel erlebt Maria bis heute, auch wenn sie nun nicht mehr ganz so stark darunter leidet. Sie hat ein schlechtes Gewissen gegenüber Volker

---

34 Die Beschreibung der Mutter, die gut genug (aber eben nicht perfekt) für ihr Kind sorgt, verdanken wir dem britischen Analytiker Donald Winnicott.

und muss ihm von ihrem Zustand berichten, um sich nicht isoliert zu fühlen. Volker ist dann wie vor den Kopf gestoßen, will sich aber nicht trennen. Das vergeht, sagt er. Maria denkt inzwischen manchmal, die ängstliche Suche, ob die Gefühle noch da sind, würde diese vertreiben. Aber sie kann nicht aufhören, daran zu denken. Wie kann es sein, dass sie in einem Moment glaubt, die Liebe ihres Lebens gefunden zu haben, und zwei Wochen später ist dieses Gefühl wieder weg? Warum bleibt es ihr versagt, mit Volker einfach nur glücklich zu sein?

Das Ideal der Individualisierung, das sich ganz und gar an dem eigenen Gewissen und den eigenen Urteilen orientiert, ist in einigen unbewussten Anteilen beziehungsfeindlich. In traditionellen Gesellschaften haben die Vorfahren »recht«, die Individuen müssen sich fügen. Die Pflichten der Eheleute werden an Handlungen gemessen, nicht an Emotionen. Was Mann, was Frau beiträgt, ist für alle Männer und Frauen im großen Ganzen klar.

In der Moderne müssen die Partner ihre Aufgaben teilen. Sie müssen verhandeln und sich einigen, was Mann, was Frau beiträgt. Dabei werden Gefühle bewertet, nicht nur Aufgaben. Das Bedürfnis, sich zu rechtfertigen, wird zum zusätzlichen Problem. Maria unterstellt Volker den gleichen idealistischen Anspruch, der sie selbst bewegt: Auch er will ihre echten, starken Gefühle, auch er ist unzufrieden, wenn sie fehlen. Sie fühlt sich schuldig, als Versagerin, wenn sie den in ihn projizierten Anspruch nicht erfüllt.

Maria akzeptiert nicht, dass sie zwischen Nähe- und Distanzwünschen schwankt. Sie empfindet sich selbst als Rätsel, weil Liebesgefühle manchmal da sind und dann wieder verschwinden. Sie möchte Volker manchmal gerne an sich drücken und nie wieder loslassen, manchmal aber braucht sie auch Abstand und möchte ihn wegschubsen.

Gesunde Kleinkinder erkennen wir daran, dass sie nicht gehemmt sind, sich von der Mutter oder dem Vater abzuwenden, wenn sie diese nicht brauchen. Sie scheuen sich nicht, geliebten Personen zu vermitteln, dass sie Zärtlichkeit und Zuwendung lästig finden, und sehen keinen Widerspruch darin, sie Stunden später von dem soeben noch grob Abgewiesenen zärtlich zu wünschen.

Diese Freiheit geht den Erwachsenen verloren. Die Idealisierung des Liebesobjekts lässt nicht zu, sich unbefangen von ihm abzuwenden. Maria stellt sich Liebe als ständiges, starkes Gefühl vor, dessen Festigkeit ihr Gewissen bewacht. Sie hat zur Liebe eine ähnliche Beziehung wie eine Angstkranke zum Flugzeug: durch panische Beobachtung meint sie den Jet vor dem Absturz zu bewahren. Sobald sie sich entspannt und diese Aufgabe vergisst, erschrickt sie. Sorglosigkeit ist der erste Schritt zum Absturz.

Unter modernen Individuen sind die Ängste sehr verbreitet, nicht die richtigen, starken, entschiedenen Liebesgefühle zu besitzen und daher der Liebe eines Partners unwert zu sein, der entweder behauptet, diese zu empfinden, oder dem Tugend dort unterstellt wird, wo man selbst einen Makel empfindet. Nicht weniger häufig beobachten wir Projektionen dieser Ängste wie bei jenen unzufriedenen Singles, die ihre gescheiterten Beziehungen auf den Nenner bringen, Männer (oder Frauen) seien liebesunfähige Egoisten.

Symbiose und Entwertung

In der Psychologie bezieht sich der Symbiosebegriff auf die innige Abhängigkeit von Mutter und Kind, aber auch auf die enge psychologische Verbindung zwischen Liebenden, auf Menschen, die glauben, ohne einander nicht sein zu können.

Symbiosepartner sind einander Selbstobjekte. Solange sie zusammen sind, festigen sie einander die inneren Strukturen, welche das Selbstgefühl (den Narzissmus) tragen. Sie können im Extremfall einander vollständig in allen sozialen und erotischen Bedürfnissen versorgen. Je weniger Trennung eine Symbiose verträgt, desto stärker erschwert sie andere Beziehungen und vergrößert dadurch die Abhängigkeit der Partner voneinander.

Yoko Ono arbeitete als Künstlerin allein; John Lennon mit drei engen Freunden. Als sich John Lennon und Yoko Ono derart verliebten, dass sie (so wurde berichtet) sogar gemeinsam auf die Toilette gingen, waren die Tage der Beatles gezählt. Es gelang weder, Yoko Ono in die Band einzubetten, noch die Gruppe in der bisherigen Intensität zu erhalten.

Die Stabilität einer Paarbeziehung hängt häufig an unbewussten symbiotischen Strukturen. Das lässt sich besonders eindringlich in Partnerschaften beobachten, die nach der Geburt eines Kindes in eine narzisstische Krise geraten[35]. Wenn inzwischen diese Krise in Deutschland der häufigste Anlass für frühe Ehescheidungen ist, wird deutlich, wie mächtig die symbiotischen Einflüsse geworden sind.

Julia und Norbert sind seit zwanzig Jahren ein Paar. Beide sind geschieden, Akademiker, haben jeweils zwei Kinder aus einer früheren Ehe und wohnen seit 18 Jahren zusammen. Sie haben viele gemeinsame Interessen. Als Bindungskraft in ihrer Beziehung beschreiben sie eine starke erotische Anziehung und eine viele Jahre sehr befriedigende Sexualität. Diese erotische Intensität sei unvergleichlich schöner gewesen als das, was Julia und Norbert in ihren ersten Ehen erlebt hatten. Tatsächlich waren sich die beiden auf einem Fest näher gekommen, weil jeder von ihnen eine Geschichte über sexuelle Enttäuschungen zu erzählen wusste.

Julia und Norbert hatten erlebt, dass ihre Ehepartner nach der Geburt eines Kindes das sexuelle Interesse verloren hatten. Die Symmetrie dieser Situation und die intensive Erotik festigte die Beziehung zwischen Julia und Norbert trotz mancher Konflikte in der Patchworkfamilie, in der Julias Kinder mit Norbert stritten und Norberts Kinder eine Zeit lang nicht mehr zu Besuch kamen, weil sie Julia nicht leiden konnten. Nach fünfzehn Jahren erkrankte Julia an einem Karzinom eines Eierstocks. Sie wurde radikal operiert.

Seit der Operation gelang das erotische Ritual nicht mehr. Norbert und Julia konnten sich nicht darüber einigen, was das Verhalten des Gegenübers bedeutete. Nobert behauptete, er sehe ein, dass Julia sexuell nicht mehr so aktiv sein könne wie früher. Für ihn sei sie nach wie vor eine attraktive Frau und er verstehe auch nicht, warum sie sich selbst nicht mehr so sehen könne, aber er respektiere selbstverständlich ihre Zurückhaltung. Man sei ja zusammen auch schon etwas älter geworden.

Julia dagegen: Norbert habe sich total verändert, er sei kalt und rücksichtslos, lüge sie an, was seine Kontakte zu anderen Frauen anginge. Norbert dagegen: Julia sei bösartig und kontrollierend geworden, ganz anders als früher, grundlos eifersüchtig, es gebe keine andere Frau in seinem Leben.

Julia begann, Norberts Mails und Telefonate zu kontrollieren. Sie setzte ihn unter Druck und wollte Geständnisse über Beziehungen, die schon viele Jahre zurücklagen. In dem Einzelinterview klagte Norbert

---

35 Vgl. W. Schmidbauer, Partnerschaft und Babykrise. Gütersloh 2012

über Julias Anklagen und Aggressionen. Sie gebe keine Ruhe, lasse ihn nicht schlafen, drohe, sich etwas anzutun, schlage auf ihn ein, wenn er sage, er habe keine Lust, ihr alles haarklein zu erzählen, was vor fünf oder zehn Jahren geschehen sei. Er versuche jetzt manchmal sogar, sich gemeinsam mit ihr zu betrinken, damit sie schneller einschlafe, das sei aber doch keine Lösung.

Julia klagte über Norberts Rückzug und Unzuverlässigkeit. Er komme später aus der Arbeit, als er versprochen habe, rufe nicht an, beruhige sie nicht, enthalte ihr alles vor, was ihm wichtig sei, in erster Linie natürlich seine Beziehungen zu anderen Frauen. Er verstehe nicht, dass sie keine Lust habe, mit ihm zu schlafen, solange sie nicht wisse, wie viel die anderen Frauen bedeuten und was mit denen läuft. Er bedränge sie sexuell. Wenn sie nachgebe, wolle er sie unbedingt zum Orgasmus bringen und sei gekränkt, wenn ihm das nicht gelinge. Auf ihren Orgasmus habe er auch früher größten Wert gelegt. Das habe sie anfangs toll gefunden, nach den Erfahrungen mit ihrem ersten Mann. Inzwischen sei es lästig. Sie sei ja bereit, seine Geisha zu sein, aber diese Fragerei vertrage sie nicht.

Rituale können Kräfte übertragen und den Beteiligten helfen, Einschränkungen auszugleichen, die ihr Selbstbild gefährden. Norbert wurde von einer zwanghaft religiösen und sehr selbstgerechten Mutter erzogen.

Norberts Ängste kreisen um das Thema, die Mutter zu zerstören. Sie werden durch ein Übermaß an Fügsamkeit abgewehrt. Seit er Beziehungen zu Frauen aufgenommen hat, geht es darum, ihre Wünsche zu erraten und alles zu tun, um diese zu erfüllen. Er muss seine Partnerinnen glücklich machen und sicher sein, dass ihm das gelungen ist, um sich nicht vor ihnen zu fürchten.

Julias Ängste beruhen ebenfalls auf frühen Belastungen des Selbsterlebens: Sie war die Vertraute ihrer Mutter, die ihrer Tochter schon früh ihre Eheprobleme erzählte und Trost einklagte, dann aber wieder ihre Kränkung durch diese Selbst-Erniedrigung kompensierte, indem sie kein gutes Haar an Julia ließ. Julia sollte ein perfekt funktionierendes Kind mit stets positiver Stimmung, guten Noten und vielen Freundinnen sein, um die Mutter aufzubauen. Julia erfand Geschichten über solche Erfolge und schämte sich sehr, wenn sie diese Lügen der Mutter auftischte.

In ihrer ersten Ehe fühlte sich Julia nach der Geburt ihrer Tochter erotisch vernachlässigt und half sich in der Beziehung zu einem Arbeitskollegen, die sie vor ihrem Ehemann mit ähnlichen, schambesetzten Lügengeschichten verbarg wie einst ihre Probleme in der Schule. Durch seine Bereitschaft, sich ganz auf sie einzustellen und seine unermüdlichen Anstrengungen, Julia seine Rücksichtnahme auf ihre Bedürfnisse zu beweisen, ermöglichte Norbert es Julia, sich von ihrem Ehemann zu trennen und ihre Schuldgefühle zu überwinden.

Das sexuelle Ritual, das Norbert und Julia aufgebaut hatten, neutralisierte unbewusste Wutgefühle gegen die gespeicherten bösen Mutterbilder. So konnten sie die Vergangenheit ungeschehen machen. Alles war gut.

Norberts Ehe war nach der Geburt eines Sohnes in eine Krise geraten, die er auf das sexuelle Desinteresse seiner Frau zurückführte. Schon damals brauchte er ein intensives erotisches Ritual, um die bösen Aspekte seiner Partnerin zu neutralisieren. Als dieses Ritual zerbrach, kam es zu einem Teufelskreis aus Angst, Rückzug, Verlassenheitsangst, Vorwurf, verstärkter Angst und verstärktem Rückzug.

Norberts erste Partnerin warf ihm vor, er entlaste sie zu wenig in der Versorgung des Babys, interessiere sich nicht für die neuen Aufgaben in der Familie und nehme die Arbeit viel wichtiger als sie.

Norbert hätte seine Ehe weiterführen können, wenn seine Mutter gewordene Ehefrau ihre Anstrengungen verstärkt hätte, ihn in seinem Selbstgefühl zu festigen. Aber sie hatte nichts zuzusetzen, hätte doch auch sie mehr Anerkennung von ihm gebraucht. Unter diesen wechselseitigen Verarmungen erschöpfte sich die Beziehung. Eine einzige Nacht mit Julia genügte, um sie als Erlöserin von dem bösen Mutterbild festzuhalten.

Viele Paare, die in einer zweiten Ehe Zuflucht vor dem Wüten eines verlassenen Partners gesucht haben, bemerken irgendwann verwundert, wie die zweite Ehe in dem Augenblick an Glanz verliert, in dem sich das Wüten des ersten Partners beruhigt. Wer solche Fälle analysiert, findet bei mindestens einem der Partner eine traumatisierende Mutterbeziehung, welche sich in der ersten Ehe belebt hat und nun, solange die bösen Mutterbilder in Gestalt des verfolgenden Gatten bzw. der Gattin in der Außenwelt drohen, die Innenwelt des neuen Paares entlasten.

Solange seine erste Frau meinen zweiten Mann derart verfolgt hat und jeden Tag neue Schikanen von ihren Anwälten kamen, haben wir uns wunderbar verstanden, wir waren eine richtige Gemeinschaft und hatten jeden Abend Sex. Jetzt ist die Scheidung unter Dach und Fach, sie hat einen neuen Mann, und mein Mann ist langweilig geworden. Er verbringt seine Abende mit einer Flasche Wein vor dem Fernseher und hat kein Interesse mehr an mir. Nur wenn es mir zu langweilig wird und ich mit einer Freundin ins Kino gehe, jammert er, immer willst du weg, wo wir es doch hier so gemütlich haben! Lange mache ich das nicht mehr mit. (Eine 50-Jährige, die wegen Angstattacken therapeutische Hilfe sucht.)

Auch Julia und Norbert beschreiben ihre Beziehung als besonders intensiv und harmonisch, solange Julias Ex-Ehemann seinen Scheidungskrieg ausfocht und seine Möglichkeiten ausschöpfte, ihr das Sorgerecht streitig zu machen. Das von ihm und Julia in Zugewinngemeinschaft gebaute Haus wird versteigert; Norbert tritt als Bieter auf und rettet Julia ihr Heim. Um Geld werden sie niemals streiten, denn das würde heißen, auf die erbärmliche Stufe hinabzusteigen, auf der Julias erster Mann siedelt.

Aus solchen Vorsätzen lassen sich zwei Qualitäten ableiten, die symbiotische Rituale prägen: die Idealisierung und die Spaltung. Der Rosenkrieg mit ihrem ersten Mann hat Julia zermürbt und verängstigt. Sie will diesmal ganz sicher gehen, dass sich so etwas nie wieder ereignet. Auf diese Rolle legt sie Norbert fest. Er unterwirft sich ihr, weil er ebenfalls auf gar keinen Fall einer traumatischen Situation wieder begegnen will: seiner abweisenden Mutter, die tagelang nicht mit ihm sprach.

Ritual, Spaltung und Idealisierung helfen dem Paar, Ängste auszugleichen, die aus früheren Verletzungen kommen. Aber für diese Lösung gilt das Motiv der Fabel, dass die Flucht vor einem Übel oft genug in ein anderes, womöglich größeres führt.

Die »schöne Sexualität, die wir immer hatten« entpuppt sich als Vexierbild. Für Julia gehört sie zu einem weichen, liebevollen, um sie werbenden, uneigennützigen Norbert, dem sie sich gerne hingibt und dem sie ganz selbstverständlich bestätigt, so wie er habe sie noch nie jemand zum Höhepunkt gebracht. Für Norbert ist sie der Lohn für seine anhaltenden Bemühungen, eine kapriziöse, hoch kränkbare, schöne und begehrenswerte Julia in jeder Hinsicht zufriedenzustellen.

Untergründig ist Norberts Erotik von Angst und Ehrgeiz bestimmt. Das Beisammensein *muss* schön sein und funkeln, es *muss* ganz anders sein als das, was Norbert und Julia mit ihren früheren Partnern erlebt hatten. Die perfekte Erotik, der gemeinsame Orgasmus ist jedes Mal der Beweis, dass die böse Mutter ihre Macht verloren hatte. So hatten sich Julia und Norbert in einer rituellen Idealisierung ihrer erotischen Beziehung gefunden. Sie löschte die Ängste, wertlos zu sein. Julia hatte die Operation gut überstanden und war, von einigen Narben und der Notwendigkeit einer Hormonsubstitution abgesehen, für Norbert wieder, wie immer, seine begehrenswerte Julia. Aber Julias Selbst-Idealisierung war verletzt.

Sie empfand Norberts Begehren plötzlich so wie in Tolkiens Erzählung Frodo die Fragen seiner Freunde nach dem magischen Ring: liebenswerte Gesichter verwandeln sich in gierige, grausame Fratzen. Norbert konnte sie doch nicht so ignorieren, dass er dachte, es sei alles wie früher! War es etwa auch früher doch nur *sein* Orgasmus gewesen, um den es ihm ging; hatte er diesen nur in sie hinausverlegt?

Allmählich und bei jedem Schritt überzeugt, ihn nicht zu beabsichtigen, sondern nur auf den Partner zu reagieren, hatten Julia und Norbert zu dem Feind zurückgefunden, den sie in sich trugen und lange Zeit erfolgreich durch ihr erotisches Ritual neutralisiert hatten. Jetzt war er wieder da, sein Bild war in den Partner projiziert und wurde in ihm bekämpft: eine Mutter, die das Kind entwertet und immer unzufrieden ist, weil es dem Kind misslingt, sie glücklich zu machen.

Die Verinnerlichung von Austausch

Die Paaranalyse erweitert das psychoanalytische Modell um die Einsicht, dass Kinder im Zug ihrer Bewältigung der ödipalen Situation nicht nur die seelischen Strukturen *eines* Elternteils durch Identifizierung in sich aufnehmen, sondern auch die *Rituale des Austauschs beider Eltern*. Die Bedeutung dieses Vorgangs erkennen wir vor allem an den Folgen seiner Störungen.

Wenn das Kind erlebt, dass die primären Bezugspersonen wertschätzend miteinander umgehen, fördert das sein Selbstgefühl und seine Bereitschaft, eine Beziehung auf der Grundlage von rituellem Austausch zu entwickeln. Im anderen Fall entsteht das typische Muster der narzisstischen Störung bis hin zu den Extremen im Borderline-Modus und in der Psychose.

Wer solche Störungen untersucht, findet regelmäßig einen schwerwiegenden Mangel an wertschätzenden Ritualen zwischen den Eltern. Entweder ist eine Partnerschaft gar nicht zustande gekommen, oder aber die Partner haben sich gegenseitig entwertet und in unterschiedlichen Formen das Kind in ihre Auseinandersetzungen einbezogen. Der entwertete Elternteil zog sich zurück und lieferte das Kind einer Person aus, die alles Unglück und Elend in ihrem Leben seinem Versagen zuschrieb. In anderen Fällen kämpften beide Eltern um die Kinder und verlangten von ihnen, sie dafür zu entschädigen, dass sie – um ihnen das Elternhaus zu erhalten – mit einem an sich unerträglichen und wertlosen Menschen zusammenleben müssten.

Nach solchen Erfahrungen werden die Erwachsenen die Rituale ihrer eigenen Partnerschaft nicht als etwas angehen, das nicht besonders schwierig ist und sich schon entwickeln wird. Um sich von dem tristen Bild des gescheiterten Austauschs zwischen den Eltern zu erholen, muss alles überoptimal sein. Ich muss nach Perfektion streben und diese ängstlich verteidigen; mein Partner muss ebenfalls perfekt sein, damit ich sicher sein kann, dass keine Schwäche, kein Makel das Scheitern ankündigt, das um jeden Preis vermieden werden soll und gerade deshalb immer präsent ist.

Dann müssen die Beziehungspartner idealisiert und überschätzt werden, um überhaupt in der Lage zu sein, einen Kontakt mit ihnen aufzubauen. Sobald die lebendige Realität des Partners die Idealisierung bedroht, entstehen heftige Aggressionen. Sie richten sich gegen den Partner, der verfolgt und mit allen Mitteln in die Idealisierung zurückgezwungen und/oder für seinen »Verrat« an ihr bestraft werden soll. Oder sie wenden sich depressiv gegen das eigene Ich, das entwertet auf der Strecke bleibt[36].

In dem Beispiel von der »Bikinidepression«, die im Kapitel über einseitige Rituale (S. 191) beschrieben wird, schützt sich der männliche Protagonist vor diesen Gefahren durch eine abgemilderte, kontrollierte Entwertung. Er projiziert diese auf seine Partnerin und festigt sein eigenes Selbstgefühl, indem er von sich behauptet, genau zu wissen, wie

---

36 In W. Schmidbauer, Das Mobbing in der Liebe, Gütersloh 2008, habe ich dieses Modell erläutert und durch Beispiele illustriert.

eine »richtig gute« Frau »optisch beschaffen« sein müsste. Leider misslingt es ihm ständig, diese zu erobern. Notgedrungen nimmt er daher mit der realen Partnerin, die nun wiederum ihn begehrt (und daher entwertet ist), vorlieb.

Da er eine Partnerin hat, kann er sich einigermaßen von seinem narzisstischen Dilemma ablenken. Mit ihr zusammen versucht er eine in aller Heimlichkeit radikal entidealisierte Beziehung. Er spielt seine Rolle als der Mann an ihrer Seite ohne »wirkliche Liebe«, aber mit Fragmenten von Überzeugung und Idealisierung – »Frauen erwarten einfach, dass man ihnen jeden zweiten Tag Blumen mitbringt!«

Dieses Beziehungsritual hat sich polar zu dem der Eltern des Protagonisten entwickelt: Es gab zu Hause keinen offenen Streit, wohl aber subtile Entwertungen vonseiten des Vaters und manische Verleugnung jedes Konflikts vonseiten der Mutter.

Bereits Freud hat die analytischen Beobachtungen über die Identifizierung mit den Eltern dahingehend zusammengefasst, dass sich Kinder weniger mit dem Ich als mit dem Über-Ich der Eltern identifizieren. Sie tun das, weil sie sich, der eigenen Schwäche wohl bewusst, an dem orientieren, was sie als »stark« erleben – also an dem als »stärker« erlebten Elternteil ebenso wie an den als »stark« erlebten Charaktermerkmalen der Eltern oder dem »stärksten« Ritual, das sie zwischen den Eltern wahrnehmen.

Der Vater stellte die Mutter gerne als irrationale, denkfaule und übereifrige Person dar, mit der er seine Probleme habe wie mit einem Haustier mit beschränkten Fähigkeiten. Der Patient schildert als seine Haltung der Mutter gegenüber Nachgiebigkeit, verbunden mit Verachtung für ihre Dummheit und ihre Unfähigkeit, Menschen auch einmal in Ruhe zu lassen.

Das Partnerschaftsritual, das der Patient als Kind beobachtet hatte, war eines gewesen, in dem der Vater sich als geistig überlegen, real aber unterworfen darstellte. Um des lieben Friedens willen und eben weil er der Klügere sei, müsse er nachgeben und sich der irrationalen Macht seiner dummen Frau unterwerfen. Das sei aber kein Problem, denn alle Ehen seien so beschaffen und die seinige, verglichen mit anderen, in denen es Streit und Scheidung gebe, doch besser!

Der Patient entwertete dieses Ritual des Vaters und schwor sich, es niemals so weit kommen zu lassen. Deshalb hatte er sich vor der Analyse, obwohl er sich eine Familie wünschte, nacheinander von einigen

Frauen getrennt, sobald ihn diese heiraten und Kinder mit ihm haben wollten.

Die Entwicklung des Patienten führte nicht dazu, dass er den Mut fasste, seine Traumfrau zu erobern. Sie lief eher darauf hinaus, dass er seine Angst, gefühllos zu sein und die Liebe einer immer wieder entwerteten Frau nicht »richtig« zu erwidern, mit seiner Partnerin teilen und sich von ihr auch trösten lassen konnte. Sie war dann erheblich weniger aggressiv, weniger bevormundend, als er es befürchtet hatte.

Allmählich fasste er den Mut, eine Schwangerschaft zu riskieren. Als das Kind kam, erlebte er die erste von periodischen Entwertungen freie und doch innige Beziehung, an die er denken konnte. *An meiner Liebe zu dem Baby habe ich noch nie gezweifelt, und ich kann mir auch nicht vorstellen, dass ich ein anderes Kind attraktiver finde als meines. Es ist ja eigentlich auch nicht so wichtig, ob jemand perfekt aussieht. Man lebt eben von Tag zu Tag ...*

In die Drogenberatung kommt eine verzweifelte Frau. Sie sucht Hilfe für ihre 17-jährige Tochter, die heroinabhängig ist und ein Strafverfahren erwartet, weil sie ihre Sucht durch Drogenhandel finanziert hat. Die Mutter kommt aus dem ehemaligen Jugoslawien. Ihre Eltern waren wohlhabende Gastwirte, die Familie lebte in einer Villa am Meer. Die Klientin ist die erste Tochter nach drei Söhnen. Sie beschreibt eine Kindheit, von der sie bis heute nicht wisse, ob sie glücklich oder unglücklich gewesen sei. Einerseits fehlte es an nichts, sie war umsorgt, wurde nie geschlagen, es gab viele Spielkameraden, die Familie war angesehen. Auf der anderen Seite wurden ihre Brüder vom Vater geschlagen, wenn sie nicht gehorchten. Der Vater schlug auch regelmäßig die Mutter. Die Klientin erlebte das als Machtdemonstration – er schlug die Mutter und verlangte dann, dass sie ihn bediente, »bring mir ein Bier!« oder »koch ein Essen!« Gab es Gründe, Anlässe, warum der Vater die Mutter schlug? Die Klientin kann nichts finden. Es sei eben dicke Luft gewesen, die sich entladen habe, wenn der Vater zuschlug.

Die Mutter beklagte sich, wenn es der Vater nicht hörte. Sie bleibe nur der Kinder wegen bei diesem Monster. Die Tochter war auf beide Eltern wütend, verstand aber nicht, weshalb sie die Mutter noch mehr hasste als den Vater, der doch eigentlich der Böse war. Als sie 18 Jahre alt war, verliebte sich ein Gast in sie und bot ihr an, sie nach Deutschland mitzunehmen und zu heiraten. Als sie dem Vater sagte, sie gehe jetzt, schlug er auch sie. Es war das erste und letzte Mal.

Gewaltrituale ersetzen die Trauerarbeit eines Paares durch einen Zyklus von Scham, Verachtung, Gewalt, mehr Scham, mehr Verachtung, mehr Gewalt. Dieser Kreislauf mündet entweder in eine Trennung oder in ein destruktives Gleichgewicht. Die Partner können Kränkungen nicht gemeinsam verarbeiten, sondern nur gegeneinander. Sie können die Schuld an ihren Schwierigkeiten nicht teilen. Die Ehefrau ist unglücklich. Manchmal reicht ihr stummer Vorwurf, oft äußert sie auch Kritik am Zustand ihrer Ehe. Der Mann kann das nicht ertragen. Er schlägt sie, damit sie wirklich Grund hat, ihm Vorwürfe zu machen. Sie unterwirft sich aus Angst vor den Schlägen, verweigert ihm aber die Anerkennung. Er könnte aufhören, sie zu schlagen, wenn sie ihm vermitteln würde, dass er ein guter Mann ist – aber sie kann das nicht, weil er sie doch geschlagen hat.

Die Tochter wollte diesem destruktiven Familienklima entfliehen. Es gelang ihr durch eine blinde Idealisierung des Mannes und seines Angebots, sie in seine Heimat mitzunehmen. Sie wurde schnell schwanger. Wenn sie ihre Enttäuschung über ihren Partner äußerte, schlug er sie. Sie reagierte darauf aber, anders als ihre Mutter, nicht unterwürfig. Sie setzte sich zur Wehr, ging zur Polizei, suchte Hilfe im Frauenhaus. Dann erniedrigte sich ihr Ehemann, versprach sich zu bessern, bettelte und beschwor, bis sie angeblich der Tochter zuliebe wieder zu ihm kam.

Dann entsprach die Beziehung ihren Wünschen, die Familie blühte auf – bis zum nächsten Gewaltexzess. In diesem Familienklima wuchs die Tochter auf. Die Drogenabhängigkeit lässt sich als eine Art Selbstbehandlung der Ängste und Depressionen verstehen, die in den ständigen Beziehungsbrüchen zwischen den Eltern ebenso wurzeln wie in den Versuchen der Mutter, durch Verwöhnung der Tochter auszugleichen, was an Stabilität fehlte.

Mütter und Väter, die ihr eigenes Schicksal ihren Kindern unbedingt ersparen wollen, haben es schwer. Statt Rituale des Austauschs zu festigen, bieten sie Verwöhnung an oder verwirren die Kinder durch Nachgiebigkeit und Vorwürfe, dass diese nicht dankbar seien, weil sie ihnen das Leid der eigenen Kindheit ersparen.

Eine klagsame Mutter und ein brutaler Vater hatten es der 18-Jährigen in Kroatien erleichtert, sich von den Eltern zu lösen und Verantwortung für das eigene Leben zu übernehmen. Ihre Vorstellung, absolut für die Versorgung und den Schutz der Tochter verantwortlich zu sein, hinderten sie aber, sobald sie selbst Mutter geworden war und in einer sehr belastenden Beziehung lebte, ihr Kind loszulassen. Sie musste die Tochter schützen und fand nicht den Raum für jene sinnvollen Versagungen, welche die Selbstverantwortung eines Kindes stärken.

Der Drogenmissbrauch begann in der Pubertät. Das adoleszente Ich kann den Umfang der künftigen Anforderungen an das Selbstgefühl erfassen. Die Tochter fand keinen Weg zu einem hinreichenden Maß von Zuversicht. Sie fürchtete sich vor den vielen kleinen Schritten in Schule und Ausbildung, mit denen in der individualisierten Gesellschaft ein stabiles Selbstgefühl aufgebaut wird. Sie wollte eine schnelle Lösung aller Probleme, wie es ihr die Eltern immer wieder vorlebten. Sie wollte keine Angst haben, sie wollte ihren Zustand, ihr Bangen, ihre Unsicherheit betäuben und ihren Mut beweisen: besser ein cooler Junkie, der sein Leben riskiert, als die Unsicherheit ertragen, ob die Schule zu schaffen ist, ob es gelingen kann, eine tragfähige Beziehung aufzubauen.

Die Symmetrie-Falle

Das Beispiel der »faulen Frau«, die ihren Mann dazu bringt, ihr das Frühstück ans Bett zu tragen, zeigt die schöpferischen Möglichkeiten der Asymmetrie. Umgekehrt steht die fleißige Frau, die irgendwann sagt: »Du machst aber nie etwas!«, für die Gefahren der Symmetrie. Wenn wir diese trivialen Beispiele auf ihren kulturellen Hintergrund untersuchen, entdecken wir einen Zusammenhang zwischen Symmetrie und Moderne, Asymmetrie und Tradition.

Die faule Frau wirkt deshalb kreativ, weil sie eine Tradition gewissermaßen umkehrt und auf die Zuflucht verzichten kann, welche die Symmetrie den emanzipierten Individuen bietet.

Wer die Rituale der Liebe untersucht, begegnet immer wieder der Falle der Symmetrie: in der so oft zu bedrückender Schauspielerei führenden Suche nach dem gleichzeitigen Orgasmus oder in dem Bestreben, die Hausarbeit in zwei exakte Teile zu zerlegen. Je ausgeprägter die

Symmetrie mit narzisstischer Bedeutung aufgeladen ist, desto häufiger wird auch ein Mangel an ihr in Vorwürfe umgesetzt, die viel mehr Zeit und Kraft kosten als die Tätigkeiten, um die es geht. Es kostet weniger Zeit, eine Zahnpastatube zuzuschrauben, als dem Partner vorzuwerfen, dass er es wieder versäumt hat.

Noch in den Anschuldigungen, die Partner gegeneinander vorbringen, taucht die Symmetrie auf: Fast nie kann einer schweigen, wenn der andere sein Versagen beschreibt – er muss das Versagen des Gegenübers dagegensetzen.

Die Symmetrie des Rituals fügt sich in ein kulturelles Klima von Emanzipation, von gleichem Recht und von messbarem Austausch, der zu den Grundsätzen des Kapitalismus gehört. Diese rationalen Prinzipien der modernen Gesellschaft tragen ihre eigenen psychologischen Gefahren in sich. Sie können Ängste bändigen, aber auch Angst wecken; sie können Rivalität ordnen, aber auch entfesseln. Sobald die Kultur weitgehend der Geldwirtschaft unterworfen ist, wird es schwierig, die Rituale der Liebe gegen die Rituale des Marktes zu verteidigen.

> Ein Unternehmer kommt in Therapie, »das hat meine Frau verlangt, um die Ehe zu retten!« Großspurig (und wohl mit dem Hintergedanken, die Versicherung brauche das nicht zu erfahren) zahlt er das Honorar aus der eigenen Tasche. Es stellt sich heraus, dass er durch seine Unfähigkeit, Kränkungen ohne sofortige, massive Gegenreaktion zu ertragen, an vielen Orten Probleme hat. Während er in einigen dieser Konflikte die Gespräche hilfreich findet, muss er schließlich entdecken, dass seine Partnerin einen Geliebten hat und ihn verlassen wird. »Jetzt habe ich, meine Zeit und die Fahrtkosten eingerechnet, zehntausend Euro für Therapie ausgegeben[37], und nichts hat es gebracht«, platzt er heraus, setzt dann, etwas schwächer, hinzu: »Natürlich für mich hat es schon was gebracht, aber für die Ehe gar nichts!«

Moderne Partner »investieren« in eine Beziehung und fürchten, dass sie zu viel in ein aussichtsloses Unternehmen stecken. Misstrauisch wird der Partner beobachtet, ob er ebenso viel gibt, wie er bekommt –

---

37 Der Therapeut hatte für zwanzig Sitzungen rund 1800.– € genommen; der Verdienstausfall des Patienten lag in seiner Rechnung weit über dem Honorar des Psychoanalytikers.

und das sollte im Grunde funktionieren, ohne dass man über Kränkungen durch Asymmetrie kommunizieren muss.

»Es ist ja nicht so, dass ich immer nur im Delikatessenladen kaufe. Aber ein bisschen Stil muss doch sein. Und er will immer zum billigsten Italiener gehen. Neulich haben wir uns im Biergarten getroffen. Jeder sollte was zu essen mitbringen. Ich hab Radieschen gekauft und frisches Brot, ein paar schöne Käsesorten. Und er kam mit einer Tüte vom Aldi und Plastikaufschnitt. Ich kann doch nicht meine Zukunft mit einem solchen Geizkragen verbringen!« (Eine 55-jährige Chefsekretärin über einen 58-jährigen Wirtschaftsprüfer, den sie in einer Internetkontaktbörse kennengelernt hat.)

»Wenn ich was organisiere, einen Ausflug oder Theaterkarten, eine Vernissage, dann macht er gerne mit und freut sich. Aber er organisiert nie etwas. Er möchte den Abend am liebsten zu Hause verbringen. Ich soll wieder die guten Spaghetti kochen, die ich beim ersten Mal gemacht habe, als er mich besuchte. Immer muss ich dafür sorgen, dass wir uns die Auslagen für die Theaterkarten teilen. Ich würde auch nie auf den Gedanken kommen, Benzingeld von ihm zu verlangen – aber er hat das neulich, auf unserer Fahrt nach Venedig, tatsächlich gemacht!« (Eine 52-jährige Programmiererin über einen 55-jährigen Unternehmensberater.)

Beide Frauen waren vor drei Wochen noch glühend verliebt und voller Optimismus; sie hatten ihre Partner mit allen eigenen Vorzügen ausgerüstet und deren Ängste und Zwanghaftigkeiten ignoriert. Angesichts der Frage nach der Zukunft der Beziehung verwandelt sich das Ritual. An die Stelle der großzügigen Vorleistung tritt die kleinliche Suche nach Symmetrie.

Beschämender Geiz wird in den Partner projiziert und an ihm getadelt. Ein wahrhaft großzügiger Mensch würde kaum so genau beobachten, ob er nicht mehr gibt, als er bekommt. Aber die feudalen Tugenden, in denen die Gebebereitschaft ganz oben stand, haben den bürgerlichen Platz gemacht, in denen genau gerechnet wird. Und diese bürgerlichen Tugenden haben unter dem Druck der Individualisierung ihre Geschlechtsrollen verloren.

In der modernen Liebeswelt gibt es keine verbindlichen Rituale, die an die Stelle von Traditionen getreten sind, wonach ein Mann einer Frau aus dem Mantel hilft und die Zeche im Restaurant bezahlt. Wer auf Symmetrie pocht, muss damit rechnen, dass er für kleinlich gehalten wird; wer sie ignoriert, ist nicht emanzipiert oder will andere übervorteilen.

Es ist längst nicht so leicht getan wie gefordert, über diese mit Scham besetzten Fragen offen zu sprechen. In allen Bereichen können Frauen heute die Initiative ergreifen: sie können zum Essen einladen, einen Drink bezahlen, ein erotisches Angebot machen. Aber wenn sie das tun, sind sie nicht sicher, ob ihr Gegenüber froh ist über ihre Initiative oder sich irritiert zurückzieht, weil er sich seiner Männlichkeit beraubt fühlt.

Alessandro Manzoni hat in seinem Roman *Die Verlobten* einen treffenden Satz über die Entwürfe zu Ritualen gesagt. Wir alle, sagt Manzoni sinngemäß, sind äußerst leichtgläubig, wenn es darum geht, von anderen Menschen etwas zu erwarten. Angesichts der Realität finden wir dann selten das, was wir uns vorgestellt haben, vielleicht auch, weil wir im Grunde gar nicht wussten, was wir genau wollten. Am Ende rechnen wir ohne Gnade über Tugenden ab, die wir anderen ohne Grund zugebilligt haben.

In die Praxis des Therapeuten kommen oft Menschen, die bitter enttäuscht sind von einem Partner, sich aber außerstande sehen, sich von diesem zu trennen. Sie schildern ihn sehr negativ und behaupten, alle ihre Freundinnen, Freunde, Familienangehörigen hätten ihnen schon angeraten, sich endlich scheiden zu lassen.

Meist werden äußere Gründe genannt, die eine Trennung unmöglich machen. Dahinter lassen sich Verlustängste auffinden. Sie betreffen nicht den realen Partner – von diesem Ekel wäre man ja lieber heute als morgen durch Ozeane getrennt! –, sondern die *Erwartungen* an ihn. Er ist sozusagen Kristallisationskern von Hoffnungen, endlich doch noch der zu werden, den man sich vorgestellt hat.

Wenn der Therapeut dann die Entwertungen genauer anhört, bemerkt er bald, wie die Klagenden erschüttert sind in ihrem Selbstgefühl und in ihrem Glauben an das Gute im Leben, wie sie von dem schlecht gemachten Partner eigentlich gerade dieses Gute erwarten und nicht von dem Glauben lassen können, sie müssten es endlich doch noch bekommen. Sie haben ein Ritual im Kopf, sie wissen genau, was ihr Gegenüber tun müsste, um allem Kummer ein Ende zu machen, und sie sind sich sicher, dass er nicht aus einem Mangel an Können[38] die Beziehung in ihrem schlechten Zustand belässt, sondern aus einem Mangel an der richtigen Entscheidung.

Es gibt eine Geste, die dieses Problem ironisch zusammenfasst: wenn die Frau unter dem Tisch einem Mann Geld zusteckt, damit er gegenüber dem Kellner als Gentleman auftreten kann, der selbstverständlich für seine Begleiterin bezahlt. Diese Geste ist harmlos, solange sie spielerisch bleibt. Wenn sie aber zum festen Ritual wird, symbolisiert sie den Versuch, einem Partner die Energie zu liefern, um sich in seinen Strahlen zu wärmen, nachher aber enttäuscht festzustellen, dass er kein eigenes Feuer hat.

Es ist eine banale Wahrheit, dass wir niemanden zum Krösus machen, indem wir es ihm ermöglichen, seine Schulden mit unserem Geld zu bezahlen. Aber diese Wahrheit ist nur angesichts materieller Transaktionen leicht zu finden. Sobald es um Gefühle geht, um Liebe, Verständnis, Interesse, verschwimmen die Grenzen. Dann erkennen viele zu spät, dass ihre Bemühungen zwar gerne konsumiert wurden, jedoch keineswegs ähnliche Aufmerksamkeiten und Liebesbezeugungen in das Gegenüber implantiert haben.

Eine Ärztin hatte zehn Jahre lang einen Maler durchgefüttert, der kaum je ein Bild verkaufte. Sie zahlte die Miete, den Urlaub, die Farben, das Essen und schwärmte vor ihren Freundinnen, wie schön es sei, mit einem Künstler zu leben, der viel Zeit habe und am Abend noch die Kraft und die Ideen, was man gemeinsam unternehmen könne.

Nach zehn Jahren wollte die Ärztin ein Kind. Der Maler sagte, er fühle sich dazu nicht in der Lage. Hausmann werde er niemals sein, das gehe gar nicht, denn er sei kurz vor einem künstlerischen Durchbruch, er müsse frei sein. »Ich bin jetzt zehn Jahre für dich da gewesen, du kannst mir das doch nicht abschlagen!« – »Ich will keine Kinder in diese Welt setzen!«

Eine Freundin riet ihr, doch einfach schwanger zu werden; auch verweigernde Männer würden oft ordentliche Väter. Aber sie wollte ihre

38 Vgl. W. Schmidbauer, Kassandras Schleier. Das Drama der hochbegabten Frau. Zürich 1913. In diesem Buch wird ein Sonderfall dieser Dynamik untersucht: die Überzeugung der hochintelligenten, aber selbstunsicheren Partnerinnen und Partner, die überzeugt sind, ihr Gegenüber »könnte, wenn er nur wollte« ebenso viel, ja mehr als sie leisten.

Familie nicht auf eine Notlüge bauen. Sie verzichtete auf ihren Wunsch und erkrankte an einer Depression.

Sie trennte sich von ihm, als sie entdeckte, dass er sie mit einer anderen Frau betrog. Er wohnte schon bei der neuen Freundin, als er immer wieder, begleitet von zermürbenden Auseinandersetzungen, zu ihr zurückkehren wollte. Er schwärmte, wie schön sie es gehabt hätten und was sie jetzt wegwerfe. Die Geliebte könne ihr nicht das Wasser reichen, es sei nur eine Spielerei gewesen, um sich über ihre Vorwürfe zu trösten, dass er ihr kein Kind machen wolle. Er beklagte ihre Kälte. Sie sei nicht mehr so liebevoll wie früher, sie habe sich durch die Therapie sehr zu ihrem Nachteil verändert – ob wohl alle Therapeuten die Menschen zu Egoisten machen? –, wenn sie gehe, sei sein Leben sinnlos. »Vor allem«, platzte sie irgendwann heraus, »musst du dann für dich selber sorgen und kannst nicht mehr anderen auf der Tasche liegen!«

»Ich hätte nicht gedacht, dass du so spießig sein kannst!«, sagte er empört. Seither rief er nicht mehr an und bat nicht mehr um eine Aussprache.

Die Förderung eines mittellosen Künstlers kann ein stabiles Liebesritual sein, wenn die Asymmetrie von beiden Partnern akzeptiert wird und nicht eine heimliche Rechnung entsteht, wonach sich durch diese Asymmetrie ein Recht auf die Forderung aufbaut, irgendwann doch wieder Symmetrie herzustellen. Wer einen Kredit gibt, muss einen Vertrag machen; er darf nicht so tun, als sei es eine Schenkung, die ihm irgendwann zurückgeschenkt werden muss.

Die Ärztin glaubte, ihre Geschenke würden einen Partner erzeugen, der ebenso bereitwillig auf ihre Bedürfnisse eingehen werde wie sie auf die seinen. Aber die Substanz der Liebesbeziehung war ein asymmetrisches Ritual. Ihr Streben, es in ein symmetrisches zu verwandeln, führte nicht zu einer Weiterentwicklung der Liebesbeziehung. Am Ende hätten beide wissen können, mit wem sie es zu tun hatten. Es gelang aber nicht, die Beziehung auf dieser Basis fortzuführen.

Wer in chronischen Spannungen mit einem Partner lebt, empfindet es besonders schmerzlich: Während im Zusammensein mit dem eigentlich liebsten und nächsten Menschen der Welt muffige Miene und formelle Höflichkeit das Feld beherrschen, blüht der Partner auf, strahlt Wärme und Witz aus, wenn Besuch kommt oder jemand am Telefon ist – belanglose Kontakte, die weit liebevoller behandelt werden.

Solche Beobachtungen belegen den Unterschied zwischen oberflächlichen Ritualen und solchen, deren Intention es ist, in die Tiefe zu gehen. Während wir bei belanglosen Bekanntschaften die Oberfläche achten und freundlich mit ihr umgehen, wurzeln viele Spannungen darin, dass wir – um das eigene Ritual zu gestalten – die Oberfläche des Partners nicht respektieren. Wir versuchen, sie zu durchdringen, um endlich – uns selbst zu finden.

Die Ärztin konnte so lange ihr Ritual mit dem Maler als eine gemeinsame Gestalt erleben, wie sich nichts ihrer Vision entgegenstellte. Sie war überzeugt, er werde sie unterstützen, wenn sie das gemeinsame Ritual weiterentwickle. Ihr schien diese Entwicklung ganz normal, ihr gutes Recht, sie war so sicher, dass er einverstanden sei, dass sie vergaß, ihn zu fragen. Hatte sie ihn nicht in seinen Visionen gefördert, ein großer Künstler zu werden? Musste er nicht ihre harmlosere, viel mehr in der gemeinsamen Erotik wurzelnde Vision mittragen, Mutter zu sein?

Diese nicht diskutierten, oft nicht einmal bewussten Erwartungen an die Entwicklung eines Rituals greifen nach Traditionen, ohne sich zu vergewissern, ob diese auch den Partner geprägt haben.

Jedes moderne Individuum ist im Prinzip ein Gemisch aus Identifizierungen und Gegenidentifizierungen, konkreter: aus Bildern, die als tragfähig, als gültig verinnerlicht wurden, und aus Bildern, die negativ fixiert sind: »Ich will nie eine Hausfrau sein wie meine Mutter, alle Hausfrauen sind unglücklich!« »Ich will nie ein Angestellter werden, der sich für Frau und Kinder in den Herzinfarkt treibt!«

Das Ritual erspart anfangs der Ärztin, sich mit ihrer Angst zu beschäftigen, Hausfrau zu werden. Sie hat sich nicht nur keinen wirtschaftlich erfolgreichen Mann als potenziellen Vater ihrer Kinder ausgesucht, sondern einen von ihr abhängigen wirtschaftlichen Versager. Sie unterstützt den Maler in seiner Gegenidentifizierung und kann darin ihre mütterlichen Qualitäten entwickeln, ohne fürchten zu müssen, wie ihre eigene Mutter in depressive Abhängigkeit von einem desinteressierten Ehemann zu geraten.

Ob solche Rituale entwicklungsfähig sind oder unter dem Druck von Veränderungsversuchen zusammenbrechen, hängt davon ab, wie viel Angst die Veränderung auslöst. Nun entspricht die Angst, die in einem Paar entsteht, nicht der Summe der in den Partnern ausgelösten Ängste. Sie ist auch ein Zeichen dafür, wie gut sich die Partner in der Verarbeitung ihrer Ängste unterstützen können.

Die individuellen Komponenten der angstmindernden Rituale bei einem Paar sind Projektion der Angstquelle auf der einen Seite, Annehmen der eigenen Bereitschaft, den Partner zu ängstigen, auf der anderen Seite. Solange die Ärztin überzeugt ist, etwas ganz Normales zu wollen, während ihr Partner, dieser Egoist, dieses Normale verweigere, identifiziert sie ihn als Quelle der Störung und leugnet ihren eigenen Anteil daran.

Der Einwand liegt nahe, es gehe hier doch eher um Aggression aufgrund von frustrierten Wünschen als um Ängste. Das ist nicht falsch, aber ein tieferes Verständnis ergibt sich erst aus einer Untersuchung jener narzisstischen Ängste, die Erwartungen an den Partner fundieren.

Die Untersuchung der Wut führt uns quasi zu einem Überblick der Magmaflüsse und Eruptionen eines Vulkans, während die Untersuchung der Angst den Blick in die unterirdischen Strukturen ermöglicht. Sie verhilft uns zu einem Verständnis, welche Erdschollen und Gesteinsschichten zusammenstoßen und wo sich die Glut ihren Weg bahnen wird. Wie wesentlich das ist, zeigt die zentrale therapeutische Regel im Umgang mit der narzisstischen Wut Traumatisierter: Es geht darum, ihnen möglichst viel Sicherheit zu geben, ihre Ängste zu erkennen, sie zu beruhigen und vor weiteren Kränkungen zu schützen.

Das Ritual als Gebrauchsanweisung

Wer ein Gerät kauft, findet in der Verpackung ein Heft mit Instruktionen. Dort wird er ermahnt, diese *sorgfältig* zu lesen, ehe er den erworbenen Apparat gebraucht. Solche Anweisungen sind oft so umfangreich und schwer verständlich, dass der ungeduldige Leser beschließt, das Ding einzuschalten und auszuprobieren. Bedienungsfehler sind inzwischen die häufigste Ursache, wenn komplizierte Dinge einen falschen Weg einschlagen und sich nicht mehr von ihm abbringen lassen. Jede zweite wegen eines Defekts eingeschickte Kamera ist in Ordnung. Die Nutzer haben sie falsch bedient.

Rituale sind Gebrauchsanweisungen für Menschen. Sie entwickeln sich in jeder Beziehung, die über längere Zeit besteht und gelingt. Wenn wir Gebrauchsanweisungen für Menschen texten wollten, wäre das vielleicht ebenso schwülstig und dicht an der Banalität wie die trivialen Warnungen der Gebrauchsanweisungen, nicht mit ungeeignetem Werkzeug eine Reparatur zu versuchen, das Gehäuse nicht zu öffnen, es vor Nässe und hohen Temperaturen zu schützen, darauf zu achten, dass die Stromversorgung sichergestellt und der Apparat eingeschaltet ist. Vielleicht müssten wir sogar Sätze hinzufügen, die so selbstverständlich sind, dass sie in den Bedienungsanleitungen fehlen: Nicht fallen lassen! Bei Fehlfunktion nicht schütteln! Keine Gewalt!

Ein Mann und seine Frau haben Rituale für die Erotik, den gemeinsamen Urlaub, die Verteilung der Hausarbeit gefunden. Dann schlägt sie vor, dass er etwas mehr arbeitet und sie den Freiraum gewinnen, ein gemeinsames Kind zu versorgen. Er fügt sich diesem Wunsch, nicht, weil er sich ein Kind ebenso intensiv wünscht wie sie, sondern weil er ihrem Wunsch nicht im Weg stehen will. Sie wird schwanger. Sie hat gedacht, er werde ein begeisterter Vater, der sich ebenso engagiert wie sie um das Baby kümmert. Er hat gedacht: wenn es sie glücklich macht, finanziere ich die Familie wie ausgemacht. Aber sonst geht alles weiter wie bisher.

Jetzt beginnt sie ihn zu kritisieren. Er ist nicht der Vater, den sie sich vorgestellt hat. Das Baby und sie bekommen zu wenig Zuwendung, weil er so viel arbeitet und nachher so müde ist.

Es würde dieser Frau niemals einfallen, ein Bügeleisen zu benutzen, ohne die Zuleitung zu prüfen. Bei ihrem Partner fällt ihr der Bedienungsfehler nicht auf. In der Folge wird der Mann noch mehr arbeiten und noch weniger Kraft für seine Frau und das Baby haben. Diese wird nörgeln, dass er nicht für die Familie da ist, und hoffen, auf diesem Weg mehr Zuwendung zu bekommen wie jemand, der bei einem Gerät immer wieder Befehle eingibt, ohne sich um die Energieversorgung zu kümmern. Je kühler sie ihn behandelt, desto öfter verschwindet er in seine Arbeit, die ihn wärmt.

Zwischenmenschliche Bedienungsfehler sind deshalb so verbreitet, weil wir überzeugt sind, das Gerät zu kennen, um das es geht. Es trägt – wie wir auch – die fortschrittlichste Software an Sprachsteuerung in sich, das muss doch funktionieren. Wenn nicht, hilft vielleicht Anschreien, Drohen, Unterbrechen der Energieversorgung.

Es rächt sich nicht nur in Ehen, dass unsere Gebrauchsanweisung für Exemplare von Homo sapiens auf der Fantasie beruht, (1) wir *wüssten*, was in uns vorgeht, (2) diese Vorgänge seien mit denen in unserem Liebesobjekt *identisch* und (3) sie würden, wenn sich einmal ein Ritual etabliert hat, auch *für immer so bleiben.* Das junge Ich hat kurz nach dem Ausreifen des Stirnhirns diese Majestät des eigenen Bewusstseins geschaffen. Aus purer Neuroökonomie bleibt es dann dabei.

Die Größenfantasie, welche den Kern unseres Selbstgefühls bildet und von der wir nur ungern und unter großem Druck Teile preisgeben, ist extrem widerstandsfähig, als hätte unser Nervensystem nur ein einziges Mal die Kraft, ein bewusstes Ich zu entwerfen. Der Satz, schlimm am Alter sei, dass wir jung bleiben, hängt damit zusammen. Einmal konzipiert, verändert sich das Ich in seinen Grundstrukturen nicht mehr.

Es rächt sich an unseren eigenen Knochen und Sehnen, dass die Bedienungsanleitung für den eigenen Körper in der Zeit getextet wird, in der wir uns zwischen 16 und 20 Jahren selbst zum Begriff machen. Die meisten Verletzungen im Alltag älterer Menschen wurzeln darin, dass sie als Fußgänger, Sportler, Fahrer ihre Kraft und Reaktionsschnelligkeit überschätzen und mit einem inzwischen sehr viel weniger belastbaren Bewegungsapparat so umgehen, als gelte die erste Gebrauchsanweisung für immer.

Erotik durchdringt alle Beziehungen. Wenn die autoerotischen Rituale für widernatürlich erklärt werden, ist das im Grund eine Kampfansage gegen lustvolle Orientierungen. Ohne Lustfeindlichkeit keine Krieger. Bis heute ist der militärische Drill die Antithese zu Bequemlichkeit in jeder ihrer Formen. Sobald Sex nur zum Zweck der Fortpflanzung für sinnvoll, »natürlich«, würdevoll und »gut« gehalten wird, sind die meisten Formen der Lust verboten. Der Mensch funktioniert dann schlechter, was sein Wohlergehen betrifft, aber besser als Werkzeug kultureller Normen.

Naturforscher wie Freud haben die Vielfalt der Erotik entdeckt. Aber erst der Blick auf die kulturelle Evolution[39] deckt auch die Gründe

---

39 In dem 1972 erschienenen Buch »Die so genannte Aggression. Die kulturelle Evolution und das Böse« (Hamburg: Hoffmann und Campe) und ein Jahr später in »Biologie und Ideologie« im gleichen Verlag erläutere ich diese Dynamik der kulturellen Evolution. Sie hat beim Menschen seit der Altsteinzeit die biologische abgelöst und produziert Phänokopien biologischer Formen. Ein wesentlicher Gesichtspunkt ist die große Bedeutung der Entdeckung des Monotheismus für Spaltungsprozesse und eine dem Polytheismus fremde Form der radikalen Aggression, dem »heiligen Krieg«. Diese These ist in den letzten Jahren angesichts des fundamentalistischen Terrorismus

auf, die zur Unterdrückung des vielgestaltigen Beginns der (auto)erotischen Rituale nötigen. Indem Ängste gegen die erotischen Bedürfnisse geweckt werden, unterwerfen sich Menschen eher den Forderungen der Kultur. Die Entwicklungsmöglichkeiten erotischer Rituale werden künstlich verengt.

Auch die in den jüdisch-christlichen Traditionen steckenden Antipathien gegen die rituelle Homosexualität der Priester werden im 18. Jahrhundert als »Naturgesetz« rationalisiert: Jede nicht auf Fortpflanzung bezogene Erotik ist »widernatürlich«. Sie wird verboten und bestraft. Bis heute verbeugen sich Generationen von akademischen Philosophen ehrfürchtig vor Kant. Sie quittieren seine Torheiten in Bezug auf die Erotik mit mildem Kopfschütteln.

Das erotische Ritual der Selbstbefriedigung wird im Regelfall während der Adoleszenz durch partnerbezogene Rituale ergänzt. Bei Erwachsenen kann eine auf den Sexualpartner bezogene Erotik gänzlich an seine Stelle treten. Zu zweit werden Ängste wirkungsvoller bekämpft. Die sozialen Komponenten der Erotik bleiben in der Selbstbefriedigung auf Fantasien beschränkt, die kraftloser sind als das Mitschwingen eines Partners[40].

Weil im sexuellen Ritual Angst bewältigt wird, fliehen Paare manchmal in solche Rituale wie in eine Zufluchtsstätte, die sie nur unter erneuter, oft heftiger Angst verlassen können.

Weil sie das Schnarchen ihres Ehemanns nicht mehr erträgt, besteht die 71-Jährige auf getrennten Schlafzimmern. Ihr 75-jähriger Partner erkrankt an einer Depression. Erst durch geduldiges Nachfragen erfährt der vom Hausarzt zugezogene Psychotherapeut die Ursache: Die beiden haben seit vielen Jahren immer morgens, wenn er erwacht und sich einsam fühlt, sexuellen Verkehr. Er hat die Aufkündigung des gemeinsamen Schlafzimmers durch seine Frau als Absage an dieses Ritual ver-

---

neu entdeckt worden. Vgl. etwa Jan Assmann, Monotheismus und die Sprache der Gewalt. Wien 2006.

40 Das in zivilisierten Ländern als »pervers« geltende exhibitionistische Ritual erwachsener Männer wird wohl deshalb bestraft, weil es den Zuschauern Angst einflößt. Die angedeutete oder auch vollzogene Selbstbefriedigung von Frauen löst kaum Ängste aus. Sie wird im Tabledance zum Wirtschaftsfaktor, im Bauchtanz zu einem traditionsreichen erotischen Ritual, das sowohl unter Frauen wie auch vor Männern spielen kann.

standen und scheute sich, diesen Grund für sein auch ihr deutliches Widerstreben zu erwähnen. Als sie seine oberflächlichen Einwände (»wir haben das doch schon immer gemacht, und was denken die Leute?«) entkräftete, resignierte er. In der Folge verstand sie seinen Rückzug als beleidigten Vorwurf; er hingegen war überzeugt, dass sie ihn nicht mehr attraktiv fände. Die Paartherapie kam zu einem schnellen Ende, als er ihr gestand, was ihm fehle, und sie erwiderte, ihr fehle das vertraute erotische Ritual auch. Sie habe so manchen Morgen gewartet, ob er sie nicht besuchen wolle, und ihrerseits geglaubt, er interessiere sich nicht mehr für sie.

Flucht und Vermeidung sind die elementaren Reaktionen auf Angst. Erst in einem zweiten Schritt entschließen wir uns in der Regel zum Angriff, wenn wir einem nicht vertrauten Reiz begegnen. Das ist biologisch sinnvoll, denn der Organismus ist anfangs wenig belastbar, kann sich nicht gut wehren und mit Angreifern fertig werden. Die ältere und mächtigere Reaktion auf Angst ist es, in die Gruppe hinein, zu den Erwachsenen zu fliehen. Von Erfahrenen unterrichtet, von Stärkeren beschützt, können wir uns dann mit der Gefahr beschäftigen.

Die sexuellen Rituale entfalten sich zwischen zwei Angst-Polen. Auf der einen Seite steht die Angst, den vertrauten Partner zu verlieren. Die andere Seite prägt die Angst, die Potenz einzubüßen, welche den Erwachsenen davor bewahrt, wieder so schutzbedürftig und abhängig zu werden wie das Kind, das er einmal war. Er ist dann nicht vom Liebesobjekt abhängig, sondern vom Potenzbeweis. Er muss unterdrückte kindliche Ängste austilgen, ehe sie ihn überwältigen.

Die symbiotischen Ursprünge der modernen Liebesrituale erkennt man daran, dass in diesem Anfangsritual jeder Partner seinem Gegenüber die eigenen Stärken wie selbstverständlich unterstellt.

Sexuelle Versöhnung

Die den Bonobo-Schimpansen zugeschriebene Fähigkeit, fast alle sozialen Konflikte durch ein Paarungsritual zu entschärfen, ist dem Menschen nah und dann doch wieder sehr fern. Sexuelle Aktivität, vollzogen, in der Fantasie, selbst als Symbol, als Amulett ist ein Schutz vor dem »Bösen«. Dieses Böse ist, wie wir erfahren haben, die Angst vor den Gefahren von Ohnmacht und Einsamkeit.

In dem heute obsoleten Scheidungsrecht, das sich am Schuldprinzip und nicht an der Zerrüttung einer Ehe orientierte, galt ein bekannt gewordener Seitensprung als »verziehen«, wenn die Partner nachher wieder verkehrt hatten. Sie waren nun *versöhnt*. Man könnte von einem Bonobo-Prinzip in der Jurisprudenz sprechen.

Waltraud wird von ihrer Mutter gleich nach der Geburt im Jahr 1939 ihrer Großmutter anvertraut; die Mutter will an der Seite ihres Ehemanns leben, eines Berufsoffiziers der Wehrmacht, und ihr Prestige genießen. Nach 1945 findet sich die Familie in beengten Verhältnissen, der Vater ist alkoholkrank und stirbt bald, Mutter und Großmutter zanken ständig.

Waltraud wächst zu einer Schönheit heran und heiratet Robert, einen Pastor aus guter Familie, der ihr verheimlicht, dass er unter Angstzuständen leidet und überzeugt ist, ohne Alkohol könne er seine beruflichen Aufgaben nicht erfüllen. Sie haben ein Kind; Waltraud kümmert sich intensiv um ihren Partner. Sie verfasst ihm seine Predigten, wenn er am Samstag zitternd vor dem leeren Blatt sitzt und überzeugt ist, er sei ein Hochstapler.

Während eines Betriebsausflugs mit dem Gemeindevorstand schäkert Robert mit einer Sekretärin. Er erzählt nachher Waltraud, dass da auch mehr gegangen wäre. Waltraud reagiert mit heftigen Vorwürfen. Sie fordert von Robert, sofort bei dieser Frau anzurufen und ihr zu sagen, er sei ein verheirateter Mann, müsse jede Nachrede vermeiden und fordere sie auf, das zu respektieren. Robert ist das peinlich, es ist ja gar nichts gewesen.

Waltraud zieht sich sexuell von ihm zurück. Sie wisse ja nicht, ob er nicht an die andere denke. Sie bewacht Robert unablässig und verzichtet auf die Städtereisen mit ihren Freundinnen, die ihr viel Freude gemacht haben. Robert bleibt am liebsten zu Hause, sie auch. Er fährt am liebsten immer in die gleiche Pension im Schwarzwald, sie auch. Er wandert gerne, sie auch.

Waltraut kam nicht wegen dieser sexuellen Leere in ihrer Ehe in Behandlung, sondern wegen der Konflikte mit ihrer Schwiegertochter, welche Waltrauds großmütterliche Bevormundung nicht duldete. Sie konnte sich eingestehen, dass ihr Sohn und diese Frau eine glücklichere Ehe führten als sie und Robert, aber es war für sie undenkbar, sich Robert wieder anzunähern.

Roberts Geschichte vom Flirt mit der Sekretärin sollte Waltraud beeindrucken und ihre Bewunderung für seine phallischen Möglichkeiten ebenso wecken wie ihre Anerkennung dafür, dass er ihr zuliebe auf das »mehr« verzichtet hatte. Er ging davon aus, dass Waltraud seinen Flirt genauso spielerisch erleben würde, wie er das getan hatte. Für Waltraud aber beschwor die Szene mit der Sekretärin Erinnerungen an ihre Mutter, die über den unzuverlässigen Vater geklagt hatte. Im Hintergrund spielten noch die Verlusterlebnisse und die Wut auf die Mutter eine Rolle, welche den später entwerteten Vater wichtiger genommen hatte als das Kind.

Sexualität schlechthin löste seit der »Untreue« Roberts bei Waltraud Ängste aus, welche der ebenfalls verängstigte Robert nicht mit ihr verarbeiten konnte. So blieb nur der Kompromiss, das gefährliche Gebiet wie ein Minenfeld zu umzäunen und es nie wieder zu betreten. Robert benötigte Waltraud als schützende, mütterliche Figur und opferte die gemeinsame Erotik, um sie nicht zu verlieren.

Verlustängste können dazu führen, dass ein sexuelles Ritual durch ein Ritual der Sexualvermeidung ersetzt wird, dem die Partner eine höhere Bindungskraft zuschreiben. Dieser Prozess lässt sich in die Tendenz einordnen, sexuelle Rituale durch Rituale der Leistung zu ersetzen. Sexualität zu *unterdrücken* erfordert *ständige* Wachsamkeit, während die zugelassene Erotik auf einem *zyklischen* Geschehen beruht. Sie schwankt in ihrer Bedeutung für das Ich, ist vor der Befriedigung ein stärkeres Motiv als nach ihr.

Die entschiedene Hingabe an das erotische Ritual schafft ihren eigenen sicheren Ort durch Selbstvergessenheit. Unentschiedene Hingabe hingegen ist darauf angewiesen, dass der Rahmen erst einmal geprüft und als sicher befunden wird. So können sich Differenzen in Paaren ausbilden und Rituale gerade dann ändern, wenn ein Beteiligter glaubt, sie müssten sich gefestigt haben.

Gegen die Welt oder in die Welt?

Für die Entwicklung erotischer Rituale gilt das neurophysiologische Grundgesetz, dass sich zweckmäßiges Geschehen nicht aus einem Ruhezustand heraus bildet, sondern aus chaotischer Bewegung. Das Kind erlernt den gezielten Griff nach dem Becher nicht, indem es vorsichtig nach ihm greift, sondern durch gezielte Hemmung ungeeigneter Abläufe. Diese Prozesse spiegeln sich neuronal; das Nervensystem reift, indem es die ungeeigneten Verbindungen unterdrückt, bis die »richtigen« übrig bleiben.

Freuds Modell der Sexualentwicklung, wonach sich ein beim kleinen Kind polymorph-perverses Geschehen dem Vorrang der Genitalität unterordnet, passt zu diesem Ablauf. Ein wichtiger Organisator ist die Identifizierung mit den primären Bezugspersonen.

Freud hat diesen Vorgang vereinfacht. Nicht die Person des Vaters oder der Mutter ist der Gegenstand, mit dem sich das Kind identifiziert, sondern es sind die *Rituale* zwischen den primären Objekten. Das Kind erlebt Mutter und Vater fast immer in Beziehungen, entweder zu ihm oder untereinander bzw. zu den Geschwistern. Diese sind der eigentliche Inhalt der Introjektionen, welche das Kind aufnimmt. Aus ihnen bauen sich Gestalten auf, wachsen positive Vorbilder, die in das Eigene aufgenommen und nicht weiter reflektiert werden, aber auch negative Vorbilder, die energisch beobachtet, kontrolliert und vermieden werden müssen.

Ganz ähnlich ist auch die Entwicklung der Sexualität nur zum Teil ein individuelles Geschehen. Was die Einzelnen aus dem Angebot der vielgestaltigen, frühen Bedürfnisbefriedigung beibehalten und weiterentwickeln, ist schon in Autoerotik und Selbstbefriedigung geistig auf die Wechselwirkung mit anderen bezogen. Noch viel ausgeprägter gilt das für die erotischen Rituale: In ihnen können sich verschüttete frühe »Perversionen«, über die das Individuum gar nicht mehr zu verfügen glaubte, neu beleben, weil nun auf einmal ein Angebot vom Gegenüber kommt, das die schattenhafte Form belebt wie das Blutopfer die Seelen im Hades.

Während ein Partner es aufregend findet, Sex an halb öffentlichen Plätzen zu praktizieren, und ihn die Gefahr erregt, ertappt zu werden, findet sein Gegenüber solche Rituale nur peinlich. Erotik soll geheim bleiben. Die Voyeure müssen leer ausgehen. Ähnlich offensiv oder vermeidend gehen Paare mit den Geräuschen um, die sie im Liebesakt produzieren: »Niemand darf etwas hören!« »Es ist egal, ob jemand was hört oder nicht!« »Wir wollen doch zeigen, wie leidenschaftlich es bei uns zugeht!«

In der Nachkriegszeit gab es zu Hause keine Dusche. Ich lernte sie erst kennen, als ich die Krankenschwesternausbildung machte. Seit ich mit

neunzehn entdeckt hatte, dass ich einen Orgasmus bekomme, wenn ich
den Duschstrahl auf meine Klitoris richte, habe ich das immer gemacht,
wenn ich irgendwo war, wo die Duschen richtig gut funktionierten, in
Hotels beispielsweise, wenn ich allein war. Wenn ich bemerkte, das Wasser
hier hat einen guten Druck, war ich schon erregt. Seit ich vierzig bin, ist
das anders. Ich spüre da nicht mehr genug, oder ich ziehe die Erotik mit
meinem Partner vor, ich habe es anfangs gar nicht bemerkt, dass sich da
etwas verändert hat, und irgendwann habe ich sogar probiert, ob es mit
der Dusche noch so gut funktioniert, aber es hat viel länger gedauert und
war eigentlich eher anstrengend.

Die auf den Partner bezogene Erotik bleibt länger erhalten als die Rituale der Selbstbefriedigung. Im reiferen Leben erreicht die Sexualität zu zweit ungleich höhere Grade der Erregung und der Spannungslösung; sie führt auch zu einer mehrere Stunden anhaltenden Erschlaffung, während der masturbatorische Akt der jungen Erwachsenen schon nach kurzer Zeit wiederholt werden kann.

Da der Orgasmus so viel Macht über die Psyche gewinnen kann, streben Menschen nach Macht über den Orgasmus. Aber je intensiver er erlebt wird, desto weniger lässt er sich kontrollieren. Begehrt ist die Macht über den Orgasmus des Partners. Frauen und manchmal auch Männer berichten, dass sie diese Macht so hoch einschätzen, dass der Orgasmus des Gegenübers wichtiger ist als der eigene. In extremen Fällen ist es ein Triumph, seinen/ihren Orgasmus herbeizuführen und auf den eigenen zu verzichten.

Frauen klagen über Männer, die zu schnell fertig sind, ebenso wie über Männer, die einfach nicht fertig werden wollen, sich immer weiter plagen und heftige Lustbekundungen erwarten. Sie berichten verwundert, dass sie den Sex mit A., der sie nie zum Orgasmus bringt, besser finden als den mit B., der das zuwege bringt. Gespielte Orgasmen gehen über in reale.

Das unerschöpfliche Rätsel der Erotik liegt im Durchlässigwerden für das Fremde, ohne von ihm unterbrochen oder irritiert zu werden. Die erotische Qualität der Musik spiegelt sich nicht nur im Rhythmus, der den Rhythmus der Liebeserregung wiederholt, sondern auch in der Art des Zusammenspiels, in der doch auch unterschiedliche Instrumente die Melodie aufgreifen und loslassen. Wenn das eine Instrument den Atem verliert, wenn es nichts Schöpferisches mehr beizusteuern weiß und sein Klang beginnt, den Hörer zu ermüden, tritt ein anderes an seine Stelle.

Auch Instrumente können einander bekämpfen und versuchen, Laut und Melodie des Rivalen zu unterdrücken. Manchmal verwenden Komponisten diesen Kunstgriff, um besondere Situationen darzustellen. Auch ein Duett von Sängern, in dem sich zwei Stimmen anregen, durchdringen, steigern, ergänzen, die Spannung auch in Atempausen halten, illustriert die Möglichkeiten der gegenseitigen Steigerung im Liebesritual.

Liebende improvisieren, Sänger haben Noten. Ein Komponist hat das Duett vorbereitet. Manchmal sprechen sich auch Liebende ab und komponieren erotische Menüs. Aber es kann gekünstelt wirken, sich an Pläne und Regeln zu halten. Auch hier lässt sich der idealtypische Gegensatz von Ritual und Zwang beobachten. Das Ritual schützt Freiräume und erweitert Befriedigungsmöglichkeiten, indem es Spontaneität ordnet, lustvolle Erfahrungen festhält, unlustvolle meiden hilft.

Der Zwang hingegen schützt vor heftiger Angst und engt Freiräume ein; er muss eine feste Gestalt behalten, meidet kreative Veränderungen und gehorcht ganz dem Gesetz des kleineren Übels: Gegenüber dem Schmerz und der Panik, die das Ich plagen, wenn es dem Zwangsimpuls nicht nachgibt, ist die leere Wiederholung allemal das kleinere Übel.

Das pornografische Ritual

Wenn Rhesusaffen ohne engen Körperkontakt mit der Mutter aufwachsen, werden aus ihnen so schlechte Liebhaber, dass sie sich in freier Natur nicht fortpflanzen können. Die Versuche von Harry Harlow haben eindeutig gezeigt, dass Primaten ihre erotischen Rituale nicht wie andere Wirbeltiere instinktsicher beherrschen, sondern sie lernen müssen. Dazu benötigen sie günstige Bedingungen. Unser erotisches Schicksal beginnt nicht erst, wenn wir als Erwachsene unsere ersten Liebesentscheidungen treffen.

Die Grundlage unserer erotischen Rituale ist das im Umgang mit den frühen Bezugspersonen erworbene Vertrauen, dass Körperkontakt angenehm ist und Sicherheit gibt. Aber selbst wenn er dieses Vertrauen gut genug ausbilden konnte, mischen sich beim jungen Menschen viele Ängste in die Neugier, mit der er ausziehen möchte, um die erotische Wildnis zu erforschen. In sie projiziert er ein Kaleidoskop von Erwartungen. Je höher die Glückserwartung, desto gefährlicher die Niederlage. Wird sich das Selbstgefühl ausweiten, gewissermaßen verdoppeln? Wer das hofft, muss bei einem Fehlschlag auch die Vernichtung fürchten.

Mit der sexuellen Reife erreicht die Intelligenzentwicklung ihren Höhepunkt. In den Testuntersuchungen ist – ähnlich wie im Turnen – der Gipfel der geistigen Leistungsfähigkeit mit 14 Jahren erreicht; so rapide und gründlich wie in diesem Alter erwerben wir neue Fertigkeiten später nicht mehr. Ein Zufall ist das nicht. Die sexuellen Rituale stellen höchste Forderungen an Körper und Geist. Jungfrau und Jungmann wissen nichts über die Liebe. Aber sie lernen schnell: Romeo und Julia, das Liebespaar des modernen Mythos, verbrachten eine Nacht zusammen. Julia war 14 Jahre alt.

In der geistigen Verarbeitung des sexuellen Erlebens streben wir nach Sicherheit angesichts des riesigen Unbekannten. Wir wollen möglichst viel genau wissen, obwohl Wissen und Kontrolle der Hingabe an die Lust eher im Weg stehen als sie zu fördern. Nur ausnahmsweise sind deshalb die ersten sexuellen Erfahrungen *nicht* enttäuschend, obwohl das angesichts der hohen Bedeutung des glückenden erotischen Rituals von vielen Beteiligten verschwiegen wird.

Unter den Lebensbedingungen der altsteinzeitlichen Jäger- oder der tropischen Pflanzer-Kulturen beobachten von ihren Müttern gestillte und umsorgte Kinder neugierig das halb verborgen ablaufende Sexualleben der Erwachsenen. Nach den ethnografischen Berichten ist ein Streben der Liebespaare, sich diskret in den Busch zurückzuziehen oder die Dunkelheit abzuwarten, ebenso verbreitet wie eine nicht sanktionierte Neugier der Kinder herauszufinden, was denn die Erwachsenen so treiben. Ähnlich unbefangen werden kopulierende Tiere beobachtet.

In den Zivilisationen gehört eine stärkere Ausbildung von Schamschranken zu den »normalen« Entwicklungsanforderungen. Das Erziehungsziel in der bürgerlichen Gesellschaft wurde eine große Unwissenheit der »unschuldigen« Kinder und manchmal auch der Jungfrauen. Sie sollten wegschauen, wo sich Tiere paarten, und durften nicht verstehen, was zwischen den Eltern im Schlafzimmer geschah.

Die Beobachtung des elterlichen Verkehrs, in schriftlosen Kulturen die normale Form der Sexualaufklärung, wurde im 19. Jahrhundert zur traumatischen Erfahrung. Das ist eine sich selbst erfüllende These.

Wenn die Eltern wütend oder ängstlich auf die kindliche Anteilnahme an ihrem erotischen Ritual reagieren, wird dieses Ritual das Kind tatsächlich belasten. Es wird versuchen, entsprechende Erinnerungen zu löschen. Der Analytiker findet dann Patienten, die überzeugt sind, ihre Eltern hätten nicht öfter miteinander verkehrt, als zur Zeugung der Geschwister nötig war[41].

Die Schamaffekte der Eltern werden vom Kind in das eigene Erleben aufgenommen und später auf den möglichen Sexualpartner projiziert. Wenn kopulierende Hunde widerlich sind, das Kind auf keinen Fall fragen soll, was denn die Kuh beim Stier macht, der Großvater die brünstige Kuh schlägt, werden diese Affekte mit Erotik verknüpft. Sie können die Sexualforschung des Kindes selten ganz hemmen, aber sie engen sie ein und machen sie zu einem einsamen Unternehmen.

Neulich las ich von einer Mutter, die vor einem Geschäft parkt, um einzukaufen. Auf dem Rücksitz wartet ihr neunjähriger Sohn, der beim gemeinsamen Fernsehen der Familie die Augen zumacht oder sich angewidert abwendet, wenn geküsst wird. Er hat »Erotikfilme« auf einem Schaufenster gelesen. »Was ist das, Erotikfilme?«, erkundigt er sich bei der Mutter. Sie stammelt, will ihn nicht anlügen, aber auch nicht plump seine Unschuld trüben. »Das sind Filme, äh, wo Erwachsene, ja, sie sind nackt, wenn die sich küssen und …«– »Ach so«, tönt es vom Rücksitz, »dasselbe wie Pornos!« Heute haben die Freunde der ersten Schuljahre derlei auf ihr Smartphone geladen.

In früheren Generationen war es üblich, Sex zuerst in natura kennenzulernen und erst danach – wenn überhaupt jemals – in pornografischer Inszenierung. Heute ist es umgekehrt: Die Fickbilder sind so universell, dass sich die meisten Kinder schon gegen sie abgehärtet haben, ehe sie am eigenen Leib erfahren, worum es da geht.

Die Mutter eines 17-Jährigen berichtet: Die Gymnasialklasse ihres Jungen war mit dem Deutschlehrer in einer Faust-Inszenierung der städtischen Bühne. Eine »moderne« Aufführung mit Kopulationen und Kindsmissbrauch auf offener Bühne. Der Lehrer nachher etwas bleich. Ihr Sohn gefasst, voll ironischer Bemerkungen über seinen besten Freund Charly, einen 194 cm großen Basketballspieler in der Schulmannschaft, der in einer Vegetarier-Familie ohne Computer und Smart-

---

41 Es ist für das Entstehen dieser Fantasie gleichgültig, ob die Eltern in einer Klosterschule oder in einer Studenten-WG der 68er-Zeit sozialisiert wurden.

phone aufwächst. Charly sei nach dem Stück total fertig gewesen. Er kotzte und wollte nach Hause.

Der pornografische Mythos ist die Machbarkeit der Erotik durch die Funktion wie Zylinder und Kolben in einem Motor. Aber Funktionen sichern keine Gefühle; Sexualorgane funktionieren in der Regel erst, wenn die Gefühle passen. Gefühle aber werden in der Pornografie nur sehr unvollständig transportiert.

Porne ist das griechische Wort für Hure – Hurenbeschreibung wäre die Übersetzung von Pornografie. Den Ausdruck hat nach einer bei einem antiken Autor dokumentierten Vorlage 1830 Karl Otfried Müller geprägt, ein Archäologe, der an den Ausgrabungen in Pompeji beteiligt war. Die mit einem klassizistisch geprägten Bild der Antike voll edler Einfalt und stiller Größe ausgerüsteten Archäologen waren schockiert, als sie die obszönen Darstellungen entdeckten, die ein Bordell schmückten.

Seit Entdeckung der Fotografie gibt es auch kommerzielle, industriell produzierte Pornografie. Film und elektronische Medien haben das Geschäft intensiviert; gegenwärtig wird der Umsatz der Porno-Industrie auf zwanzig Milliarden Dollar geschätzt.

Die Zahl der entsprechenden Bildkonserven geht in die Millionen. Dieser Vielzahl entspricht sehr wenig Vielfalt. Das Porno-Ritual ist gleichförmig. Nach einer wissenschaftlichen Zählung beginnt die Sache mit Oralsex durch Frauen an Männern (90 %), gefolgt von Vaginalsex (86 %) und endet mit einem Samenerguss, der in 98 Prozent der ausgewerteten Videos nicht in die Scheide erfolgt. In etwa der Hälfte der pornografischen Rituale kommen anale Penetration der Frau (56 %), Oralsex durch Männer an Frauen (53 %) und anale Stimulationen durch Zunge und Lippen (41 %) vor[42].

Im Gegensatz zu den relativ starren Grundzügen pornografischer Rituale sind die Ausschmückungen bunt. Die pornografische Fantasie siedelt in jedem sozialen Rahmen – die Sekretärin mit dem Chef, die Mutter mit dem Schulleiter, die Hausfrau mit dem Handwerker. Auch wie die Darsteller beschaffen sind, kann man wählen: jung oder alt,

---

42 R. J. Wosnitzer, A. J. Bridges: Aggression and sexual behavior in best-selling pornography: A content analysis update. Paper presented at the 57th Annual Meeting of the International Communication Association. San Francisco 2007. Dies.: The Social Organization of Sexuality, 1994

schwarz, gelb oder weiß, blond, rot und dunkel, dick oder dünn, haarig oder rasiert. Es gibt Slang-Ausdrücke, die ein wenig Recherche verlangen, etwa Sahnetorte (cream pie) für Ejakulat, das aus der Scheide quillt.

Die Inhaltsanalyse kommerziell erfolgreicher Pornografie ist einfacher zu haben als das Wissen über den Einfluss auf die tatsächlich praktizierten sexuellen Rituale. Frauen werden ebenfalls durch pornografische Bilder erregt. Aber sie sind wählerischer. Männer konsumieren die Bilder, Frauen bewerten sie.

Das spiegelt sich auch in der Literatur. Es gibt feministische Texte, welche Pornografie verdammen, ebenso wie andere, die ein unverkrampftes Verhältnis fordern und vorschlagen, eine spezielle Pornografie für Frauen zu entwickeln. Gegenwärtig ist das Gebiet inhaltlich und kommerziell von Männern dominiert. Sie stellen rund 90 Prozent der Käufer und Nutzer.

In dem pornografischen Standard-Ritual dominieren männliche Wünsche. Sie richten sich vor allem auf die Abwehr von Ängsten, dass Frauen Penis und Samen ignorieren könnten. Der erigierte Penis ist die Weltachse, dessen Produkte nicht (wie im entspannten Koitus) ungesehen verschwinden, sondern dramatisch zur Schau gestellt werden. In dieser rituellen Fixierung auf das Ejakulat unterscheidet sich die pornografische Erotik grundsätzlich von der realen. Hier wird deutlich, welche Kunstwelt sie schafft und welche Abwehrfunktionen diese erfüllt.

Die schlaflose Frau

»Ich bin so gestört, so geht es nicht weiter. Ich gehe abends einfach nicht ins Bett, mit allen möglichen Ausreden, etwa dass ich noch eine rauchen muss, dass ich noch was lesen muss – ich kann mich einfach nicht dazu zwingen und verstehe nicht, warum. Ich bin extrem müde und sage mir immer: Du schadest dir, du machst dich kaputt, du wirst morgen nicht arbeiten können, was bist du nur für eine blöde Kuh, dass du nicht das einzig Richtige tust und endlich ins Bett gehst! Aber ich schaffe es einfach nicht, das zu tun. Ich schade mir selber. Ich tue mir Gift in den Körper. Ich frage mich, warum tust du das? Aber ich bin die Meisterin im Verdrängen. Ich sage mir, ich will nicht mehr an den Lungenkrebs denken, und dann denke ich auch nicht mehr daran.«

»Und wann hat das angefangen?«

»Angefangen hat es eigentlich schon, als ich schwanger wurde. Aber ich habe mir das lange Zeit nicht eingestanden. So geht es nicht weiter. Ich will so nicht mehr leben.«

»Wollten Sie denn das Kind nicht?«

»Wo denken Sie hin. Ich bin so froh über meine Tochter, ich würde sie für nichts hergeben. Ich habe einen tollen, verständnisvollen Mann, der mich unterstützt, wo er nur kann, die Einzige, die ein Problem macht, bin ich!«

»Können Sie mir mehr über Ihr Leben erzählen?«

»Wo soll ich denn anfangen?«

»Am Anfang. Kindheit, Eltern, reden Sie einfach drauflos!«

»Meine Eltern hatten schon zwei Söhne. Die waren froh, als sie noch ein Mädchen bekamen. Aber ich war als Baby viel krank, vertrug, glaube ich, die Muttermilch nicht, war einmal monatelang im Krankenhaus. Später war ich ein Wildfang; ich bin früh ausgezogen, hatte einen Freund, der als Baumpfleger gearbeitet hat, dem habe ich geholfen. Mein nächster Freund war Musiker in einer Band; ich habe die Band organisiert und nebenbei eine Ausbildung als Mediendesignerin gemacht. Er hatte andere Frauen und hat immer gelogen, er wollte mich nicht verlieren, aber er konnte auch nicht von denen lassen. Endlich, endlich habe ich mich getrennt. Dann ging es mir richtig gut. Ich hatte eine Clique, ich hatte Freundinnen, wir sind viel ausgegangen, ich wollte keine feste Beziehung mehr. Und da habe ich meinen Mann kennengelernt, in einer Disko. Er war auf der Suche, lebte getrennt, wollte sich scheiden lassen. Mein Mann war ein Traum, zuverlässig, großzügig, lustig, hatte einen guten Beruf, er blüht auf, bis heute, wenn jemand nett zu ihm ist.

Und dann war ich schwanger. Er natürlich wahnsinnig stolz, dass er seiner Traumfrau ein Kind machen konnte, und ich auch stolz, dass ich das geschafft hatte, aber es passte so überhaupt nicht in meinen Lebensplan. Er war so lieb und tat alles für mich, und ich war ja auch entzückt von dem Baby, und man kann ja so ein Würmchen nicht einfach wegschmeißen. Aber ich fühlte mich total überrumpelt und aus meinem Leben herausgeschmissen. Irgendwohin, wo ich nie hinwollte, festgelegt, angebunden.

Ich habe gesagt, ich brauche was für mich. Mein Mann hat alles gemacht, was er machen konnte. Wir haben ein Haus gemietet und umgebaut, da hatte ich oben im Dach mein ganz eigenes Reich mit einem Bett und meinen Büchern und meinem Schreibtisch. Und dort hat es dann angefangen. Ich wollte nicht mehr ins Bett gehen, obwohl ich wusste, dass es das einzig Richtige wäre. Ich wollte auch nicht zu meinem Mann. Ich wollte nicht mit ihm schlafen, das sowieso nicht, obwohl es mich entspannt hätte und gut für mich gewesen wäre. Ich saß da und habe manchmal gelesen oder geraucht, aber vor allem habe ich mich wüst beschimpft, dass ich nicht fähig bin, etwas so Einfaches zu tun, wie ins Bett zu gehen und mich auszuruhen.«

»Das Ganze hat also angefangen, als Sie Mutter wurden. Mutter, Mutter. Welchen Kontakt hatten Sie zu Ihrer Mutter? Was war das für eine Frau?«

»Kontakt? Keinen! Also keinen wirklichen. Ich habe nie über Dinge mit ihr geredet, die mir wichtig waren. Sie hätte es sowieso dem Vater gesagt oder meinen Brüdern. Ich habe sie verachtet, ich wollte nie so werden wie sie. Sie hat sich immer geduckt und dann, wenn sie sich sicher fühlte, einem einen Giftpfeil in den Rücken geschossen. Mein Vater hatte ein eigenes Elektrogeschäft. Aber er hat sich übernommen, hat zu viele Gesellen eingestellt und zu billig gearbeitet, um sie zu beschäftigen. Sie hat immer nur genörgelt, und er hat angefangen zu trinken.

Mein Vater – eigentlich hatte ich zwei Väter: den Papa und das Monster. Der Papa war lieb und hat mit mir gespielt und hat mich viel besser verstanden als die Mutter. Bis ich neun Jahre alt war, war Papa mein Gott und ich seine Prinzessin. Dann hat er angefangen zu trinken, weil er meinte, anders könnte er die Sorgen über das Geschäft nicht loswerden. Natürlich hatte er dann noch mehr Gründe, sich Sorgen zu machen. Die guten Mitarbeiter gingen, weil er herumschrie, und die schlechten blieben.

Das Monster hat die ganze Familie in Angst versetzt. Er hat meine Brüder und meine Mutter auch geschlagen. Mich nie. Später bin ich dann dazwischengegangen. Ich habe mir das Küchenmesser gegriffen und gesagt: Wenn du nicht aufhörst, stech ich dich ab! Dann hat er aufgehört. Ich hab erst vor ein paar Jahren, an seinem siebzigsten Geburtstag, mit ihm darüber reden können. Mein Vater ist gut in seinem Handwerk. Aber er wollte immer der Beste sein. Er hat niemanden anerkannt. Er hat über alle geschimpft, vor allem über die Studierten, die sich einbilden, was Besseres zu sein und in Wirklichkeit keine Ahnung haben. Ich hätte ja eigentlich gerne mehr gelernt, studiert, wäre Lehrerin geworden, für Sprachen, hätte Artikel geschrieben, für die Zeitung. Das hat mein Vater verachtet. So habe ich was Praktisches gemacht.«

Lydia C. beschreibt einen Zustand, der sich als ein Ritual extremer Wachsamkeit verstehen lässt. Sie kann das elementare Ritual des abendlichen Zubettgehens und Einschlafens so wenig vollziehen, wie eine Magersüchtige ein Mittagsessen zusammen mit ihren Eltern verzehren kann. Sie vermeidet ebenso das elementare erotische Ritual, Zuflucht in den Armen des Partners zu suchen und sich von ihm trösten zu lassen.

Ihre Geschichte zeigt, wie bisher neutralisierte, scheinbar überwundene Verletzungen wieder zum Tragen kommen, wenn die persönliche Entwicklung überraschende Anforderungen stellt – in diesem Fall eine von Lydia nicht gewünschte Schwangerschaft.

Lydia wurde von ihrer Mutter wenig beachtet. Diese dachte vor der Geburt der Tochter daran, sich scheiden zu lassen, und fühlte sich durch die Schwangerschaft beeinträchtigt. Das kleine Mädchen band sich an den Vater, verlor aber das Vertrauen zu ihm, als er in betrunkenem Zustand die Mutter schlug.

Lydia begegnete in ihrer eigenen Mutterschaft dem Hass auf die eigene Mutter, in der Auseinandersetzung mit dem »schuldigen« Partner dem Hass auf den unberechenbaren Vater. Diese Gefühle widersprachen den Wünschen Lydias, in einer harmonischen Familie zu leben, so krass, dass sie nicht mehr einschlafen, nicht träumen, keine Nähe zu ihrem Mann haben durfte. Die Ängste vor ihrer primitiven Wut erzwangen ständige Wachsamkeit.

4   Ritual und Aggression

Wer Rituale erforscht, muss nicht lange suchen, um die Aggressionen zu finden, welche im Ritual abgewehrt oder entschärft werden sollen. Man gibt sich die Hand, um zu beweisen, dass sie keine Waffe trägt. Man lüftet den Hut, weil einst der Ritter das Visier aufklappte, um seine friedliche Absicht zu bezeugen. Jeder Gruß soll erweisen: Ich sehe dich, ich bin freundlich, ich will nichts Böses.

Das Repertoire »höflicher« Regeln wäre, wie die Sexualität der Bonobo, gewiss nicht derart ausgearbeitet, wenn Homo sapiens ein friedlicher Wiederkäuer wäre. Menschen fühlen sich schnell verfolgt und angegriffen, wenn andere Menschen nicht auf sie reagieren.

Die heute um sich greifenden Mobbing-Vorwürfe belegen, dass Aggressionen in der individualisierten Gesellschaft nicht mehr verlässlich von einem festen Regelwerk gebändigt werden. Die Bedürfnisse nach Nähe und Anerkennung sind gewachsen. Eltern wollen von ihren Kindern *persönlich* anerkannt werden, nicht nur respektiert. Arbeitskollegen sollen *Verständnis* aufbringen. Das soziale Klima wird stärker von emotional getönten Beziehungen bestimmt, die einen Mangel an Regelwerken kompensieren. Daher werden auch Rituale wichtiger.

Sobald nicht mehr klar geregelt ist, wer wen zuerst grüßt, wer einen Kontakt beginnt, wer ihn beendet, wachsen die Ansprüche an Beziehungskompetenz und Kränkungsverarbeitung. In Analysen wird deutlich, dass jene Menschen, die sich heftig beklagen, dass sie nicht wahrgenommen werden, oft selbst den Blick abwenden. Andere grübeln viele Stunden, ob sie sich nichts vergeben, wenn sie Kontakt aufnehmen – eigentlich wäre doch das Liebesobjekt dran! Das Gegenteil dieser Sehnsucht nach stolzer Passivität ist die manische Ausdauer des Stalkers, der leugnet, dass er lästig ist.

Fahrer und Beifahrerin

Wer höflich sein will, darf sich nicht vordrängen. Gleichzeitig ist die Selbstbestätigung in einer Konkurrenzsituation das wichtigste Mittel in der individualisierten Gesellschaft, das eigene Selbstgefühl zu festigen. Wenige Situationen zeigen so klar, wie schwer es Menschen mit der Höflichkeit haben, wie der »Individualverkehr«. Es wurde behauptet, jedes zweite in einem Auto ausgesprochene Wort sei ein Schimpfwort.

Fritz ist ein erfolgreicher Geschäftsmann mit liebenswürdigen Manieren. Seine neue Freundin Rita findet, dass er eigentlich gut zu ihr passt, und möchte mit ihm eine gemeinsame Zukunft planen. Nur eine Kleinigkeit stört. Sobald Fritz in seinen Dienstwagen steigt – eine, wie Rita findet, übermotorisierte Limousine –, verändert sich seine Persönlichkeit. Er rast und überholt an Stellen, die Rita erschauern lassen. Fritz findet, dass er einfach ein guter Fahrer sei, der flott vorankommen will. Rita zuliebe nimmt er sich zusammen, aber wenn sie ihn in eine Schnecke verwandeln will, soll sie selber fahren. Das funktioniert aber auch nicht so recht, weil Fritz dann muffig neben ihr sitzt. Einmal überholt Fritz auf den letzten Kilometern vor dem Urlaubsziel hoch riskant in einer Kurve. »Ich steige nie wieder zu dir ins Auto!«, schwört eine empörte Rita.

Rita hält Fritz für einen selbstsicheren Mann, der problemlos auf das kindische Rivalisieren mit anderen Autofahrern verzichten könnte. Sie übersieht, dass er günstige Bedingungen braucht, um seine seelische Reife zu stabilisieren. Der Verführung einer von sechs Zylindern getriebenen Limousine hält er nicht stand. Der höfliche Mensch verwandelt sich hinter getöntem Glas in einen Kentauren, getrieben von der narzisstischen Urfantasie siegesgewisser Grandiosität.

Die Rivalität entlang der Frage »Wer ist besser?« entfaltet sich in solchen Fällen oft nicht nur zwischen Fahrern, die riskant überholen oder rasant an der Ampel starten und die Spur wechseln. Sie erreicht auch Fahrer und Beifahrerin.

In der Paaranalyse lassen sich unbewusste Dynamiken herausarbeiten, welche die bewusste Erziehungsarbeit der vernünftigen Beifahrerin an dem risikofreudigen Fahrer konterkarieren. »Mein Mann fährt ja wirklich besser als ich«, sagt eine solche Beifahrerin auf die Frage, weshalb sie denn nicht selbst das Steuer übernehme. Sie will an seinen überlegenen Künsten teilhaben, er soll sie nur ihr zuliebe dort begrenzen, wo es ihr richtig dünkt. Er steuert das Auto, sie ihn.

Taktvoll und in aller Ruhe haben Dorothee und Tilmann ein Ritual entwickelt, das den Fahrer-Beifahrerin-Konflikt neutralisiert: Dorothee wird schlecht, wenn sie nicht selbst fährt. So überlässt ihr Tilmann nicht nur das Steuer, er kann auch den Nimbus von Großzügigkeit und Toleranz gewinnen, der ihn für den Mangel an Siegen im Straßenkampf entschädigt. Er lässt Dorothee fahren und sich als seefesten Beifahrer loben.

Es ist gut möglich, dass es Fritz genießt, wenn Rita Angst bekommt – auf diese Weise demonstriert er seinen überlegenen Mut. Er rettet ihr quasi das Leben und ignoriert, dass er es ist, der sie vorher in Gefahr gebracht hat. Sie hat »hysterisch« geschrien, er aber hat dafür gesorgt, dass nichts passiert. Auch dieses Ritual kann in einen Teufelskreis führen, wenn sich Fritz durch Ritas Kritik an seinem rücksichtslosen Fahrstil entwertet fühlt und daher auf die Selbstbestätigung angewiesen ist, jeden Fahrer vor ihm von der Überholspur zu räumen.

Dann fährt der Mann am Steuer umso riskanter, je mehr Angst seine Beifahrerin ausdrückt. Der Fahrer fühlt sich entwertet, weil ihm unterstellt wird, er achte nicht auf Leib und Leben seiner Partnerin. Er kompensiert diese Kränkung, indem er ihr »wirklich« Angst macht, ähnlich der Mutter, die dem »grundlos« weinenden Kind eine Ohrfeige gibt, »damit du *weißt*, weshalb du heulst!«

Auch diese Mutter handelt aus der Angst heraus, eine schlechte Mutter zu sein, die ihr Kind nicht versteht, verbunden mit der (hier zugespitzt »autistisch« genannten) Aggression, die sich gegen Situationen oder Personen richtet, die auf unkontrollierbare Weise Scham oder Angst auslösen. Sie ist sozusagen lieber eine schlechte Mutter, die *weiß*, wo der Fehler liegt, als eine unsichere Person, die zwischen der Selbstüberschätzung, sie wisse genau, was mit ihrem Kind los sei, und dem Selbstzweifel schwankt, wer das nicht wisse, sei eine schlechte Mutter.

Der männliche Fahrer schämt sich, zu fahren wie ein Schwächling, eine Memme. Auf einer noch tiefer im Unbewussten verwurzelten Ebene identifiziert sich der Mann mit der *guten Mutter* Auto, die sein Selbstgefühl verstärkt, seine Kraft und Geschwindigkeit multipliziert, ihn trägt und beschützt. Wie der germanische Recke im Bündnis mit der Walküre kämpft er mit sadistischer Härte gegen die Störungen dieses gesteigerten Selbstgefühls durch die *böse Mutter*, in diesem Fall die ängstliche oder zeternde Beifahrerin.

Drohrituale

Später Abend. Hans und Charlotte kommen gerade von einer fröhlichen Party. »Das Auto muss stehen bleiben«, sagt Hans, »wir haben zu viel getrunken!« Sie warten; ein Taxi kommt vorbei, sie winken es heran, aber bevor sie einsteigen können, versperren ihnen zwei Männer den Weg, »wir warten hier schon eine halbe Stunde, es ist unser Taxi!« Der Taxifahrer hält sich heraus, er ist nicht bestellt, er hat jemand winken sehen, er weiß nicht, wer es war. »Das wäre das erste Mal, dass ich mir ein Taxi wegschnappen lasse!«, schreit Hans. Die drei Männer bauen sich drohend auf. Charlotte beginnt zu zittern und zupft Hans am Ärmel, »komm, wir nehmen das nächste Taxi!« Hans zieht sich widerwillig zurück. Zwei Minuten später kommt das nächste Taxi, aber die fröhliche Stimmung ist vorbei, Charlotte kann sich nicht beruhigen, »ich ertrage diese Aggressionen nicht, seit Jahren rastest du wegen solcher Kleinigkeiten aus!« Jetzt ist auch Hans beleidigt, »wenn du ein Weichei willst, musst du dir einen anderen Mann suchen, ich werde mich nicht ändern!«

Feldbeobachtungen an Gorillas erweisen, dass deren ausgeprägte Drohrituale kaum je in Handgreiflichkeiten münden, obwohl sich der Beobachter des Eindrucks nicht erwehren kann, die Gegner würden sich im nächsten Augenblick in Fetzen reißen. Menschen haben sich in diesem Punkt nicht weit von ihren Primaten-Ahnen entfernt. Während Hans drohen wollte (und zu einer wirksamen Drohung gehört, dass der Gegner sie ernst nimmt), sah Charlotte eine Schlägerei auf sich zukommen.

Vielleicht ist Charlotte aber auch deshalb verärgert, weil sie ihre eigene Aggression niederkämpfen muss, der sie weniger leicht Luft machen kann als Hans. Hat sie sich unbewusst gewünscht, den einen Gockel mit dem anderen zu erschlagen? Anders als feudale Damen haben emanzipierte Frauen die Freude daran verloren, dass Männer ihretwegen Turniere austragen.

Angesichts der Situationen, die in einem Partner Aggressionen wecken, bilden sich in Paaren drei unterschiedliche Ritualmuster aus:

1. Ein Teil versucht, die Aggression des anderen zu mäßigen, und besteht auf höflicher Rücksichtnahme. Daraus entwickeln sich oft Streitigkeiten nach dem Muster: »Du fällst mir in den Rücken!«
»Immer gibst du den anderen recht! Wenn ich versuche zu diskutieren, sagst du, ich sei aggressiv.«
»Ich verstehe nicht, wieso dir jeder Rowdy, der mir die Vorfahrt nimmt, wichtiger ist als dein Mann!«
»Das stimmt doch gar nicht!«
»Doch. Du sagst immer: Was soll denn das Gehupe! Lass ihn doch!«
2. Die Partner mischen sich nicht in die Aggressivität des Gegenübers ein. »Du kannst doch nicht zulassen, dass sich dein Mann auf den Familienfeiern betrinkt und die Gäste anpöbelt!« – »Bitte sag ihm das selber, ich finde, er hat das selbst zu verantworten.«
3. Ein Teil sucht die Aggression des Gegenübers zu wecken. »Dieser Typ an der Bar zieht mich mit seinen Blicken aus, das kannst du dir doch nicht bieten lassen!«
»Der Kellner hat meine Reklamation nicht ernst genommen, und du hast so getan, als ginge dich das nichts an!« – »Mir war das Ganze nur peinlich!«
»Die Nachbarin hat schon wieder ihr Fahrrad im Wäschetrockenraum abgestellt!«

Es ist verhängnisvoll, von einer »leeren Drohung« zu sprechen, sobald jemand »nur« droht. Das Drohritual ist ambivalent; wer es einseitig deuten will, weil er diese Doppeldeutigkeit nicht erträgt, kann ihm nicht gerecht werden. Seine Vorhersage ist ähnlich unzuverlässig wie »bellende Hunde beißen nicht!«

Das gilt vor allem für Selbstmorddrohungen. Wenn eine Beziehungsdebatte in diese Richtung entgleist, ist es in jedem Fall ein Zeichen, dass einer der Beteiligten an eine Grenze geraten ist, jenseits derer er sich nur noch einen Abgrund vorstellen kann. Wenn er nun sein Verhalten als kindisch oder hysterisch entwertet sieht, kann die Spannung so anwachsen, dass er *Ernst macht*.

Das Ritual der Suiziddrohung ist eines der heikelsten: Es gibt dem

Drohenden eine Macht, die ihn verwöhnt und seine Fähigkeiten schwächt, Kränkungen ohne die Zuflucht zu diesem Ritual zu verarbeiten. Wenn er bemerkt, dass sich der Eindruck seiner Drohung abschwächt, wächst die Gefahr, dass er sich tatsächlich etwas antut. Wenn der erste, als Beweis seiner Ernsthaftigkeit inszenierte Selbstmordversuch fehlschlägt, wächst das Risiko noch einmal, dass er erneut beschämt und seine innere Gefährdung stimuliert wird.

Es gibt auch das Gegenbeispiel: die Überschätzung einer gar nicht ernst gemeinten Drohung.

Karl und Nora sind seit acht Jahren verheiratet und haben einen zweijährigen Sohn. Karl war in dem Unternehmen, in dem er bisher gearbeitet hatte, an einen toten Punkt gekommen. Es gab keine Aufstiegsmöglichkeiten. Nora fand es ganz in Ordnung, dass er sich umtat, aber sie wollte nicht aus der Stadt weggehen, in der sie Freunde und eine Halbtagsarbeit gefunden hatte. Karl war überzeugt, dass seine Frau ohnehin wisse, dass – wer sich ernstlich bewerben wolle – mobil sein müsse. Daher fand er auch nichts dabei, sich in einer dreihundert Kilometer entfernten Großstadt zu bewerben.

Nora äußerte ihre Einwände nicht. Wer wusste, ob etwas daraus wurde? Und vielleicht war es ja gut, irgendwo neu anzufangen?

Schneller als erwartet erhielt K. ein verlockendes Angebot. Jetzt *musste* er umziehen. Es ging um seine Karriere. Die Familie würde viel mehr Geld zur Verfügung haben. Der Sohn sollte doch irgendwann einmal studieren. Es gab doch keinen vernünftigen Grund. Eine andere Halbtagsstelle für Nora fand sich leicht. Krankenschwestern wurden überall gebraucht.

Nora fühlte sich bedrückt und verängstigt und hätte sich doch so gerne mit ihm gefreut, weil sie sah, wie wichtig ihm die berufliche Anerkennung war, die in diesem Angebot steckte. Sollte sie sich ihm in den Weg stellen? Mit aller Kraft sagen: Ohne mich! Sie zögerte und ließ zu, dass ihr Mann den Vertrag unterschrieb und den Umzug vorbereitete. Er nahm sich ein Zimmer nah bei der neuen Firma und pendelte am Wochenende zu ihr. Sie hatte nicht den Mut, ihm zu sagen, dass sie – je länger sie daran dachte desto weniger – wegziehen wollte.

Schließlich ging es nicht mehr anders. Sie sagte ihm, sie könne nicht mitkommen, sie schaffe es nicht, sie fürchte sich vor der fremden Stadt.

»Was denkst du soll ich tun? Ich kann doch nicht mehr zurück! Und was ist das für eine Ehe, wenn ich immer pendeln soll?«

»Ich weiß auch nicht«, sagte Nora kläglich.

»Wenn du nicht mitkommst, kann ich mich ja gleich umbringen«, sagte Karl zornig und stürzte aus der Wohnung.

Es half nichts, dass er nach einer Stunde zurückkam und sich entschuldigte, er habe das nicht so gemeint, er habe nie daran gedacht, sich wirklich umzubringen. In Nora war etwas zerbrochen. Sie war jetzt ganz vernünftig, sie erklärte sich zu dem Umzug bereit, der dann auch bald organisiert wurde. Karl hatte schnell eine günstige Wohnung gefunden und werkelte von früh bis spät, damit alles funktionierte.

Nora liebte ihn nicht mehr. Sie hatte nur noch Angst, ihn zu verlassen, Angst, dass er ihre stille Abneigung bemerken würde, Angst, die gar keinen Grund und keinen Namen hatte, die sie aber fast verrückt machte.

Der plötzliche und hartnäckige Zusammenbruch einer Liebesbeziehung aufgrund einer Selbstmorddrohung gibt ein Rätsel auf, das sich erst lösen lässt, wenn die Kindheitssituation Noras einbezogen wird. Ihre Eltern waren sehr jung und beide noch in Ausbildung. Daher wuchs Nora bei der Mutter ihres Vaters auf, einer einfachen, herzlichen Bäuerin. Als sie sechs Jahre alt war, hatten die Eltern das Haus gebaut, und Noras Mutter war mit dem zweiten Kind schwanger.

Nora sollte jetzt in eine »richtige« Familie ziehen, sich als große Schwester auf den kleinen Bruder freuen und die Mutter darüber trösten, dass diese nicht mehr arbeiten konnte. Das letzte Ritual war gänzlich unbewusst – die Mutter freute sich auf die richtige Familie, Nora sollte sich ebenfalls freuen, sie sollte die primitive Großmutter schleunigst vergessen und dankbar sein für das schöne Zimmer und den Flötenunterricht, den ihr die Mutter ermöglichte.

Nora hasste die Flöte und den kleinen Bruder. Sie sehnte sich nach der Großmutter und fürchtete sich vor der Mutter, die bald in Wutausbrüchen mit allem, was sie grade in der Hand hatte, auf das unglückliche kleine Mädchen einschlug, bald in depressive Zustände versank, die Nora noch mehr Angst machten als die Wutausbrüche.

Oft sagte die Mutter, sie wolle nicht mehr leben, so habe sie sich eine Familie nicht vorgestellt, der Ehemann wochenlang auf Geschäftsreise, die Kinder schwierig und undankbar. Nora erklärte sich diese Zustände der Mutter als Folge ihrer Überanstrengung und nahm ihr so viel Hausarbeit ab wie möglich, ging einkaufen, versorgte den Bruder, kochte und wusch ab, während die Mutter im abgedunkelten Wohnzimmer auf der Couch lag und klassische Musik hörte.

Nora floh aus dem Elternhaus, als sie 18 Jahre alt war, in eine Schwesternschule mit Internat. Karl lernte sie durch eine Anzeige kennen; er war älter als sie, fürsorglich, sehr diszipliniert und konfliktscheu. Er gab Nora eine trügerische Geborgenheit, die in dem Augenblick zerbrach, als er von Selbstmord redete.

Es wäre zu einfach, Noras Großmutter zum guten Objekt zu erklären und Noras Mutter zum bösen – und daraus den Schluss zu ziehen, Nora habe in der angstfreien Zeit ihrer Ehe ein Ritual aufgebaut, das Karl zuverlässig in die gute Mutter verwandelte.

Denn Nora war aus mehreren Gründen in ihrem Glauben an einen sicheren Ort erschüttert. Die Großmutter hatte sie nicht davor beschützt, dass die Mutter sie ihr wegnahm, sie hatte sie nicht verteidigt, obwohl sie doch Noras Kummer sehen musste und Nora oft gefragt hatte, ob sie nicht bei ihr bleiben könne. Nora musste resigniert hören, ein Kind gehöre schließlich zur Mutter.

Noras Vater hatte dasselbe gesagt. Auch er hatte sie verraten. So wird Noras Wahl eines zuverlässigen, gehemmten, konfliktscheuen Partners verständlich. Sicherheit ging über alles. Karl überließ das Emotionale, das Erotische ihr. Sein Gefühlsausbruch war nur der Anlass, ganz und gar nicht die Ursache, dass die Ehe scheiterte und sich Nora von Karl trennte. Die Ursache war eher der Mangel an Gesprächen, Auseinandersetzungen, erotischen Ritualen in der Beziehung von Nora und Karl. Gerade weil Nora unbewusst ihrer Mutter den Tod wünschte, erschütterte sie Karls Drohung so sehr.

Karls Drohung entsprach dem Strohhalm der Fabel, der den Rücken des Kamels bricht: Nora hatte sich damit abgefunden, dass sie sich mit Karl herzlich langweilte, weil er alle privaten Entscheidungen ihr zuschob. Er blieb so wenigstens berechenbar. Karl war der an Nora nicht interessierten, depressiven und selbstbezogenen Mutter schon sehr nahe gekommen. Als er nun das letzte Versprechen brach, stets vernünftig und diszipliniert zu bleiben, schützte Nora nichts mehr vor ihren Ängsten.

Individualisierung und Gewalt

Bernhard und Claudia sind seit vier Jahren zusammen und verstehen sich meistens gut. Bernhard würde gerne eine gemeinsame Wohnung suchen und heiraten. Claudia zögert, denn Bernhard hat sie zweimal im Streit geschlagen. Er ist sonst der friedlichste Mensch, er hatte beide Male zu viel getrunken, und Claudia glaubt, sie habe ihn provoziert. Sie ist die eloquentere von beiden. Bernhard hatte vorher finster gesagt, sie solle jetzt aufhören, auf ihn einzureden. »Mir ist nur die Hand ausgerutscht, das darfst du mir nicht nachtragen«, sagt Bernhard, der breite Schultern hat und im Fitnessstudio den Sandsack boxt. »Wenn ich dich wirklich hätte schlagen wollen, wärst du doch k. o. gegangen!«

Solche Ausreden sind die ersten Ansätze für ein sehr bedenkliches Ritual. Es läuft darauf hinaus, ein Fehlverhalten zu rechtfertigen, indem es mit einem schlimmeren verglichen wird, das dem Täter ebenfalls möglich gewesen wäre, und nun belegen soll, dass er im Grunde zu Unrecht angeklagt ist: Er wäre ja in der Lage gewesen, wahrhaft Böses zu tun; durch seinen Verzicht auf Schlimmeres beweist er etwas wie Tugend.

Menschenpaare sind keine Moleküle, die in einer neutralen Umgebung dahintreiben. Sie sind Teil eines Systems, das sich intensiv in ihre Beziehung einmischt und diese über die Ursprungsfamilien, den Arbeitsplatz, Freunde, Nachbarn und Institutionen wie Medizin, Kirche und Justiz in der sozialen Welt verankert.

Partner von Gewaltritualen (in der Regel Täter wie Opfer) ignorieren diese Zusammenhänge. Sie möchten selbst den Polizisten, den Richter, den Henker, gar den Beichtvater spielen, der Absolutionen erteilt. Daher können Ängste vor einem uneinsichtigen Gewalttäter durch Duldsamkeit und Liebesanstrengung nicht wirksam bekämpft werden. Wer ihm wirklich Grenzen setzen will, kann es in einer zivilisierten Gesellschaft nicht vermeiden, die Justiz einzuschalten. Gewalt ist kein Mittel, um einen Streit zwischen Liebenden zu entscheiden – sie ist Monopol der Polizei, um Uneinsichtige zur Einsicht zu bringen.

Eine solche Entschiedenheit setzt freilich voraus, dass der geschlagene Partner seinerseits auf unsaubere Reaktionen oder Vorteile verzichtet. Er muss überzeugt sein, dass Gewalt als Weg der Durchsetzung eines eigenen Rituals schlechterdings unzulässig ist, dass es weder erlaubt ist, sie anzuwenden, noch Nutzen daraus zu ziehen, dass sie angewendet wurde.

Wer Paare untersucht, in denen es immer wieder zu Gewalt kommt, findet oft einen unbewussten Gewinn, den das Opfer aus dem Ritual bezieht und der es ihm erschwert, sich aus diesem zu befreien. In manchen Fällen sind die Schläger nach ihrer Tat besonders aufmerksam und nachgiebig; sie überschütten das Opfer mit Geschenken, tun alles, um die Beziehung zu kitten und das Ausrutschen ihrer Hand zu entschuldigen.

Wer ein Vergehen oder Verbrechen anzeigt, das ein Partner verübt hat, gesteht sich in diesem Augenblick ein, dass seine Bereitschaft Grenzen hat, »alles« für seine Liebe zu tun. Eben diese Bereitschaft ist ein wichtiger Aspekt der narzisstischen Fantasie, mit der unsichere Personen ihr Selbstgefühl aufbessern.

Wer Frauen analysiert, die sich wiederholt schlagen lassen, findet meist, dass sie sich viel weniger schämen, Opfer von Gewalt zu sein, als den Schläger anzuzeigen. Geschlagen zu werden, können sie vor sich selbst als Liebesbeweis vertreten und passen damit in die Größenfantasie des Täters, der sich über alle Gesetze des Zusammenlebens »aus Liebe« hinwegsetzt (in Wahrheit aus Machtgier und letztlich aus Angst vor Kontrollverlust).

Der narzisstische Absturz, die Krise für das Selbstwerterleben ist bei der Frau, die einen Schläger anzeigt, erheblich stärker ausgeprägt als beim Täter, der sich als gefühlsstark selbst idealisieren kann. Er hat immer gewusst, dass er gegen Gesetze verstoßen hat, und seine Taten nach Kräften verdrängt. Sie kann sich an alles erinnern und muss die Illusion opfern, sie sei Teil eines Paares, das sich so sehr liebt, dass Konventionen nicht gelten, an die sich andere halten.

Der Rechtsstaat beschneidet die in jedem Menschen schlummernde Größenfantasie, sozusagen automatisch und immer recht zu haben. Vor allem humorlose Personen, die ihrer eigenen Liebesfähigkeit unsicher sind und nicht zugeben können, dass ihre Liebe nicht vollkommener sein kann als der Rest ihrer Person, empfinden Recht und Gesetz als Demütigung. Sie wollen über ihnen stehen, solche Grenzen haben in ihren Liebesritualen nichts zu suchen.

Die Anmaßung, einen Rechtsbruch *aus Liebe verzeihen zu können*, genießt weit höheres Ansehen als die Anmaßung des Täters, er habe *aus Liebe geschlagen*. Die geheime Grundlage beider Rituale ist jedoch, dass die Partner die eigene Größenfantasie nicht in kritischen Abstand rücken müssen. Sie können sich so die Einsicht ersparen, dass *ihr persönlicher* Entwurf von Liebe *kein* gemeinsamer ist.

Jochen ist Polizeibeamter. Während einer heftigen Auseinandersetzung beginnt seine Ehefrau Marion, mit Fäusten auf den ihr körperlich weit überlegenen Jochen einzutrommeln. Jochen bringt die Angreiferin mit Hilfe seiner Judo-Kenntnisse zu Boden und drückt sie nieder, bis sie sich beruhigt hat. Marion beschimpft ihn wüst. Jochen steigt in sein Auto und fährt zu den Kindern, die bei seinen Großeltern das Wochenende verbringen.

Er bleibt einige Tage dort und bringt dann die Kinder in die eheliche Wohnung. Marion empfängt ihn mit düsterer Miene und händigt ihm eine Verfügung des Familiengerichts aus, dass er die Wohnung nicht mehr betreten und sich ihr nicht mehr nähern darf. Sie hat ihn angezeigt: er habe sie zusammengeschlagen und liegen lassen. Sie hat ein ärztliches Attest vorgelegt und durch ihren Anwalt den Eilantrag durchgesetzt.

Jetzt zeigt auch Jochen seine Frau wegen Körperverletzung an und mobilisiert einen Anwalt. Es gelingt ihm nicht, die Verfügung rückgängig zu machen. Marion hat Beweise vorgelegt – die Aussagen des Arztes, der ihre blauen Flecke fotografiert hat, Zeugen, die ihre Schreie hörten – während Jochen so überzeugt war, dass jedes Gericht seine Aussage für gültiger halten würde als die seiner Exfrau, dass er seine Blessuren ignorierte und sich nicht um Zeugen kümmerte.

»Wenn du das tust, werde ich dich vernichten!«, schreit Rolf, als während einer Unterhaltsauseinandersetzung seine Frau Carla droht, ihn beim Finanzamt zu denunzieren. Am nächsten Tag schreckt ihn ein Polizeikommando aus dem Schlaf. Acht Beamte durchsuchen seine Wohnung. Sie beschlagnahmen seine Jagdgewehre und die Munition. Später wird das Verfahren eingestellt, Rolf erhält seine Waffen zurück. Er spricht seither nicht mehr mit Carla; die Kinder müssen die notwendigsten Informationen dolmetschen.

Diese Geschichten illustrieren die rituellen Brüche an der Grenze zwischen Paar-Intimität und Justiz. Sie belegen übrigens auch, wie falsch die Metapher ist, es werde da schmutzige Wäsche *gewaschen*. Hier wird nichts gesäubert, sondern nur die Erinnerung an eine Liebesbeziehung beschmutzt, deren Ende nicht ohne Dämonisierung des Partners verarbeitet werden kann.

Das Paar findet keine gemeinsame Szene mehr, die von den kulturellen Normen beschützt wird. Einer der Spieler nutzt die staatliche Gewalt als verlängerten Arm zur Unterdrückung des Gegenübers. Die oft schon längere Zeit gesetzlose Kultur des Paares setzt sich fort. Statt sich den Geboten der Gerechtigkeit zu unterwerfen, missbrauchen die Partner nun die Justiz, um sich an dem einst überschätzten Partner zu rächen und ihm zu schaden.

5   Stabile und hydraulische Rituale

Diana und Heinz sind jetzt zwei Jahre ein Paar mit Höhen und Tiefen. Sie wohnen nicht zusammen, sind beide geschieden, haben beide Kinder und sind beruflich gefordert. So bleiben nur die Wochenenden. Normalerweise kommt Diana zu Heinz; er wohnt praktischerweise auf dem Weg zwischen ihrem Büro und ihrer Wohnung. Aber im Winter möchte sie, dass auch er einmal zu ihr kommt. Heinz sieht das ein und verbringt das nächste Wochenende in Dianas Wohnung. Am Montag ist sie total erschöpft, sie konnte sich überhaupt nicht erholen. Sie hatte das Gefühl, solange Heinz bei ihr herumsitze, seien ihre Räume nicht mehr ihr Zuhause. Dabei hat er ihr gar nichts getan.

Dianas Anspannung, wenn Heinz in ihrer Wohnung übernachtet, beleuchtet die Ängste angesichts einer neuen, noch nicht durch ein gemeinschaftliches Ritual gefestigten Situation. In einer Grundannahme der Symmetrie hat Diana geglaubt, dass sie ebenso gut Heinz in ihrer Wohnung aufnehmen könne, wie sie umgekehrt zu Gast bei Heinz ist. Diana geht zunächst davon aus, dass es »egal« ist, ob sie in der Wohnung von Heinz übernachtet oder aber er bei ihr. In diesem Selbstbild ist die eigene bzw. fremde Wohnung belanglos. Wichtig ist allein die emotionale Beziehung!

So einfach ist das nicht. Dianas Unruhe zeigt, dass sie ihre Wohnung als sicheren Ort erlebt und diesen durch Ängste verteidigt. Es geht um die autistische Dimension der Angst, die im zweiten Kapitel beschrieben wurde. Diana hat kein Asperger-Syndrom. Sie spürt nur ein mildes Unbehagen, wenn ihre Wohnung durch die Anwesenheit von Heinz nicht ist »wie immer«. Während Heinz nach ihrem Empfinden im Chaos lebt und nur sehr geringe ästhetische Ansprüche hat, ist Dianas Wohnung sorgfältig eingerichtet, alle Farben und Formen passen.

In der Wohnung von Heinz kann Diana das ertragen – es ist schließlich *sein* Chaos, sie hat damit nichts zu tun. Bei sich zu Hause findet sie seine Sorglosigkeit schwer erträglich. Es scheint ihm nichts auszumachen, wenn seine Schuhe dort liegen bleiben, wo er sie ausgezogen hat, als er es sich auf dem Sofa gemütlich machte. Er zieht sich auf dem Weg ins Badezimmer aus und lässt seine Unterwäsche liegen. Irgendwann wird er sie schon aufsammeln!

Der Gegensatz zwischen Diana und Heinz beleuchtet unterschiedliche Rituale im Umgang mit der Ordnung, die Menschen um sich herum benötigen, um sich wohlzufühlen. Diese Differenzen werden bedeutungsvoll, wenn ein Paar einen gemeinsamen Haushalt plant.

Manche Menschen haben ein aufgeräumtes Büro und eine chaotische Wohnung; andere sind überall ordentlich. Gerade die Fantasie, was »gemütlich« ist, also Entspannung zulässt, kann heftige Spannungen in eine Beziehung bringen und den Aufbau von Ritualen erschweren, in denen sich ein Paar wohlfühlt.

Die Unterschiede kreisen um die Bereitschaft, Zwischenlager anzulegen bzw. zu ertragen. Menschen wie Diana werden nervös, wenn die Dinge nicht dort sind, wohin sie gehören. Wenn Diana gegessen hat, sieht die Küche danach wieder so aus wie vorher. Bei Heinz stapeln sich schmutzige Teller und Gläser – er spült erst ab, wenn er kein freies Plätzchen oder kein sauberes Glas mehr findet.

Heinz ist sozusagen ein Mensch des Zwischenlagers. Er ist oft damit beschäftigt zu suchen, was er eben nur schnell irgendwohin gelegt hat. Seinen Arbeitstisch überschwemmen Stöße von Briefen und Drucksachen. Wenn er etwas erledigen soll, fängt er erst einmal an umzuschichten. Er will das Wichtigste herausfiltern, anderes kann ja noch warten. Er wiegt die Blätter bedächtig in der Hand, liest ein Stück, entscheidet sich dann, lieber etwas anderes zu machen.

Diana kann ihm gar nicht zusehen. Warum nur erledigt er die Sachen nicht gleich, heftet sie, wie sie es tut, sofort an der Stelle ab, wo sie hingehören, bezahlt jede Rechnung, sobald sie kommt und geprüft ist?

Carla, eine Anwältin, hat lange Jahre mit ihrem Mann Joseph eine Wochenendehe geführt. Joseph ist Universitätsdozent. Er hatte einen Ruf in eine andere Stadt erhalten, wo er eine kleine Wohnung bezog. Schon länger hat er sich auf jede freie Stelle in seinem Fach zurückbeworben. Carla merkt erst, wie sie jedesmal erleichtert war, wenn Joseph doch weiter pendelte, während sich Joseph darauf gefreut hatte, dass sie jetzt wieder eine richtige Ehe führen können. Denn Joseph ist ein

Mensch des Zwischenlagers, und Carla ärgert sich jedes Mal, wenn er wieder etwas herumliegen lässt, Verlegtes nicht findet und schreit, ob sie nicht beim Suchen helfen kann.

Bisher hatte Carla am Montag aufatmend das von Joseph verursachte Chaos aufgeräumt und die Woche über so gelebt, wie es ihr gefiel, in ihrem Rhythmus, mit ihren Ordnungsritualen.

Sie will sich nicht von Joseph trennen, aber sie will ihm auch nicht hinterherräumen. Sie verzagt, wenn sie daran denkt, dass sie sich ihm auseinandersetzen soll, wenn er wieder eines seiner Zwischenlager angelegt, das Bad im Chaos hinterlassen, seine Kleider im Schlafzimmer gehäuft hat. Früher gab es jedes halbe Jahr eine Szene, weil Carla ihren aufgestauten Groll entlud und Joseph als Pascha beschimpfte, der eine Sklavin brauche.

Carla will solche Szenen nicht mehr. Aber sie will auch das gemütliche Gefühl nicht opfern, dass ihre Wohnung so ist, wie sie es braucht.

Joseph versteht nicht, was Carla hat. Freut sie sich denn gar nicht für ihn, wenn er nicht mehr diese langen Zugfahrten jedes Wochenende auf sich nehmen muss? Kann sie nicht weniger pingelig sein? Sie ist fast ein Putzteufel geworden, seit sie allein lebt. Sie wird sich schon wieder an ihn gewöhnen. Sie weiß doch, dass er ein emanzipierter Mann ist, der kocht und staubsaugt und mit seiner eigenen Wohnung immer gut klargekommen ist – natürlich war sie nie so perfekt, wie Carla das macht, aber sind das nicht Kleinigkeiten?

»Kleinigkeiten« in Liebesbeziehungen sind nicht objektivierbar. Die Beziehungsrituale entscheiden darüber, ob aus einer Störung eine große, erschöpfende Auseinandersetzung wird, die um Fragen kreist wie »lieben wir uns wirklich oder sollten wir uns trennen!« – oder ein harmloses Jucken, das bald nachlässt, vorausgesetzt, niemand beginnt heftig zu kratzen.

In Ritualen etabliert sich die gemeinsame Kränkungsverarbeitung. Kleine Störungen sind nicht klein, sie werden dazu gemacht, übrigens umso eher, je entschlossener die Liebenden sind, auch kleine Störungen ernst zu nehmen und danach zu trachten, sie durch gesteigerte Aufmerksamkeit und Zuwendung auszugleichen. Sobald einer der Partner etwa sagt: »Ich verstehe nicht, weshalb man sich über eine solche Kleinigkeit derart aufregen kann«, hat er das zuträgliche Klima in der Beziehung heftig belastet.

Fatal für die Entwicklung ausgewogener, stabiler Rituale in einer Partnerschaft ist es, wenn ein solcher Kleinigkeitsprediger als Autorität in Wertfragen bewusst oder unbewusst anerkannt wird. Da es sich bei der Störung meist um eine Emotion handelte, werden bald Emotionen ganz allgemein in einem falschen Konsens der Partner bagatellisiert und entwertet. Die Abgekanzelten nehmen sich in *allen* Gefühlen zurück. *O. k., o. k., ich sehe ein, dass es sich nicht lohnt, wegen einer verdreckt hinterlassenen Spüle zu streiten, aber dann musst du dich auch nicht darüber aufregen, dass ich nach meinem anstrengenden Tag keine Lust auf Sex mehr habe!*

Kleinigkeiten klein sein zu lassen erfordert meist Rituale, in denen die Symmetrie im Emotionalen belassen wird und sich nicht durch Leistungsvergleich beweisen muss. Es geht darum, eine Person nicht für ihre Anpassungsleistungen zu lieben, sondern angesichts des Scheiterns der Anpassung die liebevollen Gefühle nicht zu verlieren und Rituale zu finden, die sie ausdrücken.

Wer mit einem Menschen des Zwischenlagers lebt, wird bald einsehen, dass dieser seine Gewohnheiten nicht einfach ablegen kann. Zunächst einmal wird es darum gehen, die organisatorischen Möglichkeiten auszuschöpfen. Es entlastet solche Paare, wenn es eine Putzhilfe gibt, welche periodisch die ganze Wohnung in Ordnung bringt, sodass der ordentliche Partner seltener den Eindruck hat, er müsse eine Unordnung beseitigen, die er nicht verursacht hat. Darüber hinaus ist es sinnvoll, getrennte Wohnungen bzw. getrennte Bereiche in einer Wohnung zu haben. In einem Bereich gilt die Ordnung des Endlagers, im anderen die des Zwischenlagers; gemeinsam genutzte Räume werden geteilt.

Wenn nun im Endlagerbereich ein Zwischenlager sichtbar wird, haben die Partner einige Ritualmöglichkeiten:

1. Der »Ordentliche« bringt jedes Mal mehr oder weniger freundlich den Wunsch vor, in der eigenen Ordnungsvorstellung nicht verletzt zu werden, und fordert den »Unordentlichen« auf, die Dinge aufzuräumen, die dieser »vergessen« hat.
2. Der Ordentliche räumt stillschweigend, aber in guter Laune auf, weil ihm dieses Zurredestellen zu umständlich ist und er es genießt, das Gefühl zu haben, seinem Partner zuliebe etwas für diesen (und für sich) zu tun.

3. Der »Ordentliche« räumt schweigend auf, doch sammelt sich in ihm Groll – die »hydraulische« Situation.

Die Untersuchung solcher Prozesse lässt sich vertiefen, wenn *mechanische* und *hydraulische* Komponenten von Ritualen unterschieden werden. Das klassische Modell für den mechanischen Austausch ist das Uhrwerk: Zahnräder greifen ineinander, so werden Kräfte übertragen. Solche Übertragungen verlaufen linear mit konstanten Kräften. Sie funktionieren verlässlich und überschaubar; solange die Zähne ineinander greifen, die Achsen stabil sind und keine Verunreinigung dazwischengerät.

Hydraulische Systeme sind anders. Bei dem klassischen Modell der Dampfmaschine wird erst ein Kessel beheizt. In ihm baut sich Dampfdruck auf, dann setzt sich ein Kolben in Bewegung, der über einen zweigelenkigen Hebel ein Rad antreibt.

Hydraulische Systeme sind schwerer zu überschauen und gefährlicher als rein mechanische. In ihnen wachsen Kräfte, die wir nicht direkt wahrnehmen können, sondern nur in ihren Folgen erkennen – im schlimmsten Fall, wenn der Kessel explodiert und seine Umgebung verwüstet. Um solchen Gefahren zu begegnen, werden Dampfmaschinen mit Druckmessern und Sicherheitsventilen ausgerüstet.

Unter den Ritualen der Liebe gibt es stabile, überschaubare Systeme neben anderen, in denen periodisch Druck aufgebaut wird, der sich endlich mehr oder weniger kontrolliert entlädt.

Manchmal dreht mein Mann völlig durch, berichtet eine 52-jährige Apothekerin, die mit drei Söhnen und einem Ingenieur ein Haus in der Vorstadt bewohnt. *Dann ist er schon gegen die Räder der Kinder getreten, weil sie die Garageneinfahrt blockiert haben, sodass die am nächsten Morgen nicht mehr in die Schule fahren konnten. Er hat die Spielkonsole unseres Jüngsten gegen die Wand geworfen, weil sich dieser nicht an die Absprache gehalten hat, wie lang er spielen darf. Mir macht er dann Vorwürfe, dass ich die Kinder verziehe und schuld bin, wenn er die Beherrschung verliert. Später tut es ihm leid, er hat die Räder repariert und eine neue Konsole gekauft.*

Ich habe nie verstanden, warum meine Eltern zusammengeblieben sind. Meine Mutter hat gestichelt, mein Vater hat es geschluckt. Dann hat er getrunken. Er hatte diesen glasigen Blick und hat sie fertiggemacht, hat sie auch geschlagen. Dann war ein paar Tage Funkstille, keiner hat etwas gesagt. Dann haben beide wieder so getan als ob nichts gewesen wäre, sie hat angefangen zu sticheln, er hat getan, als ob er gar nichts hört. An allem hatte sie was auszusetzen, dass er nicht genug verdient, dass er keinen sicheren Job hat, sondern freiberuflich arbeitet, dass er nicht ordentlich ist und die Nachbarn viel schönere Gärten haben. (Eine 30-Jährige, die als Jugendliche an einer Anorexie litt und nach der Geburt ihres ersten Kindes an einer Depression erkrankte.)

Charakteristisch für die hydraulischen Rituale ist der Zyklus von wachsender, aber nicht erkennbarer Spannung, der sich schließlich – manchmal durch Alkohol unterstützt – in einer Explosion entlädt. In den Ritualen, die sich trotz dieser hydraulischen Komponente stabilisieren, bemühen sich die Partner nach der Explosion, den Druckkessel zu schweißen. Sie leugnen die Gefahr einer Wiederholung der Entladung. Für die Kinder bleibt die Versöhnung meist ein Rätsel. Sie erkennen deren sexuelle Dimension nicht und verstehen nicht, was geschieht, weil sie selbst die Nähe zu dem explosiven Elternteil verloren haben.

Ich habe ja schon gesagt, dass ich nie begriff, weshalb meine Eltern zusammengeblieben sind. Erst jetzt setze ich die Mosaiksteine zusammen. Meine Mutter fand, dass mein Vater gut aussah und ein attraktiver Mann war. Sie hat ihn bewundert und hat ihn vielleicht gerade deshalb so viel kritisiert, weil er halt überhaupt kein Superman war, sondern viele Schwächen hatte. Sie haben sich begehrt, ich habe das nie gesehen als Kind, aber neulich bin ich mit meiner Mutter in Urlaub gefahren, damit sie auf den Enkel aufpassen kann. Da war ihr Hochzeitstag, er hat ihr Rosen geschickt und sie hat mit ihm telefoniert, hat so geturtelt, ich kannte sie so gar nicht, es hat mich halb angewidert und halb angerührt. Sie wollte ihn nicht verlieren, aber sie konnte ihn auch nicht nehmen, wie er war, und ihm ging es genau so, und so hat sie gestichelt und er hat sie geschlagen, und dann haben sie sich wieder versöhnt und hatten heißen Sex bis zum nächsten Mal.

Die oben zitierte Frau hatte die anorektische Phase ihrer Jugend aus eigener Kraft überwunden: Sie begann wieder zu essen, als ihre Periode ausblieb und ein fürsorglicher Gynäkologe ihr sagte, sie sei auf dem

Weg, ihre Gesundheit zu ruinieren. Sie entkam dem Elternhaus, weil sie in einem Internat wohnen konnte, in dem sie 16-jährig eine Ausbildung in Krankenpflege begann. Sie machte in dem Beruf Karriere und achtete in ihren sexuellen Beziehungen sehr auf ihre Unabhängigkeit. Sie wurde durch ein Missgeschick bei der Verhütung schwanger. Ihr Freund, ein Arzt, war begeistert und wollte das Kind behalten. Die Mutterschaft passte überhaupt nicht in ihr Lebenskonzept *ich werde niemals so wie meine Mutter*. Dennoch konnte sie sich zu keiner Abtreibung entscheiden. Auch als sie in Behandlung kam, fand sie die Entscheidung für das Kind richtig; sie liebte ihren Sohn und empfand ihn als Bereicherung.

Sie hatte nach der Geburt den sexuellen Kontakt mit ihrem Partner völlig aufgegeben. Das bisher abgewehrte, böse Introjekt der verachteten Mutter war wie eine Sonnenfinsternis über sie gekommen. Der Schatten fiel auch auf ihren Partner, der sie in diese Situation gebracht hatte. Sie vermochte aber keinen Zorn auf ihn zu richten – alle Wut traf sie selbst. Er war ein so guter Mann, er stand zu ihr und zu ihrem Kind, er war nicht böse oder gekränkt, wenn sie sich sexuell zurückzog – wie konnte sie ihm nur eine derart wertlose Versagerin zumuten!

Selma lebt mit ihrem Mann Rudolf in einer gemeinsam renovierten Altbauwohnung, auf die beide sehr stolz sind. Sie ist eine gute Wirtschafterin, erledigt die Einkäufe und verwaltet das gemeinsame Konto. Rudolf ist damit sehr zufrieden. Selma bleibt immer in den schwarzen Zahlen und behält noch etwas übrig für eine gelegentliche Urlaubsreise oder einen Opernbesuch. Nur an einem Punkt gibt es Streit: Wenn Selma Gäste einlädt, sind Schinken, Käse und Wein auf einmal nicht mehr wie sonst vom Discounter, sondern aus dem besten Feinkostladen der Stadt. »Ich finde das nicht richtig«, klagt Rudolf. »Für den Besuch kaufst du bessere Sachen als für mich!«

Einige Male ist die Beziehung von Natalie und Heiner schon fast gescheitert. Heiner behauptet, Natalie sei schrecklich eifersüchtig und würde ihm bei jedem Treffen mit einer seiner Ex-Freundinnen eine Szene machen, wenn er ihr nicht vorher haarklein berichte, wie lange dieses Treffen dauern werde und was es da zu besprechen gäbe. Natalie findet, dass Heiner nach einigen Monaten ihr gegenüber gleichgültiger wird. Sie hat schon öfter beobachtet, dass er zusammen mit ihr abschlafft und auflebt, wenn Freunde zu Besuch kommen. Einmal liegen sie zusammen auf seinem Bett und lassen den Tag ausklingen, als Natalie sagt: »Ich möchte mal wissen, mit wie vielen Frauen du hier schon gelegen bist!« – »Das ist doch Vergangenheit«, sagt Heiner, aber die Stimmung zwischen den beiden ist jetzt gedämpft.

Diese beiden Szenen, in denen es wieder um (gefährliche) »Kleinigkeiten« geht, richten sich gegen die »mechanische« Qualität von Ritualen schlechthin. Die Beziehung zum vertrauten Partner ist eben – vertraut. Man weiß, was man mit ihm und an ihm hat. Ihm kann zugemutet werden, was in den nicht rituell stabilisierten Beziehungen weniger geht. Der primitive Wunsch an den Partner ist ganz einfach. Wir wollen von ihm stets nur das Beste, wir wollen immer, wirklich immer an der ersten Stelle stehen, freundlicher behandelt, besser versorgt werden als jede andere Person, die sonst noch am Horizont auftaucht. Es darf nur eine(n) geben!

Es gibt eigentlich nur eine Möglichkeit, diesem Dilemma zu entkommen: Seine Unlösbarkeit anzunehmen und dabei zu bleiben, dass es möglich ist, mit ihm zu leben. Den pfleglichen Umgang mit dem Paradox einer tiefen Bindung durch die so flüchtige, neugierige und reizbare Kraft der Erotik ermöglicht ein Zusatzritual: das gemeinsame Lachen. Humor ist, wenn Liebende trotzdem lachen. Er ist das Schmiermittel der mechanischen Rituale, er dämpft die Explosionen der hydraulischen. Er verhilft zu einer liebevollen Distanz von den Unmöglichkeiten der Liebe, immer ganz frisch zu sein und doch verlässlich und beharrlich.

Wo aber die Ängste mächtiger werden, schwinden die Möglichkeiten des Spiels und damit auch die des Humors. Wenig ist humorloser, als einem geängstigten Partner Humorlosigkeit vorzuwerfen.

Viele hydraulische Rituale beruhen auf dem Versuch, Ängste durch illusionäre Sicherheiten zu bewältigen. Auf diesem Weg erreichen sie eine kurzfristige Entlastung um den Preis einer wachsenden Instabilität. Wer sich panisch fürchtet, das Liebesobjekt zu verlieren, wird alles versprechen, um das zu verhindern. Er bietet ein Luftschloss als sicheren Ort. Umgekehrt wird, wer es nicht erträgt, in den Unsicherheiten der Realität zu leben, dieses Luftschloss geradezu erzwingen. Sobald es sich als das erweist, was es im Grunde immer war, entladen sich die bisher kontrollierten Affekte.

Der Alkoholiker hat schon hundertmal geschworen, dass er sich nie wieder betrinken wird – jedes Mal in dem Bemühen, eine Partnerin wieder an sich zu binden, die droht, ihn zu verlassen. Sie fragt sich nicht, weshalb sie ihn zwingt, ihr etwas vorzumachen; er fragt sich nicht, weshalb er ihr etwas verspricht, was er bisher noch nie halten konnte. Beide kooperieren, um ein Ritual zu festigen, durch das sich gefährlicher Druck aufbaut.

Natalie fühlt sich unsicher, weil sie spürt, dass Heiner nicht so intensiv an sie gebunden ist, wie sie sich das wünscht. Sie kann nicht glauben, dass er auf seine Weise an der Liebe ebenso festhält wie sie auf die ihre. Heiner findet, wenn man zusammen lebe, habe man sich doch füreinander entschieden, es sei verschwendete Zeit, sich das jeden Tag zu beteuern. Man gehe ja auch nicht jeden Tag in die Kirche, um neu zu heiraten.

Natalie findet solche Bemerkungen nicht witzig, sondern kalt und voller Distanz zu ihr. Heiner sollte ihre Art übernehmen, sonst ist er nicht glaubwürdig. Heiner sieht ihre Not nicht, wenn er so prinzipiell reagiert. Indem sie ihm misstraut und ihn kontrolliert, entzieht sie ihm ihre Wärme. Heiner schaltet dann auf Autopilot; er kommt allein zurecht, er konzentriert sich auf seine Arbeit, auf den Haushalt, auf seine Freunde.

Natalie bemerkt seinen Abstand. Wie jemand, der eine Wunde immer wieder betastet, um herauszufinden, wie sehr sie schmerzt, fordert sie ihn auf, ihr von seinen vergangenen und künftigen Projekten mit anderen Frauen zu erzählen. Sie will ihn zu etwas verpflichten, was nur dann Wert hat, wenn es aus Neigung geschieht.

Pflicht und Neigung

In einem Interview mit Hedda Hupper hat Robert Mitchum gesagt: »If you want my interest, interest me. If you just want my presence, pay me!« *Wenn du mein Interesse willst, interessiere mich. Wenn du nur meine Anwesenheit wünschst, bezahle mich!* Der Spruch steht für Mitchums Ruf, in seiner Zeit der coolste Darsteller Hollywoods gewesen zu sein, kritisch, zynisch, kein Freund von Sentimentalität. Aber zugleich signalisiert er auch die Substanz moderner Beziehungen: klare Rollen, persönliche Verantwortung! Lieber früh die Grenze gezogen und die Erwartung enttäuscht, als endlos Energie vergeudet in dem Bestreben, Eigennutz zu leugnen.

Anwesenheit ist Zeit, Zeit ist Geld, Geld symbolisiert Austausch, Austausch festigt Beziehungen, solange er ausgewogen ist. Interesse aber ist Emotion, geweckte Neugier, Hoffnung auf eine Chance, eine Entwicklung, auf das Unerwartete. Wer sich interessiert, ist auch präsent, aber nicht jede Präsenz zeugt von Interesse. Mitchums Unterscheidung klingt an eine andere an, die in der deutschen Philosophie eine große Rolle spielte: jene zwischen Pflicht und Neigung.

Schiller tadelte Kants Spaltung zwischen der abstrakt gebotenen Pflicht und der lebendigen Neigung. In den *Xenien* sagt er unter dem Titel *Gewissensskrupel*:

Gerne dien ich den Freunden, doch tu ich es leider mit Neigung,
Und so wurmt es mir oft, dass ich nicht tugendhaft bin.

Als Lösung setzt er hinzu:

Da ist kein anderer Rat! Du musst suchen, sie zu verachten,
Und mit Abscheu alsdann tun, wie die Pflicht dir gebeut.

Wer bezahlt wird, muss pünktlich kommen und seine Pflicht erfüllen. Wer aus Neigung handelt, reagiert auf das, was seine Neigung weckt. Für Kant darf nur die Pflicht, nicht aber die Freude Triebfeder ethischen Handelns sein, denn wer sich von etwas Natürlichem und Spontanem abhängig macht, gibt die geistige Freiheit auf, die der Königsberger Denker als das höchste Gut pries.

Moderne Paare binden sich in dem Gefühl der Verliebtheit aneinander, in dem Interesse und Präsenz in eines fallen. Die Verliebten können nicht ohne einander sein. Sie kommunizieren ständig, machen alles zusammen, verschlingen sich mit den Augen, wollen nicht ohne einander sein – sie sind füreinander das denkbar Interessanteste *und* Präsenteste.

Daher sind diese Beziehungen auch so störungsanfällig. Nicht zufällig ist in den modernen Gesellschaften die Geburt eines Kindes der statistisch mächtigste Grund, sich scheiden zu lassen: Indem das Kind die *Präsenz* des versorgenden Elternteils erzwingt, wachsen in dem schlechter als früher versorgten Teil Aggressionen. Oft wird dann unterstellt, ein Partner habe das *Interesse* an der Beziehung verloren. »Wir haben kein Sexualleben mehr!« »Ich will einen Vater für mein Kind, kein zweites Kind!« sind typische Aussagen, wenn eine Ehe am Hinzukommen des Dritten scheitert.

Kinder fordern Präsenz, egal, ob unser Interesse diese noch trägt oder nicht. Das Baby im Mutterleib holt sich Kalk aus den Knochen der Mutter, nicht aus gieriger Absicht, sondern weil die Natur das so vorgesehen hat. Ähnlich ist es mit den Bedürfnissen der Eltern: der Schutz des neuen Lebens geht vor. Kant formuliert in der Pflichtethik ein biologisches Gesetz: Wenn der Nachwuchs stirbt, stirbt die Art; das zu verhindern ist wichtiger als die Interessen des Individuums.

Sobald das Baby da ist, stehen Liebespaare vor der Aufgabe, in ihre bisher aus Neigungen geformten Rituale ein Pflichten-Skelett einzuziehen. Wenn es früher hieß, dass Kinder eine Ehe zusammenhalten und heute das Gegenteil zutrifft, liegt das daran, dass moderne Liebesbeziehungen keine Struktur haben, kein Skelett von Rollen für Mann und Frau, das die Pflichten der Partner angesichts der Kinder regelt.

Verliebte sind wie Amöben, sie verschmelzen und schaffen so etwas Neues. Eine wunderbare Erfahrung, der erste Traum des Teenagers und der letzte des Greises. Aber auf diesem Weg entsteht keine Struktur, kein Rollengerüst, das die Versorgung Dritter organisiert und dennoch genug Platz lässt, um die Bindung der Eltern zu festigen.

Die Grenzen ritueller Räume

Die moderne Liebe verdankt ihre Einzigartigkeit dem Raum, den sie für die Rituale der Zweisamkeit öffnet. In der traditionellen Ehe blieben die Partner unter dem Einfluss ihrer Sippen. Ihr Spielraum war begrenzt; es gab feste Rollen, etwa Bäuerin und Bauer. Aber auch Rituale der Liebe, deren Gestaltung im Eheritual den Partnern (und nur ihnen) anvertraut wird, unterliegen Einflüssen von außen.

Diese Einflüsse können offengelegt werden. Dann grenzt sich schrittweise der Raum, in dem die partnerschaftlichen Rituale dominieren, von dem Raum ab, in dem der Partner auf andere Einflüsse reagiert und diese im günstigen Fall so weit neutralisiert, dass sie die Rituale des Paares nicht mehr stören.

»Obwohl ich immer das Gefühl hatte, dass mich meine Schwiegermutter hasst, habe ich meinen Mann fast jedes Wochenende zu seinen

Eltern begleitet. Ich konnte mir gar nichts anderes vorstellen. Sie hat mir vermittelt, dass ich gar nicht dankbar genug sein kann, einen Mann wie ihn abgekriegt zu haben. Es war schrecklich, ich habe mich bemüht und bemüht, aber ich konnte ihr nichts recht machen. Ich hatte immer den Eindruck, ich sei nur geduldet. Er ist der Älteste und der einzige Sohn und sie hat ihn behandelt wie das Familienoberhaupt. Er hat gesagt, sie sei eben so und habe es schwer gehabt im Leben mit dem kranken Vater und dann als Witwe, ich solle sie nicht ernst nehmen, er fühle sich in der Pflicht.

Erst als er fremdging und ich eine Wut auf ihn hatte und wir über alles noch einmal geredet haben, was uns verbindet und trennt, da konnte ich sagen: du fährst allein dahin, ich will da nicht mehr mit. Und das ist dann auf einmal gegangen, und von der armen Mutter war nie mehr die Rede!« (Eine 45-jährige Akademikerin, Mutter von zwei Kindern)

Dieser Bericht beleuchtet, wie schwer es für ein partnerschaftliches Ritual sein kann, die Grenze gegenüber einer anderen Bezugsperson abzudichten. Die Ehefrau hatte sich in die Fantasie ihres Mannes hineingefunden, es gäbe keine Rivalität zwischen seiner Mutter und ihr. Sie hatte sich bemüht, die Störung durch die Schwiegermutter auszugleichen. Das Ergebnis blieb unbefriedigend. Der Kraftaufwand, der ihren Ärger neutralisieren sollte, war immer spürbar. Er wurde aber erst in seinem vollen Umfang und seiner Unerträglichkeit bewusst, als der Ehemann für kurze Zeit eine Geliebte hatte.

Sobald er bemerkte, dass seine Partnerschaft in Gefahr geriet, gab er die Nebenbeziehung auf. Es gelang der Ehefrau, diese Krise zu nutzen, um die Partnerschaft gegen die Macht der Schwiegermutter zu schützen. Die Geliebte als störende Dritte weckte Sensibilität für die bisher unbewusste Rivalität mit der Schwiegermutter. Nun konnte die Ehefrau ihren Partner bewegen, die auf seine Mutter gerichteten Rituale von denen zu differenzieren, die ihn mit ihr verbanden.

Der Ehemann verlangte nicht mehr, dass sie zusammen mit ihm an fast jedem Wochenende und zu jedem Weihnachtsfest zur Mutter reise, um dieser ihren Vorrang zu bestätigen. Er lernte, sich gegen die spitzen Bemerkungen der Mutter zu wehren, seine Frau habe es wohl nicht mehr nötig, sie zu besuchen. »Das musst du mit ihr klären!« – »Ich laufe doch nicht hinter meiner Schwiegertochter her!« – »Auch gut! Heiligabend feiern wir diesmal zu Hause, aber ich besuche dich gern mit den Kindern am zweiten Feiertag!«

Evamarie und Sven kannten sich erst sechs Monate, als sie heirateten. Alles passte, sie waren beide über dreißig, wollten Kinder und keine Zeit verlieren. Auch beruflich hatten sie gemeinsame Interessen. Sven ist Förster, Evamarie die Tochter eines Adeligen mit riesigem Waldbesitz. Sie hat ebenfalls Forstwissenschaften studiert und unterstützt den Grafen in der Verwaltung.

Evamarie ist begeistert, wie warmherzig Svens Eltern mit ihm umgehen. Da ist das Klima in ihrer Familie viel kälter! Nach zwei Jahren ist das erste Kind da. Sven verliert seine Stelle. Der Staat hat die Forstverwaltung privatisiert. Ohne sich mit Evamarie abzusprechen, fragt er auf einem Jagdausflug seinen Schwiegervater, ob er nicht bei ihm arbeiten könne. Eine Familie müsse zusammenhalten. »Das geht nicht!«, sagt der Gutsherr knapp und abweisend. Sven ist sehr gekränkt und verlangt von Evamarie, mit ihrem Vater zu brechen.

Im Hintergrund dieser Krise wird ein Konflikt zwischen den Ritualen der Partnerschaft und denen in einem Männerbund deutlich. Der Ehemann will seine Unsicherheit und seine berufliche Krise nicht mit seiner Partnerin besprechen und mit ihr zusammen nach einer Lösung suchen. Er wäre nicht in die beschämende Situation geraten, wenn er sich vorher mit ihr ausgetauscht hätte.

Evamarie kennt ihren Vater besser als er und kann einschätzen, wie der Graf mit einem solchen Angebot umgehen wird. Sie wüsste sicher auch, wie negativ dieser auf moralische Belehrungen reagiert (»Familien müssen zusammenhalten«).

Sven und Evamarie haben noch kein Ritual gefunden, sich über Ängste und Schwächen auszutauschen. Sven wehrt die Angst vor Arbeitslosigkeit durch die Fantasie einer schnellen, bequemen Lösung ab, die ihn völlig überzeugt. Er kann sich gar nicht vorstellen, dass sie seinem Schwiegervater nicht passt. In dieser Fantasie verbünden sich zwei Männer, ohne dass Frauen etwas zu sagen haben. Sven hat die Einfühlung in den Gutsherrn durch eine Projektion ersetzt: *Ich an seiner Stelle hätte kein Problem, meinem Schwiegersohn zu geben, was er braucht!*

Als dieses Projekt scheitert, wird es für Sven schwieriger, die Ver-

155

sagensängste abzuwehren. Seine Forderung an seine Frau, den Kontakt zu ihrem Vater abzubrechen, sucht nicht nur eine kränkende Erinnerung zu tilgen; sie lenkt auch von Svens illusionärem Pakt ab. Wenn sich *seine* Beziehung zum Schwiegervater verschlechtert hat, muss auch seine Frau diesen ächten.

Jetzt wird die zuerst sehr offene Grenze der jungen Familie zu den Eltern der Ehefrau radikal dicht gemacht. Wie die Bürger Deutschlands wissen, richten sich solche Maßnahmen nicht (wie meist behauptet) als Schutzwall nach außen, sondern als Fluchthindernis nach innen. Unbewusst will Sven verhindern, dass seine Ehefrau ihren Vater ihrem erfolglosen Partner vorzieht.

> Sam kommt aus einer Scheidungsfamilie und hat sich schon früh um einen behinderten jüngeren Bruder gekümmert, der jetzt in einem Heim lebt. Seine Ehefrau Katharina schätzt seine Zuverlässigkeit und Fürsorge sehr. Nur in einem Punkt gibt es Konflikte: Katharina findet, dass sie sich sehr bemüht, Sams Eltern ebenso wie den jüngeren Bruder einzubeziehen, sie zu besuchen und einzuladen. Sam aber möchte möglichst wenig mit Katharinas drei älteren Brüdern, mit ihren Schwägerinnen und der ganzen Sippschaft zu tun haben. Ihm ist das alles zu viel. Seine Schwiegereltern mieten jedes Jahr Ferienhäuser, laden Katharina und ihre Geschwister samt Angehörige zu einem Bade- und einem Schiurlaub ein. Sam hat da nur einmal mitgemacht und den größten Teil des Urlaubs mit einer Erkältung im Bett verbracht. Er sagt, er finde Katharinas Familie sehr anstrengend Alle würden durcheinanderreden, keiner zuhören. »Ich bemühe mich doch auch, in deine Familie hineinzukommen«, klagt Katharina. »Es wäre alles viel schöner, wenn du genauso von uns begeistert wärst wie umgekehrt!«

Was Partner aneinander schätzen, kann manchmal den Übergang in das Kraftfeld der Ursprungsfamilie nicht schadlos überstehen. Katharina schätzt Sams Genauigkeit, seine intensive Zuwendung und Fürsorge. Er liebt ihre Spontaneität und Begeisterungsfähigkeit. Zu zweit ergänzen sie sich, ihre Geschwisterrollen (großer Bruder – kleine Schwester) harmonieren perfekt. Sobald aber Katharina in ihre Familie kommt, verwandelt sie sich in Sams Erleben. Sie hat jetzt drei große Brüder; er ist nicht mehr gefragt. Er erlebt nur noch eine krakeelende Geschwisterschar, die ihm auf die Nerven geht. Er fühlt sich überflüssig.

Im Einklang mit ihren drei großen Brüdern versucht Katharina die Rituale, die sich zwischen Sam und Katharina entwickelt haben, neu zu gestalten. Während sie die Rollenstruktur behalten kann, die sich in der Ehe entwickelt hat – sie bleibt die temperamentvolle kleine Schwester, die mit allen gut Freund ist und wie ein Schmetterling von Blüte zu Blüte schaukelt –, müsste Sam angesichts des Überangebots an fürsorglichen großen Brüdern die ihm fremde und anstrengende Rivalität einleiten, wer denn der größte Bruder ist.

Die dynamische Struktur der Familie, in die er geraten ist, nötigt dem Neuankömmling die Rolle eines kleinen Geschwisters auf, das um den Preis aufgenommen wird, dass es brav mitmacht und tut, was ihm gesagt wird. Aber Sam kann diese Rolle nicht übernehmen – sie weckt kränkende Erinnerungen an seinen behinderten Bruder, den er immer wieder trösten musste, wenn dieser mit anderen Kindern nicht zurechtkam.

Solange Katharina versucht, Sam nach ihrer eigenen Rolle in ihrer Ursprungsfamilie zu modeln, wird sie den Konflikt verstärken und gerät in Gefahr, die gemeinsame Idealisierung des in der Partnerschaft entwickelten Rituals zu schwächen. Sam hat gar keine Chance, in seinem eigenen Rhythmus zu entdecken, mit welchen Personen aus Katharinas Familie er in Kontakt kommen könnte. Sie treten für ihn nur als Gruppe auf, in der sich Katharina wohl und geborgen fühlt, er aber ausgeschlossen und nutzlos.

Die Grenze zur Clique

Patrick und Susan haben sich als Paar aus einer Clique herausdifferenziert, die sich regelmäßig in einer Theaterkneipe traf. Es gab immer etwas zu trinken, zu klatschen und gelegentlich auch sexuelle Begegnungen. Susan hat sich damit nie wohlgefühlt. Sie findet, dass sie für ihr Liebesleben ein langsames Tempo und Vertrauen in den Partner braucht. Beides hat sie mit Patrick gefunden. Irgendwann sagt er zu ihr, als sie höchst zufrieden nebeneinander liegen. »Dabei haben die anderen gesagt, was willst du denn mit der, die ist eine Niete im Bett!« Mag sein, dass Patrick sogar glaubt, da habe er ihr ein Kompliment gemacht. Aber Susan möchte am liebsten aufstehen, gehen und nie wieder etwas mit Patrick oder jemandem anderen aus dieser Clique zu tun haben.

Andere schlecht zu machen, um selbst besser dazustehen, ist ein beliebtes narzisstisches Ritual. In diesem Fall haben sich früher die Männer der Clique, zu denen auch Patrick gehört, durch ihre Zensuren für erotische Performance im Allgemeinen und durch die Entwertung der spröden Susan im Besonderen aufgewertet. Wo andere schlechter sind, bleibt für das grandiose Ich nur der Spitzenplatz. Solange Susan davon nichts wusste, musste sie das auch nicht ärgern.

Ihre heftige Reaktion hängt damit zusammen, dass Susan ebenfalls kein unerschütterliches sexuelles Selbstgefühl hat, aber nicht zu dem Mittel der anderen Mitglieder der Clique greift und dieses auch nicht versteht. Sie fürchtet sich, nicht gut genug zu sein. Sie hat eine einseitige Wahrnehmung entwickelt, überschätzt Kritik und unterschätzt, ja ignoriert Anerkennung.

So kann sie in Patricks doppelsinniger Aussage nur die giftige Entwertung wahrnehmen, von der er sie in Kenntnis setzt, nicht die Bewunderung, die er ja ebenfalls ausdrücken wollte. In seinem kontrastreichen Bild sieht sie nur die Schatten. Patrick konstruiert sein Ritual selbstbezogen. Er schreibt Susan die Rolle der vor die Schweine geworfenen Perle zu, die erst von ihm in ihrem Glanz erkannt wird. Er ist ihr Erlöser, er ist der wahre Kenner. Ohne ihn bliebe sie die Niete, für die sie ihre anderen Liebhaber gehalten haben.

Patrick scheint nicht zu bemerken, wie er Susan mit einer Kränkung belastet, die ihr die übrigen Mitglieder der Clique gar nicht zugemutet haben. Er verpetzt die Clique bei Susan und demütigt sie als Frau, die nicht bemerkt hat, wie ihre erotische Kompetenz von ihren Liebhabern eingeschätzt wird.

Gesa und Martin sind seit zwei Jahren ein Paar. Gesa schätzt an Martin, dass er sie gerne mit kleinen Überraschungen verwöhnt und sie mit Komplimenten überschüttet. Allerdings nur, wenn sie allein sind. Sobald sie mit seinen Freunden unterwegs sind, zeigt Martin ein anderes Gesicht. Er macht überhebliche Bemerkungen über seine Partnerin und versucht sie bei jeder Gelegenheit aufzuziehen. Gesa ist von diesen Spöttereien sichtlich genervt. Eines Tages stellt sie ihn zur Rede und fordert ihn auf, sich nicht mehr vor anderen über sie lustig zu machen. Martin behauptet, das sei alles nett und kumpelhaft gemeint.

Hier bestehen die Liebesrituale nur so lange, wie Martin und Gesa allein sind. Seine Überschwänglichkeit spricht dafür, dass er sich vor ihren Ansprüchen fürchtet und Vorsorge trifft, Gesa bei guter Laune zu halten. Von seiner Seite ist das Ritual nicht stabil, sondern hydraulisch: er muss sich überoptimal gebärden, muss Angst und Ärger über Gesa um jeden Preis unterdrücken, weil er sich einer ungeschützten Auseinandersetzung mit ihr nicht gewachsen fühlt. Er neutralisiert die von ihr ausgehende Macht, aber auch seine eigene unbewusste Wut mit Nettigkeiten und Geschenken.

Sobald er sich von seinen Freunden beschützt fühlt, kann die so unterdrückte Aggression an die Oberfläche treten. Weil er seine Kumpels dringend braucht, beweist er sich und ihnen, wie unabhängig er ist, und pflegt den Kontakt zu der Männerclique auf Kosten seiner Freundin. Martin kann die Rituale in seinem Freundeskreis nicht von denen getrennt halten, die er mit Gesa aufgebaut hat; er will den Freunden beweisen, dass er über seiner Liebe zu Gesa steht, und gleichzeitig ihr beteuern, dass sie die wichtigste Person in seinem Leben ist.

Die unbewusste Dynamik hängt mit einer ausgeprägten Verdrängung von Aggressionen zusammen, die Martin während seiner Kindheit vollziehen musste. Als Kind zweier alkoholkranker Eltern, die ständig in Gefahr waren, sozial abzurutschen, wuchs er in die Verpflichtung hinein, den Haushalt zu managen und beispielsweise zu verhindern, dass Strom oder Telefon abgestellt wurden. Er spielte seine Eltern gegeneinander aus, um der Familie ein Mindestmaß an Stabilität zu ermöglichen, gab der Mutter gegen den Vater, dem Vater gegen die Mutter recht und unterdrückte den Impuls, den einen Versager zu nehmen und mit ihm den anderen zu erschlagen.

Die sowohl in die Freunde wie in Gesa projizierten Aggressionen führen nun dazu, dass Martin die Freunde gnädig stimmt, indem er gegen Gesa stichelt, während er umgekehrt Gesa durch seine Überanpassung und die Intensität seiner Liebesbeweise friedlich stimmen will.

Kontrollbedürfnis und Ritualbildung

Der Anfang einer Beziehung liefert in vielen Fällen unersetzliches Material, um Entwicklungen einzuschätzen und das Kräftefeld zu beurteilen, in dem sich die künftigen Rituale der Partner bewegen. Beobachtungen in Psychoanalysen belegen, dass zu Beginn, in einer Situation, in der eine wechselseitige »Einstellung« der Beteiligten aufeinander noch nicht möglich war, Erscheinungen auftauchen, die sich später nicht mehr wiederholen und deren Informationsgehalt verloren geht, wenn sie nicht beachtet werden. Es sind Details, die auf den ersten Blick belanglos wirken, aber das Unbewusste symbolisieren.

Eine anspruchsvolle Künstlerin führte Vorgespräche mit mehreren Analytikern. Ich praktizierte noch nicht lange und rechnete mir keine großen Chancen aus, aber sie entschied sich dann doch für eine Behandlung bei mir. Ich war ein wenig stolz, meine Kompetenz im Erstgespräch überzeugend gezeigt zu haben. Als sie Vertrauen gefasst hatte, erklärte sie mir, was sie zu ihrer Entscheidung veranlasst hatte: Von den drei Analytikern sei ich, nicht dass sie unterstellen wolle beleibt, aber doch wohlgenährter und irgendwie besser gelaunt gewesen als die anderen. So habe sie den Eindruck gewonnen, dass dieser Therapeut sich selbst etwas gönne und deshalb auch bereit sein werde, ihr etwas abzugeben.

Ich hatte an meine intellektuellen Qualitäten gedacht, verstand aber inzwischen, dass sie (vielleicht auch nach dem Motto »klug bin ich selber«) auf keinen Fall ihre bleiche und magere Mutter wieder finden wollte, die eine unglückliche Ehe führte und früh an Krebs gestorben war.

Warum verlieben wir uns? Vermutlich ist die Frage falsch gestellt. Wir verlieben uns, wie wir atmen oder trinken. Erklärungsbedürftig ist eher, weshalb Menschen diese spontanen Reaktionen abwehren und kontrollieren. Die Fantasie, es sei gefährlich, sich zu verlieben, lässt sich auf frühe Kränkungen zurückführen. Es muss einmal eine Zurückweisung erlebt worden sein, welche heftige Ängste vor einer Wiederholung weckte. Dann verspricht es mehr Sicherheit, misstrauisch zu bleiben und an den guten Absichten jener zu zweifeln, die spontan und ohne groß nachzudenken ihre Liebe anbieten.

Wenn die Verliebtheit in der Gestalt einer Überschätzung des Sexualobjekts ein Geschenk der Natur ist, wissen wir noch nicht, weshalb manche Menschen anziehender sind als andere und wie jene »Wahlverwandtschaften« zustande kommen, die Goethe mit der Neigung von elementaren Naturstoffen zu chemischen Reaktionen verglichen hat. »Die Chemie stimmt«, sagen wir heute.

In der Psychoanalyse werden solche Attraktionen mit der Übertragung verknüpft: Die Verliebtheit wiederholt die Ur-Überschätzung, welche Kinder auf ihre Eltern richten. Die Paaranalyse widerspricht hier nicht. Aber manche Verliebtheiten gehorchen einem anderen Gesetz.

Wie die Patientin, die ihren Analytiker als *Gegenbild* zu ihrer verhärmten Mutter wählte, entwickeln sich dann Beziehungen aus dem Bestreben, Gefahren zu meiden. Das Liebesobjekt soll *fremd* sein, um sicherzugehen, dass sich mit ihm garantiert *keine* Unzuträglichkeit wiederholt. Es wird als Gegenbild zu dem cholerischen Vater, der depressiven Mutter gewählt. Indem freilich der Partner etwas ganz bestimmt *nicht sein* darf, kann aus dem Blick geraten, was er ist.

Genügend gute, ohne traumatische Angstverstärkungen abgelaufene Beziehungen zu den ersten Liebesobjekten entspannen die Objektwahl. Sie führen nicht dazu, dass den Eltern ähnliche Objekte gesucht werden, wie es eine naive Interpretation der Wirkung von Übertragungen im Alltag nahelegen mag. Das ausreichend versorgte Kind kann seine Eltern loslassen und sich dem Leben zuwenden; nur das traumatisierte muss seine negativen Erfahrungen festhalten, um sicher zu sein, dass sie sich nicht wiederholen. Es muss Wahlen treffen, welche dieses Sicherheitsbedürfnis erfüllen, oder Idealisierungen aufbauen, welche eine Illusion von Sicherheit schaffen.

Verlässliche Bindungserfahrungen in der Kindheit ermöglichen eine unbefangene Wahl. Sie fördern die Bereitschaft, es sich in Beziehungen bequem zu machen und Gegenliebe zu nutzen, um die Rituale in einer Beziehung zu festigen. Das hört sich trivialer an, als es ist. In unserer Welt verspricht Leistung Kontrolle über die Umwelt. So liegt der Glaube nahe, dass die schwierigste Beziehung auch die beste ist, der größte Beweis eigener Liebesfähigkeit in Partnern liegt, mit denen es sonst niemand aushält.

In diesen Fällen schreit das Liebesritual nach Hindernissen. An ihnen erprobt sich der Liebesbeweis, ohne den die Ängste übermächtig werden, nicht gut genug zu sein für eine Beziehung. Die Liebe zu einem süchtigen oder zu einem gebundenen Partner ermöglichen ritualisierte, überoptimale Bestätigungen der eigenen Liebesfähigkeit. Sie erleichtern auch den Ausstieg, die Verarbeitung der Kränkungen des Scheiterns: ein Wunder, dass unter diesen so schwierigen Bedingungen die Liebe überhaupt so lange glückte. Wer mich ablehnt, den zu erobern ist interessant; zu bequeme Beute langweilt mich.

Menschen erfinden Rituale, um Kränkungen nicht zu wiederholen.

Sie lösen alte Probleme – und schaffen sich neue. Ein Beispiel dafür ist das auf die Boulevard-Medien zugeschnittene Ritual, über das Annette Meisl, eine damals 39-jährige Zigarrenhändlerin, in einem Buch und in Talkshows berichtete.

Sie hatte nach 15 Jahren Ehe herausgefunden, dass ihr Partner sie mit einer ihrer Freundinnen betrogen hatte. Die doppelte Kränkung quittierte sie mit einem Ritual, das sozusagen die erlittene Niederlage des Selbstgefühls in einen Sieg umkehrte: Öffentlichkeit gegen Heimlichkeit, fünf Geliebte gegen eine einzige[43].

Mit sichtlichem Stolz trat die Siegerin vor die Kameras und erklärte, wie sie ihre Geliebten erst einmal durch das offene Bekenntnis schockiert habe, dass sie niemanden verletzen, sich nicht verlieben und Sex mit gleichzeitig mindestens fünf Männern haben wolle. Sie kostete den Triumph über diese Männer aus; jetzt war sie die Versuchsleiterin, die Männer ihre Versuchspersonen.

Weniger medientauglich und auch weniger bis in die Einzelheiten kontrolliert verlaufen viele Karrieren von sexuell missbrauchten Personen. In traumatisch beeinträchtigten Entwicklungen der Sexualität verlieren die Triebwünsche ihre Steuerung durch Lust und Unlust. Die Betroffenen wünschen sich Macht über ihre Bedürftigkeit und benutzen die Bedürftigkeit ihrer Partner, um Kontrolle über diese zu gewinnen: Das Sexperiment wird zur manischen Geste. Das überwältigte und verletzte Ich sucht nach einem Triumph, der freilich die lustvolle Steuerung ebenso wenig wiederherstellen kann wie die Fähigkeit, sich überraschen zu lassen.

Eine Frau bittet um ein Gespräch. Carmen hat lange und wirtschaftlich sehr erfolgreich in einem Begleitservice und als Callgirl gearbeitet. Gegenwärtig lebt sie mit einem Partner, der um ihre Vergangenheit weiß. Als ihr aktuelles Problem schildert Carmen Langeweile, Zukunftsängste und depressive Episoden, die sie damit verbindet, dass sie völlig überzeugt sei, alle Männer würden irgendwann, ihrer Partnerinnen überdrüssig, zu einer Hure gehen. Sie finde die Rolle der Hure nicht gut, aber doch besser als die Rolle der betrogenen Ehefrau und könne ihrem Mann nicht glauben, dass er sich verändert habe. Sie hätte ihn als Hostess kennengelernt, er habe sich ihr zuliebe scheiden lassen, aber wenn

---

43 Annette Meisl, Fünf Männer für mich. Ein Sexperiment. Südwest Verlag 2012

sie jetzt ein Kind bekomme, dick werde, sei es sicher auch mit der Treue vorbei.

Die nicht traumatisch eingeengte Haltung dem Leben gegenüber kann zulassen, dass wir im Bösen wie im Guten überrascht werden. Wer nach einsamer Wanderung auf Menschen trifft, kann gastfreundlich bewirtet oder erschlagen und ausgeplündert werden. Wahrscheinlicher ist das Erste, denn das Interesse, einen Freund zu gewinnen, ist tiefer verwurzelt als Raub- und Mordlust, die doch immer auch voraussetzen, die Angst zu überwinden, selbst Schaden zu nehmen. Aber unmöglich ist auch das Zweite nicht.

Wie in feindlichen Umgebungen der Fremde zur Beute werden kann, reduzieren auch heftige Erfahrungen von Gewalt und sexuellem Missbrauch die Fähigkeit, an gute Überraschungen zu glauben. Vertrauen in die Beständigkeit positiver Gefühle macht für solche Menschen wenig Sinn; entsprechende Rituale halten sie für pure Torheit, die es zu meiden gilt.

Die Hurenregeln, keinen Freier auf den Mund zu küssen und niemals Sex ohne Bezahlung zuzulassen, ritualisieren diese Haltung. Sie kontrollieren ein gefährliches Gebiet und werden, wie das Beispiel Carmens zeigt, nicht ohne die Angst aufgegeben, am Ende die Betrogene zu sein.

Die Autorin des Buchs über die fünf Männer ersetzt nicht anders als der Don Giovanni der Oper die Ungewissheiten der Erotik durch das rationalste Instrument, das es gibt. Indem sie Liebespartner in Zahlen fasst, wird aus dem subjektiven Empfinden eine Rechengröße.

Helga F. war als 15-Jährige während ihrer Lehrzeit von dem Sohn des Lehrherrn vergewaltigt worden. Sie fürchtete sich, zu Hause davon zu erzählen. Jeden Abend wurde sie unruhig; sie wartete, bis alle schliefen, kletterte über das Obstspalier auf die Straße und streifte durch die Kleinstadt. Immer wieder gabelte sie Männer auf und gab sich ihnen hin, ohne etwas zu empfinden, aber mit einem Triumphgefühl, dass sie etwas wagte, wovon niemand in ihrer Familie wusste.

Kaum volljährig, begann sie zu trinken. Sie begann ein Verhältnis mit ihrem Chef. Dann entwickelte sie eine suchtartige Promiskuität, in der sie jeden Abend in einer Bar einen neuen Mann eroberte. Einige Monate arbeitete sie als Prostituierte. Später heiratete sie einen Arbeitskollegen, mit dem sie fast jedes Wochenende in Swingerclubs ging. Sie kam in Therapie, weil sie sich nach einem Unfall in alkoholisiertem Zustand entschieden hatte, künftig nicht mehr zu trinken. Seither hatte sie auch ihre sexuelle Erregbarkeit verloren[44].

Helga F. sagte, dass ihr Raubtier-Sex nichts mit ihren Bedürfnissen nach Einfühlung und Zärtlichkeit zu tun habe. Sie sei dann ein anderer Mensch. Ihr Schicksal zeigt, wie viel Scham und Autoaggression durch die Vorstellung vermieden werden können, eine andere Persönlichkeit agiere solche Seiten, es gäbe Selbstanteile, die nicht das Geringste mit der traumatischen Geschichte zu tun hätten.

Ihr Mann sei der Einzige, mit dem sie beides erlebt habe, Sexualität und Zärtlichkeit. Aber sie nehme ihm heute manchmal übel, dass er zum Komplizen ihrer wilden Seite geworden sei; sie habe ihm von ihren Fantasien erzählt, und er habe immer gesagt: »Mach nur«, habe manchmal zugesehen oder sich auf andere Weise beteiligt. Beispielsweise habe sie einmal gelesen, dass Pornodarstellerinnen gesucht würden. Sie wollte sich melden und mitspielen. Ihr Mann redete ihr zu, das zu tun, er wolle im Auto warten, die Sache könne doch auch gefährlich sein, und wenn es zu lange dauere, werde er nachkommen. Es war eine Villa in einem Vorort, wo sie sich meldete. Die Männer dort, die sich als Produzent und Regisseur vorstellten, wollten mit ihr probieren. Sie verkehrte mit beiden, es dauerte länger, ihr Mann kam nach und landete mit der Ehefrau des Produzenten im Bett.

Ich kann nicht ertragen, dass ich einmal so etwas gemacht habe. Ich würde schwören, dass es eine andere war, aber ich weiß, ich war es selbst. Und mein Mann erinnert mich daran. Vielleicht kann ich ihm das nicht verzeihen. Wenn wir jetzt miteinander schlafen würden, wäre das alles wieder da. Es soll aber fort sein und nie wiederkommen.

Hier wird die Beschädigung der Fantasietätigkeit durch die Traumatisierung deutlich. Helga kann sich nicht ausmalen, wie die Arbeit der Pornodarstellerin ist, sie muss die Rolle selbst spielen. Und sie kann später Erinnerungen und Fantasien nicht in ihr Sexualleben mit ihrem Partner integrieren.

---

44 Ausführlicher ist die Analyse von Helga F. dargestellt in W. Schmidbauer, Die Rache der Liebenden. Reinbek 2005.

Die normale Entwicklung der Sexualität ist durch das Trauma unterbrochen worden. In ihr werden aus dem Material der Perversionen auch zärtliche Rituale geschaffen. Erotische Szenen können in Fantasien entwickelt und gestaltet (»mentalisiert«) werden. Rituale entstehen auf der Grundlage von Kommunikationen über solche Fantasien. Die traumatischen Ängste verhindern eine solche Fantasietätigkeit.

In der Analyse gab es Szenen, in denen Helga F. in aufreizender Kleidung und hochgradiger, ängstlicher Spannung kam. Sie wollte unbedingt Sex mit mir; es war nicht einfach, sie davon abzubringen, sie zu beruhigen und die Unschuld der erotischen Fantasie zu wahren. Es ging ihr darum, die Angst vor der Begegnung mit dem Trauma durch sexuelle Erregung abzuwehren.

Früher hätte ich Ihnen diese Geschichten voller Lust erzählt, ganz ohne Scham, ich wäre stolz auf sie gewesen, ich hätte gedacht, ich kann Sie damit erregen, und auf jeden Fall hätten sie mich erregt. Aber heute geht das nicht mehr, ich ertrage es kaum, an sie zu denken, ich fühle mich nur schuldig und meine, ich hätte unendlich viel Zeit damit vergeudet, die ich viel sinnvoller verwenden hätte können.

Ist der Ausgang einer Don-Juan-Karriere stolze Wehmut, mit der in alten Registern geblättert wird? Sind es Schuld und Scham, die dazu führen, diese Register zu verbrennen, die damalige Lebensform zu entwerten und sich anzuklagen, man habe wertvolle Zeit mit verächtlichen Ritualen vergeudet? Ich vermute, dass beides möglich, der zweite Ausgang aber wahrscheinlicher ist, denn die phallische Energie, welche in den unermüdlichen Eroberungen steckt, hat viel von einem Antidepressivum. So wird die Depression ausbrechen, sobald die manische Abwehr versagt.

In den Erlebnissen, die Helga F. beschreibt, wird die Sprachverwirrung wiederholt, welche zwischen den zärtlichen Bedürfnissen des Kindes und der sexuellen Leidenschaft des Erwachsenen besteht. In einer normalen (freilich »modernen«[45]) Entwicklung klärt sich diese Verwirrung heute im spielerischen Hin und Her der adoleszenten Be-

---

45 Die Lösung der traditionellen Gesellschaften liegt darin, die Mädchen vor allen Begegnungen mit Männern zu bewahren, welche nicht durch einen Vertrag zwischen zwei Familien geregelt sind.

ziehungen, zwischen Sichverlieben und Schlussmachen, miteinander gehen und sich nicht mehr sehen.

Wenn Jugendliche sich genügend beschützt fühlen und die Sicherheit haben, dass ihre Eltern für sie da sind, auch wenn sie diese über ihre innere Situation im Unklaren lassen, dann können sie allmählich ihre körperlichen Empfindungen, Triebwünsche, ehrgeizigen Liebesideale und kindlichen Bedürfnisse nach Sicherheit und Bestätigung integrieren. Seelisch verletzte Kinder und Jugendliche haben in der Regel diesen Schutz nicht; entsprechend schwer fällt ihnen die Integration.

Helga F. hatte immer wieder versucht, die Verletzungen ihrer Zärtlichkeitswünsche durch den Mann, der sie als Lehrmädchen missbrauchte, neu zu inszenieren und diesmal die Rolle der Walküre zu spielen. In der Mythologie ist das eine Tochter des Schlachtengottes, die in den Krieg zieht und über den Ausgang einer Schlacht entscheidet. Denn der Sieg gehört immer dem, auf dessen Seite sie streitet[46].

In allen Fällen einer sexuellen Traumatisierung, die ich bisher analytisch untersuchen konnte, war die normale Erprobungsphase der Adoleszenz gestört. Ihre Scham- und Schuldgefühle isolieren die Betroffenen von ihren Altersgenossen. Es gibt kaum Beziehungen, in denen das erotische Element spielerisch beginnt und sich entwickeln kann. Sexuelle Anziehung ist entweder sofort da oder für immer ausgeschlossen. »Gib doch zu, dass du mich ficken willst«, herrschte eine sexuelle traumatisierte Frau in einer Therapiegruppe einen Mann an, der vorsichtig sein Interesse an ihr geäußert hatte.

In einer beschützten Kindheit bleibt die Freude erhalten, neugierig zu forschen und sich überraschen zu lassen, sich Unwissenheit und offenen Ausgang zuzugestehen. Es kommt eben auf die Situation, die Intuition, die Gefühle an, die spontan entstehen und das Geschehen weitertreiben oder aufhalten. Sind zurückhaltende Frauen (Männer) anziehend oder draufgängerische, die ihren sexuellen Appetit unbekümmert zeigen? Ist es interessant, sich zu verweigern, oder schreckt es Partner ab? Soll man schon am ersten Abend miteinander schlafen oder nicht? Sind erfahrene Sexualpartner attraktiver oder unerfahrene?

---

46 Die gepanzerte Tochter, die dem Haupt des Vaters entsteigt, ist ein griechisches Mythologem; die Walküren sind der Kriegsgöttin Pallas Athene verwandt, und beide symbolisieren nicht nur die Unbezwinglichkeit (Jungfräulichkeit) einer Stadt, sondern auch die manische Abwehr einer sexuellen Verletzung durch eine phallische Identifizierung.

Regeln sind nicht vorgegeben, sie entstehen aus dem Dialog. Es geht darum, worauf die Beteiligten Lust haben. Sie müssen es nicht von vornherein wissen, sie werden sich miteinander schon einigen und die zwischen ihnen entstehende Erotik gemeinsam verarbeiten.

Es ist ein Charakteristikum der Traumatisierten, dass sie von sich behaupten, *sofort und ein für alle Male* zu wissen, ob ein Mann / eine Frau attraktiv sei oder nicht, *küssbar,* wie eine Frau sagte, die von ihrem Stiefvater missbraucht worden war. In solchen Äußerungen stecken Idealisierungs- und Kontrollbedürfnisse, die das Sicherheitsstreben eines verletzten Selbstgefühls erkennen lassen.

Nur der perfekte Partner ist gut genug; nur er verspricht genügend Aufwertung. Er muss sofort als solcher erkannt werden können und zur Verfügung stehen, denn die langsame Entwicklung von Erotik aus einer freundschaftlichen Beziehung kann kein Ritual entfalten, das über die Ängste hinweghilft, der Partner könne sich in den Dämon der traumatischen Szene verwandeln.

Das Trauma gleicht dem Faustschlag, der die Spielfiguren durcheinanderwirft. Wer betroffen ist und es nicht vergessen kann, glaubt nicht mehr an seine Fertigkeiten im Spiel. Er hofft auf den Zufall, auf das Glück, umso blinder, je mehr er sich in der traumatischen Situation einem bösen Schicksal ausgeliefert fühlte.

Die sexuelle Traumatisierung lässt sich ebenso an der Hypersexualität erkennen wie an der nachdrücklichen Behauptung, das sexuelle Element sei gottlob aus dem eigenen Leben verbannt, in dem man es eigentlich ohnehin nie gebraucht habe, unverständlich, warum andere derart viel Aufhebens darum machen. Hier liegt die Wahrheit des zynischen Satzes »junge Hure – alte Betschwester«, denn in beiden Extremen stecken Rituale, welche ein sexuelles Trauma durch kontrollierte Inszenierung oder radikale Gegeninszenierung abwehren.

6 Abwehrmechanismen und die Kunst des Grenzrituals

Seit der 56-jährige Joseph seinen gut bezahlten Arbeitsplatz als Bereichsleiter verloren hat und sich als Projektmanager von Auftrag zu Auftrag durchschlägt, hat es seine Partnerin Inge schwer. Sie hat nie so viel verdient wie er, aber sie ist in ihrer Firma unentbehrlich. Bisher hat Joseph die Miete bezahlt und Inge mit Luxus-Urlauben verwöhnt. Zu ihrem letzten runden Geburtstag bekam sie ein Collier mit 50 Brillanten, für jedes Lebensjahr einen.

Joseph verleugnet seinen beruflichen Absturz nach Kräften. Er behauptet, in den Projekten, die er jetzt angeht und für die er Investoren sucht, stecke sehr viel mehr Potenzial als in seiner früheren Arbeit. Ein Durchbruch stehe kurz bevor. Was er durch solche Reden nicht auslöschen kann, ist sein finanzieller Engpass. Er verbraucht seine Abfindung und kann es sich eigentlich nicht mehr leisten, wie bisher die Miete der luxuriösen Wohnung allein zu bezahlen. Inge wäre bereit, ihren Anteil zu übernehmen, aber Joseph will das nicht.

Die früher lebhafte Erotik von Joseph und Inge erlischt, seit Joseph sich oft überlastet und krank fühlt. Erst ist es eine Gürtelrose, über die er mit Inge erst spricht, als sie ihn zur Rede stellt. Dann hat er Herzprobleme, nimmt Medikamente. Joseph fühlt sich alt und verbraucht – und nörgelt auf einmal an Inges Falten und Speckröllchen herum. Bald kocht sie zu fett, bald zu karg. Wenn Joseph bemerkt, wie sehr seine Ausfälle Inge verletzen, entschuldigt er sich und gibt sich in den nächsten Tagen Mühe, wieder gut Wetter zu machen.

Aber jetzt trägt es ihm Inge nach. So ist noch nie jemand mit ihr umgegangen, seit sie mit ihrer ständig unzufriedenen Mutter gebrochen hat, der sie es – unehelich geboren – *auch nie recht machen konnte*. Sie schreibt jede böse Bemerkung Josephs auf und versucht ihm in langen Briefen klarzumachen, was er ändern muss, wenn ihre Beziehung eine Zukunft haben soll.

Oscar Wilde hat einmal von Menschen gesprochen, die anderen auf die Zehen treten, wenn sie selbst die Hühneraugen schmerzen. Joseph kann die Kränkung über sein berufliches Scheitern nicht verarbeiten, ohne Inge zurückzustoßen. Das wirkt paradox, denn im Grunde braucht er Inge mehr als früher. Aber diese kränkende Abhängigkeit darf nicht sein!

Im Kampf gegen eine Bedürftigkeit, die er mit seinem Selbstgefühl nicht vereinbaren kann, kränkt er Inge. Er entwertet sie, um seine Ängste zu bekämpfen, dass *sie ihn* für wertlos hält. Er kritisiert ihr Aussehen – »taufrisch bist du auch nicht mehr«, sagt er, wenn sie morgens aufwacht und er sich insgeheim ärgert, dass sie friedlich schlafen kann und er nicht.

Inge will Josephs Krise nicht wahrhaben. Es soll alles so bleiben, wie es war. Es darf nicht wahr sein, dass Joseph geizig geworden ist mit seiner Zuwendung, dass er nichts mehr abzugeben hat und unfähig ist, ihr im Guten zu sagen, wie sie ihn unterstützen könnte, mit seiner veränderten Situation klarzukommen. Sie liest psychologische Bücher und kommt zu dem Ergebnis, Joseph sei ein Narzisst. Sie erforscht seine Kindheit und entdeckt, dass er vaterlos aufgewachsen ist. Er hat bei seiner Mama gewohnt, bis sie starb.

Die Narzissmus-Diagnose und die Zusammenhänge zwischen seiner Kindheit und seinem Fehlverhalten will Inge nun Joseph erklären, damit er einsieht, dass er wieder so werden muss, wie er es vor seiner beruflichen Niederlage war. Sie sucht Textstellen aus und verknüpft sie mit Beschreibungen von Josephs Ausbrüchen schlechter Laune. Sie schenkt Joseph zum Hochzeitstag ein Buch über verbalen Missbrauch in Beziehungen. Darin sei seine Art, sie zu kritisieren, exakt beschrieben und in ihren Folgen analysiert.

Joseph weist jetzt Gespräche zu diesem Thema ärgerlich von sich. Er möchte seine liebende Frau wiederhaben, nicht diese durch nichts zufriedenzustellende Pseudopsychologin. Da er den Raum verlässt, wenn ihn Inge zur Rede stellen will, schreibt sie ihm viele Seiten lange Briefe. Hier kann sie ihm ungestört erklären, welche Schritte er leisten, welche Einsichten er vollziehen müsste, um die Beziehung wieder in Ordnung zu bringen.

Die Zeit, in der Inge an diesen Memoranden arbeitet, ist die einzige, in der sie sich gut fühlt. Wenn sie Joseph sieht, klopft ihr Herz bis zum Hals – was wird er ihr diesmal wieder antun, wird er sie anfassen und versuchen, sie dazu zu bringen, endlich den Versöhnungssex zu haben, oder wird er sie beschimpfen, weil sie sich aufführt wie eine psychologische Schulmeisterin? Sie beruhigt sich erst dann wieder, wenn sie in ihrem Memorandum diese Fehlverhaltensweisen aufgegriffen und Joseph erklärt hat, warum es so, wie er sich das vorstellt, einfach nicht gehen *kann*.

Joseph und Inge paktieren unbewusst in einem Ritual der manischen Abwehr. Solange es funktioniert, schützt es sie vor negativen Gefühlen. Sie kannten früher einmal keines der Probleme, die andere Paare plagen. Sie hatten besten Sex, schönste Urlaube, waren beruflich Spitze. In der Krise bricht dieses gemeinsame Ritual zusammen. In dem Versuch, es zu reparieren, wird die eigene Verletzung projiziert.

Joseph beschimpft in seinen Wutanfällen Inge als das, was sich ihm wie ein Gespenst als Selbstbild nähert: er ist alt, hässlich, kapiert nicht, worum es geht, versagt in allen Bereichen. Er will ausstoßen, loswerden, was ihn vergiftet, um wieder seinen eigenen Perfektionsansprüchen zu genügen. Der Versager ist sie, nicht er! Und umgekehrt will Inge ihm klarmachen, dass seine Ausbrüche Zeichen einer Krankheit sind, einer Störung, die verschwinden wird, wenn er sich erst ihrer überlegenen Einsicht öffnet.

Manische Rituale sind wenig flexibel. Sie beruhen auf einem fiktiven Idealzustand, der so perfekt ist, dass alle Hinweise auf Unvollkommenheiten ausgeschlossen sind. Während die gemeinsame Illusion, das beste, schönste Paar der Welt zu sein, zusammenhält, droht des Paar zu zerfallen, sobald die abgewehrte, negative Seite auf den Partner projiziert wird, um die eigene Grandiosität auf seine Kosten zu erhalten.

Das manische Ritual ist der zentrale Abwehrmechanismus der Konsumgesellschaft. Ihr Slogan *jetzt kaufen, später zahlen,* erfunden für die Kreditindustrie, nimmt für kurzfristigen Gewinn langfristigen Schaden in Kauf. Bei kritischer Betrachtung wäre klar, dass Selbstüberschätzung gefährlich ist, aber die Versuchungen der Hybris sind mächtiger als die Vernunft, solange ihre Nachteile verleugnet werden können.

Exkurs: Manische Abwehr und Konsumismus

In der geschichteten Gesellschaft zwingt der Fleck auf der Weste den Reichen, sie schnellstmöglich zu wechseln. Der Arme trägt seine Kleider, bis sie ihm vom Leib fallen. Die manische Geste, jeden Makel zu tilgen, enthält eine magische Botschaft. Wer perfekt ist, ist nicht angreifbar. Er gibt dem Niedergang nicht den kleinsten Halt.

In der Feudalgesellschaft gehört diese Qualität zum Herrscher und seiner Familie. Sie schafft die soziale Differenz und ritualisiert den Unterschied zu den Untertanen. In der Konsumgesellschaft greifen manische Gesten nach *allen* Individuen. Dinge werden nicht repariert, sondern ersetzt. In den »heißen« Zonen des Konsums wird eine funktionierende Generation von Geräten einfach durch ein verbessertes Modell abgelöst. Die Verschwendung begrenzter Ressourcen durch die Konsumrituale zeigt die Macht der Triebhaftigkeit über die mathematisch-technische Rationalität der Konstruktionen. Ähnliches gilt für Risiken, die nicht mehr versichert werden können (wie die Atomenergie), und für wirtschaftliche Utopien, deren Hinfälligkeit absehbar ist (wie das dauernde Wachstum der Geldmengen, das mit echtem Wirtschaftswachstum verwechselt wird).

Angesichts der Nähe des Abgrunds wachsen die Bemühungen, diesen zu ignorieren. Die Manie bricht alle Brücken zur Realität ab, um die Gefahr der Depression zu leugnen, bis am Ende kein Ausweg mehr übrig bleibt, um diese zu mildern oder ihr zu entgehen. Der manische Verschwender *realisiert* den Verarmungswahn, welcher den Depressiven als irrationale Fantasie plagt.

Die wissenschaftliche Auseinandersetzung mit der »Krankheit« Depression spiegelt die manische Abwehr. Depressionen gedeihen in Gesellschaften, in denen Erfolg und Zufriedenheit nicht Karma sind, Zufall oder Gnade, sondern die angeblich berechenbare Folge von Leistung und Anpassungsmühe. Um diese Ziele zu erreichen, werden Kinder erzogen, ihre Bedürfnisse zu kanalisieren und ihre Aggressionen zu unterdrücken. Je besser das gelingt, desto ausgeprägter ist die Gefährdung durch eine Depression.

Je weniger Empathie und Unterstützung das Kind während seines Hineinwachsens in die Leistungsgesellschaft erfahren hat, desto größer ist auch sein Bedürfnis, die inneren Gefahren der Depression manisch abzuwehren. Das 1977 beschriebene »Helfer-Syndrom«[47] lässt sich als eine spezielle Form der manischen Abwehr auffassen, die frühe Defizite an Einfühlung und Bedürfnisbefriedigung dadurch kompen-

---

47 W. Schmidbauer, Die hilflosen Helfer. Über die seelische Problematik der helfenden Berufe. Reinbek 1977

siert, dass diese Qualitäten in exzessiver Form anderen gespendet werden.

Die gelingende manische Abwehr gilt als Normalität. Sie bleibt unauffällig, solange sie nicht zusammenbricht oder so exzessiv wird, dass der Betroffene den Kontakt zur Realität verliert. Intensiv untersucht und behandelt wird die Depression; sie gilt als »Krankheit«, während sie sich doch besser als Folge des Zusammenbruchs einer manischen Abwehr verstehen lässt, die von der fiktiven Selbstverständlichkeit ausgeht, dass das Leben durch Leistung und Anpassung freudvoll und kontrollierbar wird.

Vorwurfsrituale

Es ist eine klassische Maxime der Paarberatung (und auch der Mediation), Vorwürfe in Wünsche zu verwandeln. Wir würden dieser schönen Regel seltener begegnen, wenn sie leicht zu erfüllen wäre. Die Anziehungskraft des Vorwurfs liegt darin, dass er den Bedürfnissen einer manischen Abwehr entgegenkommt. Es bringt uns in gefährliche Nähe zu eigener Verletzlichkeit, Wünsche zu äußern, ohne sicher zu sein, dass sie auch erfüllt werden. Wo diese Sicherheit fehlt, erleben wir einen Verlust der Kontrolle über die Situation. Dieser überfordert ein bereits von narzisstischen Ängsten belastetes Ich.

Angesichts der modernen, individualisierten, auf dem grandiosen Entwurf der Liebe als Passion beruhenden Partnerschaft müssen wir uns notgedrungen sehr viel gründlicher mit manischen Ritualen beschäftigen als zu den Zeiten der arrangierten Ehe. Das Verliebtheitskonzept selbst ist manisch. Es beruht darauf, sowohl die Beziehung zum Partner – eben die »Passion« – wie auch den Partner selbst zu idealisieren. Da die eigene Person nicht vom Partner getrennt erlebt wird, dieser als magischer Zwilling gilt, der alle Werte und Interessen teilt, unterstützt diese Überschätzung auch das eigene Selbstgefühl.

Vorwurfsrituale lassen sich als Versuch verstehen, ein abgestürztes manisches Ritual zu reparieren. Da ein Ritual, das wechselseitige Stabilisierung ermöglicht, nicht mehr gelingt, versuchen die ihrer Isolation ausgesetzten Partner, wenigstens die eigene Person zu entlasten. Sie retten das eigene Selbstgefühl um den Preis der Erniedrigung des Partners: Nicht ich habe versagt, er ist es! Dieser Versuch entlastet kurzfristig, führt aber in eine Sackgasse.

Narzisstische Ängste sind weniger leicht zu erkennen als beispielsweise eine Hundephobie. Wer sich vor Hunden fürchtet, weiß spontan, was er zu tun hat: Wenn ihm ein Hund entgegenkommt, wechselt er die Straßenseite. Das entlastet ihn kurzfristig, verstärkt aber auf lange Sicht die Angst. Die Botschaft an das Ich lautet: Es ist dir nicht gelungen standzuhalten. Du bist deiner Angst unterlegen. Zugleich differenziert sich die Angst nicht: Jeder Hund ist gleich bedrohlich, obwohl in Wahrheit Hunde mehr Anlass haben, die Menschen zu fürchten, als umgekehrt (und das auch tun).

Im Vorwurfsritual wird der Partner für eigene schlechte Gefühle verantwortlich gemacht. Dadurch verstärkt sich ein Erleben von Ohnmacht. Wer die Vorwürfe vollzieht, ist unschuldig an der Misere, aber auch machtlos, etwas an ihr zu ändern. Er ist Opfer einer falschen Weichenstellung, die der Partner bereits vor Jahren, oft Jahrzehnten vorgenommen hat, obwohl ihm doch schon damals genau erklärt wurde, was er hätte tun sollen.

Max und Renate haben einen drogenabhängigen Sohn, Mathias. Max wirft Renate vor, sie habe den Jungen viel zu sehr verwöhnt und alle Konsequenz und Geradlinigkeit in der Erziehung sabotiert, die Max vergeblich durchzusetzen suchte. Wenn Mathias an der Supermarktkasse quengelte, bekam er Süßigkeiten, wenn er nicht in die Schule wollte, schrieb Renate eine Entschuldigung, wenn er beim Schwarzfahren erwischt wurde, zahlte sie heimlich die Strafe, während Max lautstark forderte, der Schlingel müsse die Folgen tragen.

Renate dagegen: Max habe sich nie um seinen Sohn gekümmert. Er habe ihn immer nur kritisiert. Außerdem sei er kurz nach der Geburt von Mathias das erste Mal fremdgegangen, sie wolle gar nicht mehr wissen, wie oft später oder gegenwärtig. Sie habe Max tausendmal gebeten, ein besseres Verhältnis zu Mathias aufzubauen, aber sie sei gescheitert und habe, um den Jungen nicht noch mehr zu belasten, ihm vielleicht zu viel nachgesehen.

Renate hatte die idealisierende Beziehung auf Mathias übertragen, als sie sich von Max verlassen und durch seine Liebschaft entwertet fühlte. Mathias wurde zum ödipalen Sieger, narzisstisch überstimuliert, in seiner Kränkungsverarbeitung geschwächt. Er fühlte sich vom Vater nicht anerkannt, dem der Sohn zu »weich« war, band sich an die Mutter und suchte später durch den Drogenkonsum seine eigene manische Abwehr zu stabilisieren und sich von der Mutter zu lösen, indem er die Droge sozusagen an ihre Stelle setzte. Der labile junge Mann, der die Mutter anbettelte und bestahl, war nicht mehr Renates lieber Mathias. Ihre Mitverantwortung konnte Renate nicht ertragen. Sie gab die Schuld an Max weiter.

An dieser Stelle lässt sich auch verdeutlichen, weshalb Vorwurfs-rituale von *beiden* Partnern aufrechterhalten werden. Das ursprüng-liche, manische Ritual schützte die Partner vor ihren Schwächen. Sie konnten ihre Kränkbarkeit und Abhängigkeit von Anerkennung ver-leugnen. Der Zusammenbruch des manischen Rituals beraubt sie des Schutzes, den sie von ihrer Beziehung erwarten.

Max könnte sagen: »Es ist wahr, ich habe dich damals im Stich ge-lassen, es tut mir leid!« Aber um das zu leisten, müsste er akzeptieren, dass *er* einen Fehler gemacht hat. In seinem Empfinden von damals und heute erlebt er sich aber als Opfer: »Ich musste mir doch bei einer anderen Frau die Anerkennung holen, die du ganz und gar für Mathias reserviert hast, kaum war er auf der Welt!« Nicht er hat den Fehler ge-macht, nicht er war treulos; Renate hat ihn schon vorher im Stich ge-lassen.

Das Vorwurfsritual ersetzt Empathie in emotionale Realität – die eigene wie die des Partners – durch Rechthaberei: der eigene narzisst-ische Anspruch wird absolut gesetzt. An die Stelle des Bemühens um Einfühlung in das Gegenüber tritt der Vorwurf, dass dieses die Wahr-nehmung seiner Pflichten verweigert.

So lässt sich auch die Frage beantworten, weshalb Vorwurfsrituale so oft die ans Absurde grenzende Qualität haben, dem Partner Verfeh-lungen zur genauen Betrachtung vorzulegen, die längst verjährt sind und die er beim besten Willen nicht korrigieren kann. *Ich war schon immer besser, daher muss ich auch jetzt besser sein, ich hätte unsere Liebe rein und klar bewahrt, wenn du mich nicht gestört hättest, wir wären an einem ganz anderen Ort, in einem ganz anderen Zustand, wenn du dafür gesorgt hättest, dass alles so bleibt, wie ich anfangs geglaubt habe, dass es sein müsse!*

Die narzisstische Kränkung führt in eine potenziell zeitlose Welt. Überwältigende Angst verändert Strukturen. Sie versetzt die Betroffe-nen in eine Welt, die nicht nur anders ist, sondern auch anders bleibt als die Welt der Verschonten. Zu dieser Welt gehört die Vergegenwärtigung des Vergangenen mit allen oder doch den meisten Affekten, jäh wie ein Überfall, oder chronisch, mit dem Zwang, Gegenmaßnahmen zu ergreifen, wie Alkoholkonsum, Rückzug, aber auch manische Rituale.«

Die Rituale der Liebenden schaffen eine gemeinsame, auf ihre Weise verlässliche Welt, eine Nähekugel, wie sich das Fachwort von der Intimsphäre übersetzt. Holt einen der Partner in diesem Schöpfungsprozess die Vergangenheit ein, verwandelt er sich aus der Person, mit der ich größte Geborgenheit erlebe, in einen Fremden.

Da auch ihm die gemeinsam gewonnene Sicherheit zerfallen ist, wird er wie ein Ertrinkender nach dem Ersten greifen, dessen er habhaft werden kann: Er wird versuchen, die Ursache für den Rückfall in Panik und Verzweiflung im Partner zu sehen. Es ist wie bei der Wanderung einer Zweierseilschaft über einen Gletscher, wo einer der beiden in eine Spalte stürzt und schreit: »Du hast mich hineingestoßen!«

Wenn Paare nach dem Zusammenbruch eines manischen Rituals Hilfe suchen, trägt eine spezielle Untersuchung zum wechselseitigen Verständnis bei: Welche traumatischen Ängste wurden durch das Ritual abgewehrt? Es ist eines der häufigsten Motive von Mythen und Märchen: Wer alles tut, um eine Gefahr zu vermeiden, tappt in die Falle. Ödipus will seine Zieheltern niemals wieder sehen, weil ihm prophezeit wurde, er werde den Vater töten und die Mutter heiraten. Eben wegen dieser Flucht vollzieht sich sein Schicksal.

Die häufigste Folge traumatischer Erfahrungen ist eine Aktivierung der primitiven Kampf-Flucht-Reaktion, die nicht mehr ausreichend durch Einsicht und Empathie gesteuert werden kann. Aus diesem Grund sind so belastete Menschen extrem auf einen sicheren Ort angewiesen[48].

Alle Veränderungen (etwa ein Umzug, ein Wechsel des Vorgesetzten in der Arbeit, die Geburt eines Kindes, eine Verliebtheit) lösen

---

48 Die Folgen der kollektiven Traumatisierung der deutschen Bevölkerung durch den nicht nur verlorenen, sondern auch verbrecherischen Krieg von 1939 bis 1945 führten zu dem Motto »keine Experimente«, welches die Nachkriegszeit prägte. Makro- und Mikrosoziologie spiegeln sich: In den Familien mit durch die Erfahrungen von Gefangenschaft, Vertreibung und moralischer Erniedrigung traumatisierten Eltern wurden die Kinder in ihrer Angstbereitschaft stimuliert. Das journalistische Klischee von der »german angst« hat einen realistischen Aspekt.

Ängste aus, deren traumatische Quelle sowohl an der Heftigkeit der Reaktion wie aus der irrationalen Überschätzung von Gefahrenquellen abzulesen ist.

Heilung durch Liebe?

»Liebe ist die beste Medizin«, sagt das Sprichwort. Das ist wahr und falsch zugleich, wenn wir den Satz auf die Rituale der Partnerschaft anwenden. Wenn einen der Partner traumatische Ängste plagen, muss der andere Nachsicht aufbringen. Sein Gegenüber ist weniger belastbar, schneller gereizt, macht ihm Vorwürfe, deren Anlass auf den ersten Blick nur der zu sein scheint, eine gute Stimmung kaputt zu machen.

Thomas und Luise kennen sich seit zwei Jahren. Luise ist Erzieherin und war als Jugendliche wegen einer Essstörung in Therapie. Sie hatte vor Thomas nur flüchtige Beziehungen, die sie immer bald beendete, weil sie sich ausgenützt fühlte. Luise findet Thomas attraktiv, obwohl er Witwer ist und sich um seine Tochter kümmern muss. Er ist der erste fürsorgliche Vater, den sie kennenlernt; ihr eigener Vater hat sie sexuell missbraucht und verbüßt eine Freiheitsstrafe. Thomas sorgt liebevoll für eine Tochter im frühen Schulalter. So hat ihn Luise auch kennengelernt – er fragte sie, ob sie gelegentlich auf die Kleine aufpassen könne.

Inzwischen ist Luise bei Thomas eingezogen. Seine Tochter findet das prima, Thomas ist deutlich entlastet und kann sich wieder besser auf seine Arbeit konzentrieren. An einem Abend lädt er Luise in ein Steakhouse ein, um den Jahrestag zu feiern, an dem sie zum ersten Mal zusammen Sex hatten. Während sie darauf warten, dass der Kellner die bestellten Speisen bringt, bricht Luise in Tränen aus. Thomas ist schockiert und auch etwas ärgerlich, es ist ihm peinlich vor den anderen Gästen, dass Luise die Stimmung kaputt macht.

Sie will erst gar nicht erklären, warum sie weint. Sie hat den Appetit verloren, sie will nach Hause, Thomas soll allein essen. Erst als er sie bittet zu bleiben und ihm zu erklären, was sie so aufgeregt hat, sagt Luise: »Du wirst mich nie so lieben wie Annemie (Thomas' verstorbene Frau) oder Katja (seine Tochter).« – »Warum um Himmels willen fällt dir das gerade ein, wenn wir essen gehen und feiern wollen?« – »Ich weiß auch nicht. Ich bin eben gestört.« – »Aber wie kommst du nur darauf?« – »Annemie hast du geheiratet, mich nicht. Mit ihr hast du ein Kind, mit mir nicht. Ich bin es dir eben nicht wert!« – »Aber wir kennen uns doch noch gar nicht so lange!« – »Ich wollte es dir ja auch nicht sagen. Nimm mich nicht ernst. Ich heule oft ohne Grund.«

Luise bringt Thomas aus der Fassung, weil sie sich so ganz anders verhält, als er es tun würde. Er würde die Situation auskosten, wie das Personen tun können, die sich als Kinder sicher fühlten und ihren Bedürfnissen hingeben konnten. Luise hingegen ist traumatisiert. Eine besonders entspannte, glückliche Situation weckt in ihr Ängste, dass etwas Böses passieren könnte, weil sie verführt wird, in ihrer Aufmerksamkeit nachzulassen, weich zu werden, sich hinzugeben. Wenn Luise arbeitet und Stress bewältigen muss, fühlt sie sich sicherer als angesichts von Feierlaune rundum.

Thomas weiß über Luises schrecklichen Vater. Er hat deshalb auch gezögert, sich sexuell auf sie einzulassen, und war extrem vorsichtig, als sie das erste Mal zusammen waren. Aber Luise hat ihn beruhigt und überrascht. Sie ist eine leidenschaftliche und experimentierfreudige Geliebte, die gerne die Initiative ergreift und es mag, wenn er sie fest anfasst.

Die Szene im Steakhouse als zunächst rätselhaftes Entgleisen eines Liebesrituals hat Thomas acht Jahre später während einer Analyse berichtet, die er nach dem Scheitern seiner Ehe mit Luise begann. »Ich habe damals ganz falsch reagiert«, sagte er jetzt.

»Ich habe gedacht, wenn ich Luise heirate und wir ein Kind zusammen haben, dann wird sie zufrieden sein und nicht mehr das Gefühl haben, dass ich sie weniger liebe als meine erste Frau. Aber in Wirklichkeit ist es immer schlimmer geworden. Unsere beste Zeit hatten wir, als wir nicht verheiratet waren und sie jeden Tag hätte wieder ausziehen können. Als wir geheiratet hatten, begannen die Vorwürfe, dass ich nicht genug im Haushalt mache und kein wirklich moderner Mann bin. Und als wir ein Kind hatten, war es aus mit der Sexualität, sie hatte einfach keine Lust mehr, stritt sich mit meiner Tochter und mit mir und sagte, wir hätten sie die ganzen Jahre nur ausgenützt.«

Die Hoffnung, Luises Ängste durch Nachgiebigkeit und Bedürfnisbefriedigung zu mildern, hat sich als Illusion erwiesen. Sie zeigt, dass

Thomas einem Ritual der Anpassung mehr vertraute, als sich mit den Gründen auseinanderzusetzen, die Luise so unfähig machten, sich an seiner Seite zu entspannen und mit ihm zu feiern. Die beiden hätten vielleicht eine bessere Chance gehabt, wenn Thomas darauf bestanden hätte, dass Luise erst einmal ihre Unruhe und Zerstörungslust bewältigt, ehe er auf ihre Wünsche nach einer festen Bindung und einem Kind eingeht.

Die Heilung durch Liebe ist weder unmöglich noch garantiert. Den Ausschlag geben die narzisstischen Ängste: Gelingt es dem Liebesritual, einen traumatisierten Partner so weit zu ermutigen, dass er sich diesen Ängsten stellt und sie Schritt für Schritt ihrer Macht über ihn beraubt? Oder aber deformieren die Ängste das Liebesritual in der Weise, dass die Partner eine immer höhere Last gemeinsamer Verleugnungen tragen müssen?

Thomas hat Luise aus Konfliktscheu und Angst, von ihr verlassen zu werden, in ihrer manischen Suche nach einer perfekten Liebe bestärkt. Es gelang ihm nicht, klare Grenzen gegen Luises Fantasie zu setzen, sie werde nicht »richtig« geliebt, wenn sie nicht ebenso viel Zuwendung erhalte als seine verstorbene Frau und seine Tochter. Es gelang Thomas nicht, Luise zu vermitteln, dass sich auf eingeforderten Liebesbeweisen kein stabiles Ritual aufbauen lässt.

Luises Anspruch lässt sich mit dem Wunsch nach einem Rauschzustand vergleichen. Drogen und Liebesbeweise erleichtern schnell und schaden langsam. Sie schwächen die Fähigkeit, Kränkungen zu verarbeiten. Ein Liebesbeweis schafft eine irreale Situation. Er weckt Unglauben, weil er Interessengegensätze und Eigennutz verschleiert. Um diesen Unglauben manisch abzuwehren, verlangt im Märchen die Frau des armen Fischers immer mehr – bis am Ende das manische Gebäude einstürzt, weil sie nicht nur Papst, sondern Gott selbst sein möchte.

Die Heilung durch Liebe kann gelingen, wenn die Partner sich darin unterstützen, Ängste vor Liebesverlust zu ertragen, ohne die Liebe selbst zu entwerten und aufzugeben.

Verdrängung und Ritualbildung

In ihrem klassischen Text »Das Ich und die Abwehrmechanismen« hat Anna Freud die Prozesse untersucht, mit deren Hilfe sich das Erleben vor unerwünschten Eindringlingen aus dem Unbewussten schützt. Abwehrmechanismen sind innere Operationen, die seelische Vorgänge einschränken oder ganz unterdrücken, sobald diese die Sicherheit des Individuums gefährden. Bereits Nietzsche hatte den *Stolz* in dieser Weise beschrieben: *»Das habe ich getan«, sagt mein Gedächtnis. »Das kann ich nicht getan haben«, sagt mein Stolz und bleibt unerbittlich. Endlich – gibt das Gedächtnis nach*[49]. Freud hat diesen Prozess als *Verdrängung* systematisch erforscht und mit den Symptomen hysterischer Patientinnen verknüpft, die damals wie ruhelose Seelen von einer neurologischen Praxis zur nächsten irrten, beschwichtigt, ermahnt, mit Brechmitteln oder Stromschlägen gequält, keine Gesprächspartnerinnen, unverstanden.

Schon in den ersten Beobachtungen solcher Frauen fiel Freud auf, dass die Abwehr gegen das Unbewusste die emotionalen Kontakte gestaltet, auch die Beziehung zwischen Patientin und Arzt. Der Analytiker wird in das Geschehen einbezogen; wie sich die »Übertragung« zu ihm entwickelt, verrät auch, wie sich die Patientin vor der Begegnung mit beschämenden Wünschen und Ängsten schützt.

Die Aufdeckung eines Abwehrmechanismus ist grundsätzlich ein Geschehen zwischen zwei Akteuren. Ein Analysand versucht in der Übertragung, den Analytiker in ein Abwehrritual einzubeziehen. Der sollte es erkennen, um die so gewonnene Einsicht dem Patienten zur Verfügung zu stellen. Freilich können Abwehrmechanismen keineswegs immer erkannt werden. Ein Mensch erträgt nicht alle Einsichten, die ihm geistig möglich sind, sondern nur jene, die nicht in Widerspruch zur Kernzone seines Selbstbildes geraten.

Daher ist die Psychoanalyse eine in ihrer Wirkung schwer berechenbare Methode der Psychotherapie. Ein geschwächtes, zum Vollzug wichtiger Einsichten nicht genügend belastbares Ich *kann* die Fähigkeit gewinnen, sich von Ängsten zu distanzieren und bisher nicht mögliche Entwicklungsschritte zu vollziehen. Aber die für dieses Ziel nötige Nähe ist technisch nicht herstellbar. Wo sie nicht in ausreichender Qualität zustande kommt, bleibt der Aufwand vergeblich. Wenn dieses Scheitern verleugnet wird, kann es wegen der an sich wertvollen Bereitschaft von Patient und Therapeut, sich viel Zeit zu lassen, zu vergeblichen Mühen kommen. Sie lassen sich mit einer Insolvenzverschleppung vergleichen.

---

49 Friedrich Nietzsche, Jenseits von Gut und Böse

Analytische Psychotherapeuten benötigen eine lebenslange Super-vision. Auch ihr Ich kann nur so viel Einsicht ertragen, dass der Kern des Selbstgefühls ungefährdet bleibt. Daher brauchen sie Hilfe, um rechtzeitig zu erkennen, ob ihre Arbeit einen Entwicklungsprozess in Gang setzt oder die Beteiligten schwächt.

Die wichtigsten Abwehrrituale beruhen auf Verdrängung, Spaltung und Projektion. Verdrängung ist ein normales, »gesundes« Geschehen, ohne das der Mensch nicht lebensfähig wäre. Er könnte sich traumati-sche Erinnerungen und ängstigende Vorstellungen über seine Zukunft nicht von der Seele halten. Verdrängung entlastet das Ich, aber sie hin-dert es auch, sich der Realität anzupassen und Sackgassen zu vermei-den.

Daniela ist seit 20 Jahren mit Karl verheiratet. Sie sind beide Fachärzte, haben zwei Kinder und gemeinsam eine Praxis aufgebaut, die in ihrer Existenz bedroht ist, weil Karl immer wieder betrunken arbeitet und inzwischen bereits eine Abmahnung von der Kassenärztlichen Vereini-gung erhalten hat. Daniela bringt eine Strichliste mit, wie oft Karl nach einem Exzess versprochen hat, nie wieder zu trinken. Es ist eine lange Liste, die 87 gebrochene Versprechungen addiert. Jedes Mal hat Daniela Karls Schwüren geglaubt und es vermieden, Konsequenzen zu ziehen. Sie genießt es, wenn die Patienten und auch ihr reuiger Partner beteu-ern, ohne sie seien Praxis und Familie längst zusammengebrochen. Wenn sich die Situation ins Unerträgliche zuspitzt, schwört sie sich selbst, ganz ähnlich wie Karl es ihr schwört, sie werde jetzt zum Anwalt gehen und die Scheidung einreichen. Aber kann sie allein leben? Kann sie die Praxis führen? Karl verwaltet die Konten, erledigt die Steuer-erklärung. Sie braucht ihn!

Die Eltern der 15-jährigen Laura wundern sich, dass ihre Tochter so dick geworden ist. Aber sie ist ein liebes Kind, sie wird den Babyspeck schon loswerden, wenn sie will, dass sich Jungs für sie interessieren. Das liegt aber sichtlich noch in weiter Ferne. Laura verspricht, demnächst wieder mehr Sport zu machen und weniger zu essen. Eltern und Tochter sind sehr überrascht, als Laura mit heftigsten Magenkrämpfen in die Notaufnahme kommt – und ein Baby zur Welt bringt.

In diesen Beispielen ergänzen sich Verdrängung und Verleugnung. Um eine unangenehme Realität auszublenden, werden ihre Signale unterdrückt und durch einen verblendeten Glauben ersetzt, der vor schmerzhaften Einsichten bewahrt. Daniela vergisst, dass Karl ihr auch beim letzten Rückfall hoch und heilig geschworen hat, die Hand solle ihm abfallen, wenn er je wieder eine Flasche anrühre. Lauras Eltern leugnen, dass ihr Töchterchen bereits ein Sexualleben hat, das brave Kind tut mit.

Schwerer zu erkennen sind Abwehrrituale, bei denen das Verdrängte nicht nur verleugnet, sondern auch projiziert wird. Unter Projektion versteht Freud die Wahrnehmung eigener, unbewusster Inhalte bei einer anderen Person. Wenn sich jemand ständig entschuldigt, stets mehrmals um Erlaubnis bittet, wenn er etwas tut, was andere eventuell stören könnte, sich nicht spontan am Gespräch beteiligt und bei Tisch immer wartet, bis ihn jemand nötigt zuzulangen, würde der Analytiker dieses Verhalten auf verdrängte und in die Umwelt projizierte Motive von Gier und Aggression zurückführen.

Der Schüchterne erlebt seine Mitmenschen als bedrohlich und fürchtet sich vor ihnen, weil er davon ausgeht, dass sie bei der geringsten Verletzung *ihres* Egoismus aggressiv werden. Er hingegen verdrängt aggressive und egoistische Wünsche. Er scheint sich nichts mehr zu wünschen als eine von solchen Impulsen befreite Welt. Die verdrängten Aggressionen verlegt er hinaus in die Umwelt und verhält sich so, als sei der freundliche Gastgeber ein gefährlicher Sadist, den er auf gar keinen Fall provozieren darf.

Olga und Heinrich suchen Hilfe in einer Ehekrise. Sie sind beide um die 40 und haben eine kleine Tochter. Der Konflikt brach aus, als Olga nach einer vorübergehenden beruflichen Trennung Heinrich gestand, sie habe während ihrer Projektarbeit im Ausland ein erotisches Abenteuer erlebt. Sie wünsche sich aber mehr Nähe und Innigkeit mit ihm, weil sie ihn mehr liebe als den Mann dort. Sie wolle ein weiteres Kind mit ihm und könne es nicht ertragen, dass die Erfahrung mit dem anderen Mann zwischen ihnen stünde.

Olga hatte erwartet, dass Heinrich dieses Bekenntnis als Liebesbeweis anerkennen würde. Heinrich reagierte ganz anders. Er war wie vor den Kopf geschlagen, bald betäubt, bald erregt. Er konnte nicht mehr schlafen. Er wollte von Olga genau wissen, was sie getrieben hatte, beschimpfte sie zwischendurch als Hure und griff zu Ausdrücken für ihre Aktivitäten mit dem Liebhaber, die er bisher nie in den Mund genommen hatte.

Heinrich war bisher sexuell sehr zurückhaltend gewesen und hatte anfangs Mühe, Potenzprobleme zu überwinden. Olga hatte sich damit abgefunden und dachte nicht weiter darüber nach. Die Erotik mit dem Liebhaber fand sie ebenso schön und intensiv, wie sie dessen Charakter ablehnte: Er war verheiratet, und sie fand bald heraus, dass sie nicht seine einzige Geliebte war.

Olgas Stimmung stürzte ab, als Heinrich sie als läufige Hündin, Hure und Drecksau beschimpfte, Ausdrücke, von denen sie nicht geahnt hatte, dass er sie überhaupt kannte. Sie wurde maßlos wütend, schlug auf Heinrich ein, warf Teller nach ihm, klagte ihn an: Er sei kalt wie ein Fisch, ausschließlich kopfgesteuert, er habe ihr nie Zärtlichkeit und Geborgenheit vermittelt, sie wolle endlich Emotionen von ihm, Zärtlichkeit, ein Zeichen, dass sie persönlich gemeint sei.

Indem Heinrich seine Frau beschimpft und ihr eine vulgäre sexuelle Gier unterstellt, signalisiert er eine Projektion. Er macht seine Frau, die ihm gerade ihre Reue signalisiert hat, zu einer triebgesteuerten Schlampe. Dieses Sexmonster entspricht Heinrichs Sexualverdrängung.

Olgas Seitensprung war nicht allein sexuell motiviert. Er entsprang auch ihrer Angst vor Einsamkeit. Daher hatte sie auch die Erotik mit dem Liebhaber aufgegeben, sobald sie erkannte, dass sie an seiner Seite keine Sicherheit finden würde. Heinrich hatte das Gute, das sie von ihrem Liebhaber sozusagen mitbringen und ihm einpflanzen wollte, nicht angenommen.

Heinrich war der Vertraute seiner Mutter, die sich von ihrem Ehemann abhängig fühlte und den Sohn in ein Bündnis gegen den Vater zog. Dieser wurde schwarz gemalt als böser Mann, der mit seinen sexuellen Bedürfnissen seine Frau überfordert und obendrein fremdgeht.

Als Ehemann will Heinrich ganz anders sein als dieser Vater, daher seine Selbstdisziplin und seine Hemmungen, sich in seiner Sexualität gehen zu lassen. Olga hingegen hat beide Eltern durch einen Unfall früh verloren. Sie ist in einem Heim aufgewachsen und hat sich immer nach Nähe gesehnt. Sie träumte von Liebe wie von einem Prinzen. Erotik zog sie an, ängstigte sie aber auch, weil sie doch gefährlich ist und Sicherheit zerstören kann. Heinrich bot diese Sicherheit. Olga war zuversichtlich, ihm die Erotik schon noch beizubringen.

Während bewusstseinsfähige Rituale eine Verbindung unterschiedlicher Akteure in Szene setzen, nimmt eine symbiotische Erlebnisqualität nur widerwillig zur Kenntnis, dass eine große, mächtige Einheit real in zwei Personen zerfällt, die sich eigentlich immer einig sein müssten. Olga war überzeugt gewesen, Heinrich würde ihre Liebschaft genau so bewerten, wie sie das tat. Sie hatte bisher die Differenz ihrer Auffassungen nicht wahrgenommen.

Das symbiotische Ritual ist unbewusst und entspricht der Verdrängung: Solange es funktioniert, wird nichts erlebt, was der Gleichheit der Urteile widerspricht. Olga hatte diese Symbiose verlassen, als sie die Liebschaft begann und auskostete. Aber der Gedanke, sich von Heinrich zu trennen, ängstigte sie. Seiner war sie sich sicher. Ihr Geständnis sollte die Symbiose wieder reparieren. Aber das Gegenteil geschah: Olga wurde Heinrich fremd. Sie war nicht mehr *seine* Olga, die er kannte und die ähnlich zurückhaltend und moralisch geordnet war wie er.

Olgas Abenteuer gefährdete Heinrichs Abwehr einer erobernden, unbekümmerten Sexualität, die mit der Ablehnung des Vaters einherging. Die von Heinrich verdrängte, aktive Erotik wurde in Olga projiziert und erneut entwertet. Olga wurde in Heinrichs Augen eine Verführerin, eine berechnende Nutte. In den unermüdlichen, von heftigen Vorwürfen unterbrochenen Ausforschung Olgas nach allen Einzelheiten der Persönlichkeit und des Verhaltens ihres Liebhabers lässt sich bei Heinrich die geheime Faszination des Verdrängten erkennen. In dem Bösewicht verabscheute und suchte er seinen verschmähten, inzwischen verstorbenen Vater.

Olga verfolgte Heinrichs Verwandlung entsetzt, anfangs schuldbewusst, dann aber mit wachsender Wut. Sie wollte diesen Quälgeist vernichten, ihm seine eigene Wertlosigkeit einträken, um den verlässlichen, ruhigen, um sie bemühten und sie verehrenden Seelenzwilling zurückzugewinnen, den sie doch brauchte, damit ihr Leben weiterging, wie es weitergehen sollte. Sie kannte sich selbst nicht mehr, sie hatte noch nie jemanden geschlagen, noch nie Geschirr zerschmissen.

»Du willst mich zerstören!«, schrie Heinrich.

»Gar nicht!«, schrie Olga. »Es soll nur aufhören, du musst wieder so sein wie immer!«

Jede dauerhafte Beziehung entwickelt Rituale, durch die der gemeinsame Bereich von den Bereichen getrennt wird, die jedem der Partner gehören. Diese Rituale entwickeln sich aus symbiotischen Anfängen und distanzieren sich zum Teil von ihnen. Verliebte können sich nicht trennen. Sie wollen zusammen sein. Als es noch keine Flatrate gab, war die sprunghaft steigende Telefonrechnung ein Signal solcher Zustände. Grenzrituale gestalten Abschied und Wiederannäherung. Ihre Entwicklung verläuft nicht harmonisch und symmetrisch, sondern in Phasen der Erregung und solchen der Beruhigung. Ihr Grundgesetz ist der Austausch, dessen nüchternes Symbol – die Waage – den leidenschaftlichen Illusionen widerspricht, alles zu geben, alles zu bekommen, keinen Handel zu brauchen.

Nehmen wir den Fall der jungen Ehefrau, die ihren Groll auf die spitzen Bemerkungen ihrer Schwiegermutter schlucken musste, weil ihr Mann so viel Wert darauf legt, seine Mama jeden Sonntag zum Nachmittagskaffee zu besuchen. Erst als ihr Mann einen Seitensprung beichtet und um ihre Verzeihung bittet, findet sie die Kraft, einen künftig schwiegermutterfreien Sonntagnachmittag auszuhandeln. Kuhhandel!, werden manche sagen. Ich sehe die Kreativität der Ritualbildung am Werk.

Grenzrituale spielen auch in der Verarbeitung unterschiedlicher Vorstellungen von Ordnung, Sauberkeit, Ästhetik eine wichtige Rolle. In modernen Beziehungen gibt es meistens keine Hausfrau mehr. Ihre Aufgaben müssen sich die Partner teilen. Daher ist auch der Brauch obsolet, dass die Hausfrau für die ganze Wohnung zuständig ist und der Mann in ihr lebt wie ein Gast, der zu Tisch kommt und morgens saubere Wäsche vorfindet. Der Verlust traditioneller Rollen, die ihre eigenen Grenzen in sich tragen, weckt in modernen Paaren das Bedürfnis nach eigenen, persönlich ausgehandelten Territorien und Grenzritualen

Grenzrituale entwickeln sich stabil, wenn die Partner angstfrei unterschiedliche Bedürfnisse und Wertvorstellungen an ihrem Gegenüber wahrnehmen können. Sobald sie sich durch diese Differenzen bedroht fühlen, ist auch die Grenze gefährdet. Wer sich bedroht fühlt, reagiert ähnlich wie kleine Länder angesichts eines mächtigen Nachbarn: er versucht, Aggressionen schnell in das Territorium des Gegners zu tragen, um nicht erdrückt zu werden. Ein gutes Grenzritual schützt die Ressourcen des eigenen Bereichs jedes Partners.

Karl und Johanna haben sich sehr ineinander verliebt. Karl hat, durch eine dominante Mutter eingeschüchtert, sich noch nie so erotisiert, potent und beglückt erlebt wie mit Johanna. Aber Johanna ist auch extrem kontrollierend. Karl soll auf sein Motorrad verzichten, sich nicht mehr mit den Kumpels in seiner Band treffen, er darf nicht länger als eine Stunde am Abend im Internet surfen. Wenn sie mit ihm unzufrieden ist, gibt es keinen Sex, bis Karl nachgibt. Johanna findet nicht, dass sie damit Druck ausübt und Karl erpresst; sie *kann* dann einfach nicht, sie hat eben keine Lust, solange Karl sie nicht versteht und auf ihren Gefühlen herumtrampelt.

Als Johanna wegen einer Operation in eine Klinik muss, genießt Karl seine Freiheit. Er geht wieder allein aus, trifft sich mit seinen alten Freunden, lernt eine Frau kennen und schläft mit ihr. Am nächsten Abend geht er wieder aus, trifft eine andere, die auch mit ihm ins Bett geht. Nach einer Woche sagt er Johanna, die sich noch im Krankenhaus erholt, er trenne sich von ihr. Sie ist fassungslos – gerade jetzt, wo sie ihn mehr braucht denn je. Karl zählt auf, was er unter ihren Erpressungen aufgegeben hat und jetzt nachholen wolle. Sie habe ihn immer nur geknechtet. Er zieht zu einer seiner neuen Freundinnen, geht aber nach wie vor oft aus und nutzt jede Gelegenheit für mehr oder weniger flüchtige Liebschaften. Johanna erkundigt sich bei einem Anwalt, ob sie Anspruch auf Schadensersatz hat. Sie findet es ungerecht, dass Karl so einfach gehen kann. Sie hat ihn schließlich jahrelang in ihrem Haus wohnen lassen, hat für ihn gekocht, hat seine Wäsche gebügelt.

Johanna hat mit Karl kein Grenzritual aufbauen können, in dem auf liebevolle Weise geregelt wird, wo der individuelle in den partnerschaftlichen Raum übergeht und welche Formen von Austausch sich an diesem Übergang vollziehen sollen. Karl hat zugelassen, dass Johanna in seinen Raum eindrang und ihn besetzte. Er hat sie zur Unterdrückerin gemacht und bei erster Gelegenheit das so geschaffene Joch abgeschüttelt.

Umgekehrt hat auch Johanna Karls Grenze nicht respektiert und an dieser Grenze mit ihm verhandelt. Sie hat ihn kolonisiert, weil sie Angst hatte, ihn zu verlieren; er hat sich kolonisieren lassen, weil er fürchtete, sonst eine für sein Selbstgefühl unentbehrliche Bestätigung zu verlieren.

The Crumbs off the Wife's Table

Grenzrituale scheitern an einer übermächtigen Verlustangst. Sie hindert die Partner, zwischen Respekt und Trennung zu unterscheiden. Wer in seiner Liebesbeziehung Fremdes ertragen und interessiert zur Kenntnis nehmen kann, findet es nicht bedrohlich, wenn sich die Aufmerksamkeit des Partners auf Fremdes richtet. Wen Verlustangst packt, sobald nicht mehr alle Vorstellungen von Gemeinsamkeit und Nähe erfüllt sind, der kann nichts Fremdes tolerieren, geschweige es als Bereicherung und Kraftquelle für die Beziehung und damit auch für sich selbst annehmen.

»The Crumbs off the Wife's Table«[50] – in diesem fesselnden Lebensbericht schildert Hilda Ogbe ihre Ehe mit einem Nigerianer aus Benin City, der ihr von Anfang an sagt, dass er ihr nicht treu sein wird, weil es in seiner Heimat üblich sei, dass jüngere Frauen die Krumen erhalten würden, die vom Tisch der Ehefrau für sie abfallen. Sie seien aber unwichtig, nur auf Geschenke versessen und würden bald fallen gelassen.

Hilda ist jüdischer Herkunft und kaum zwanzig, als sie Thomas Ogbe in einer Rüstungsfabrik kennenlernt. Sie musste vor der Verfolgung durch die Nazis nach England fliehen und ist von dem Selbstbewusstsein und der Fürsorglichkeit des fünfzehn Jahre älteren Mannes sehr beeindruckt. Er ist damals noch verheiratet, lässt sich später scheiden, heiratet Hilda und studiert Rechtswissenschaften, um in Nigeria – damals noch britische Kolonie – als Anwalt zu arbeiten. Hilda macht Karriere als Modedesignerin und finanziert Tommys Studium. Beide kennen sich 13 Jahre, als sie 1956 gemeinsam nach Nigeria gehen.

Hilda verliert ihre berufliche Unabhängigkeit und kann sich nur mit Mühe der Verwandten erwehren, die von der einstigen Design-Direktorin eines Londoner Modehauses verlangen, ihnen Kleider zu nähen. Tommy verwandelt sich aus dem Mitglied in einem Zweierteam in einen autoritären Vater und Ehemann, der keinen Widerspruch duldet. Sie haben inzwischen zwei eigene Kinder und zwei Stiefkinder aus Tommys erster Ehe, die zu ihrer Mutter fliehen, weil der Vater sie immer wieder

---

50 Hilda Ogbe, The Crumbs off the Wife's Table, Spectrum, Ibadan 2001. Ich verdanke den Hinweis auf das Buch Frau Christiana Udeogu-Gözalan.

mit dem Rohrstock schlägt und Hildas Einwände sadistisch abweist – sie solle still sein, sonst schlage er noch fester.

Als der Ehemann einmal die neunjährige Tochter eine ganze Nacht allein lässt – Hilda musste den Sohn in ein Krankenhaus begleiten –, um zu verhindern, dass sein girlfriend sich während dieser Nacht mit einem anderen trifft, reißt Hilda die Geduld. Das sei doch etwas anderes als Krumen vom Tisch der Ehefrau! Tommy kann sich nicht erinnern, jemals diesen Vergleich gebraucht zu haben. Er sorge doch gut für sie, sie sei die Einzige, der er vertraue, alle diese Mädchen würden ihn nur bestehlen und belügen, es sei aber für einen Nigerianer unmöglich, auf sie zu verzichten.

Hilda hat eine zweite Karriere als Designerin aufgebaut. Sie entwirft Silberschmuck, der in Nigeria unbekannt ist, setzt Goldschmiede in Lohn und Brot, die bisher nur mit dem kostbaren Material arbeiten und entsprechend wenig Kunden haben. Sie gewinnt schrittweise ihre Unabhängigkeit, baut sich ein eigenes Haus, hat eigene Freunde und trennt sich von Tommy, ohne sich scheiden zu lassen. Damit beendet sie eine jahrelange Geschichte von Leid und unterdrückter Eifersucht. Sie fühlt sich frei. Tommy will erst gar nicht glauben, dass Hilda ohne ihn leben kann. Er findet sich aber damit ab und lobt Hilda als die beste Frau, die ein Mann finden könne. Hilda ist sozial sehr aktiv, betreut Ausstellungen einheimischer Handwerker in Benin City und gründet die Organisation *Nigerwifes*, in der sich ausländische Frauen nigerianischer Männer unterstützen.

Nüchtern und detailreich erzählt Hilda Ogbe diese Geschichte einer schwierigen Beziehung voller Enttäuschungen. Sie zeigt, wie ausgeprägt die Rituale der Partnerschaft von dem sozialen Rahmen abhängen, in dem ein Paar lebt. In England sind Hilda und Tommy *beide Fremde*, die sich mit gleichen Chancen untereinander und mit ihrer Umwelt austauschen müssen. Hilda ist hier ebenso stark wie ihr Partner, daher gelingt es den beiden gut, sich zu unterstützen, Kränkungen zu verarbeiten und auf ihre jeweils unterschiedliche Weise mit der Umwelt verbunden zu bleiben.

Hilda zeigt bereits hier ihre erstaunliche Fähigkeit, durch Geduld und Humor Beziehungskrisen zu bewältigen, an denen andere Familien scheitern. Ihre Mutter ist tief gekränkt, als ihr Hilda erzählt, sie teile mit einem verheirateten Nigerianer Tisch und Bett. Tommy ist kein Jude – in einer orthodoxen Familie würde Hilda wie eine Tote betrauert, wenn sie ihn heiratet. Es ist eine riskante Verbindung, aber es gelingt Hilda, ihre Mutter mit dieser Wahl zu versöhnen, ähnlich wie sie später Tommys Verwandte dazu bringt, seine Wahl zu akzeptieren. *The Crumbs off the Wife's Table* ist eine Geschichte von ganz anderem Format als Bücher über interkulturelle Ehen vom Typus »Nicht ohne meine Tochter« oder »Die weiße Massai«, in denen das Fremde kurz idealisiert, dann entwertet und nach der Rückkehr in die eigene Welt als bizarres Abenteuer dargestellt wird. Hilda übernimmt die Verantwortung für ihre Entscheidung, ihrem Mann nach Afrika zu folgen. Es gelingt ihr, zwischen Tommy und Nigeria zu unterscheiden und herauszufinden, dass Tommys Verhalten auch unter der Betrachtungsweise seiner eigenen Kultur problematisch ist.

Hilda Ogbe ist fest entschlossen, Nigeria zu ihrer Heimat zu machen. Sie wird Bürgerin des neu gegründeten Staates und verwurzelt sich dort durch ihren Pioniergeist und ihr Improvisationstalent, die sie schon während der ersten Emigration nach England bewiesen hatte.

In Nigeria verliert Tommy eine der ihm anfänglich zugeschriebenen Idealisierungen nach der anderen, ohne durch diesen Prozess seine Menschlichkeit einzubüßen. In allem Kummer und Zorn über die Selbstsucht, die tyrannischen Ansprüche und die Promiskuität ihres Partners bleibt das anfängliche Ritual von Hilda und Tommy erhalten: Sie unterstützen sich und sorgen füreinander.

Im Grunde ist jede moderne Beziehung interkulturell. Das gemeinsame Dach der Tradition fehlt überall in Europa. Auch wenn die Partner im selben Dorf aufgewachsen sind, haben sie doch andere Bücher gelesen, sich mit anderen Filmstars identifiziert und Eltern erlebt, die ihrerseits wiederum aus den unterschiedlichsten Bildern ihre Vision von Liebe basteln mussten.

Die Ritualbildung beruht deshalb zunächst auf Unterstellungen: Sie fundiert sich, indem die Partner einander die eigenen Stärken zuschreiben. Die Aufgaben einer interkulturellen Beziehung fordern vielleicht mehr Auseinandersetzung, aber sie erleichtern auch das Verständnis füreinander, weil von Anfang an klar ist, dass unterschiedliche Traditionen bewältigt werden müssen.

In Hilda Ogbes Bericht wird deutlich, wie sie lange Zeit ihre eigene, an Vernunft und Harmonie orientierte Haltung auch Tommy zuschreibt. Sie beginnt ihre sexuelle Beziehung mit ihm nicht, weil sie

Lust darauf hat – im Gegenteil: Sie enttäuscht sehr ungern die Erwartungen ihrer Mutter –, sondern weil ihr der Nigerianer deutlich klarmacht, dass er von platonischen Beziehungen nichts hält. Die Liebenden erklären einander, was sie erwarten, aber während Hilda jede Vereinbarung als absolut verbindlich erlebt, findet sie im Lauf der Jahre heraus, dass Tommy sehr ärgerlich wird und sich an gar nichts erinnern kann, wenn sie von ihm verlangt, ein Versprechen einzuhalten.

Im Lauf der Jahre hat Hilda gelernt, diese Enttäuschungen zu ertragen. Anscheinend hat ihr dabei die Astrologie geholfen: Wer an die Kraft der Gestirne glaubt, kann eher tolerieren, dass Menschen und ihre Vorsätze nur bedingt funktionieren und es Charakterunterschiede gibt, gegen die mit gutem Willen nichts auszurichten ist.

Hilda scheint sich nicht dafür zu interessieren und folglich auch nicht zu verstehen, was Tommy zu seinen *girlfriends* treibt. Sie erlebt ihren Partner als sexuell überlegen, selbstbewusst, stark – daher kann sie seine Bedürftigkeit nicht erkennen, die gerade durch den Kontrast zu ihrer Disziplin bei Tommy chronische Scham auslöst.

Ihr Mann kann seine Gefühle profunder Unterlegenheit nicht anders bewältigen als durch eine hektische Suche nach sexueller Bestätigung. Er bindet sich an Frauen, die er gleichzeitig für minderwertig hält, von denen er sich bestehlen und ausnützen lässt. Nicht die Geliebten und auch nicht das, was sie bekommen, sind die Krümel vom Tisch der Ehefrau – es ist Tommy selbst, der sich als Krümel fühlt, als Abfall, was seinen Stolz anstachelt und ihn in einen Teufelskreis von Beschämung, sexueller Selbstbestätigung durch die Eroberung latent verachteter Frauen und erneuter, durch Selbstverachtung verschärfter Beschämung veranlasst.

Hilda hat zu dem älteren, so selbstsicher auftretenden Tommy aufgeblickt und an ihm Halt gesucht. Die Ehe ihrer Eltern hatte die Verfolgung zerstört: Während die Mutter sich mit den Töchtern in Sicherheit brachte, wollte der Vater noch etwas von dem Vermögen der Familie erhalten und zögerte mit seiner Flucht, bis es zu spät war. Einen Blick auf die Schwächen des Liebesobjekts zu richten, verbietet sich unter solchen Bedingungen. Ihm müssen alle eigenen Stärken unterstellt werden, um aus dieser Illusion Sicherheit zu gewinnen.

Anscheinend hat Hilda nie ein von Tommy unabhängiges sexuelles Ritual entdecken können. Er blieb der einzige Mann in ihrem Leben. Freud hat die Spaltung der erotischen Bindung in »Madonna« und

»Hure« auf den zivilisatorischen Einfluss zurückgeführt, der an das ödipale Verbot der auf die Mutter gerichteten sexuellen Fantasie anknüpft. Die »gute«, verehrungswürdige, anständige Frau wird verehrt, hemmt aber die Bereitschaft, sich sexuellen Wünschen hinzugeben. Wer angebetet wird, kann beschämen.

Verständlicherweise, aber doch auch pseudoobjektiv sieht Freud die Situation aus den Augen des Mannes. Weder Madonna noch Hure werden letztlich nach *ihren* erotischen Fantasien gefragt. Wo der Dialog über erotische Bedürfnisse erschwert ist, suchen die Partner Halt an Klischees und basteln ihre Rituale aus diesem Material. In einer interkulturellen Beziehung kompliziert die Frage nach der als »überlegen« erlebten Kultur den Aufbau von Ritualen, die auf realem Austausch und nicht auf Schimären der Unterwerfung beruhen.

Für einen Nigerianer, der damals nach London ging, um dort zu studieren, war die Welt der Weißen die überlegene Welt. Eine weiße Frau war ein Teil dieser überlegenen Welt; sie zu erobern eine große Bestätigung. Aber sie rückte die weiße Frau zwangsläufig in die Nähe der Madonna und schwächte die mit ihr mögliche sexuelle Befriedigung.

Umgekehrt war Hilda als deutsche Jüdin einem Rassismus ausgesetzt, demgegenüber der Rassismus zwischen Weißen und Schwarzen überschaubar und harmlos wirken musste. Ihre Liebe zu Tommy war ein zum Teil bewusster, in seinen untergründigen Dimensionen aber unbewusster Versuch, dieses Trauma einer mörderischen Rassenangst zu bewältigen, in einer neuen Heimat gutzumachen, was ihr in ihrer ersten geraubt worden war. Sie schenkte Tommy und Nigeria genau das, was ihr in Deutschland wider Recht und Menschlichkeit geraubt worden war.

7   Einseitige Rituale

Jedes unbewusste Ritual ist einseitig, weil die verborgenen Inhalte den Teilnehmern nicht bekannt sind. Das eigene Unbewusste ist ebenso fremd, ebenso unerreichbar wie die seelischen Vorgänge in einem Partner. Während wir aber mit dem Partner sprechen und uns dem nähern können, was ihn bewegt, spricht das Unbewusste nicht mit uns, allenfalls zu uns, auf seine launische und verrätselte Weise, in Träumen, Fehlleistungen, Emotionen, die wie Puzzleteile probiert werden müssen, bis sie passen.

Dennoch gibt es in den Ritualen der Partnerschaft viele, in denen zwei Beteiligte nach bestem Wissen versuchen, die Emotionen zu verstehen und zu teilen, die durch ihre Nähe in ihnen wach werden. Und es gibt andere, die in diesem Kapitel untersucht werden sollen. Hier scheint sich einer der Akteure nicht im Geringsten dafür zu interessieren, ein gemeinsames Ritual zu finden und es zu entwickeln. Anfang, Verlauf und Ende eines Rituals sind allein seinen Ängsten, Bedürfnissen und Fantasien überlassen.

Unter modernen Individuen sind die Ängste sehr verbreitet, nicht die richtigen, starken, entschiedenen Liebesgefühle zu besitzen und daher der Liebe eines Partners unwert zu sein, der entweder behauptet, diese zu empfinden, oder dem Tugend dort unterstellt wird, wo man selbst einen Makel vermutet. Nicht weniger häufig beobachten wir Projektionen dieser Ängste wie bei jenen unzufriedenen Singles, die ihre gescheiterten Beziehungen auf den Nenner bringen, Männer (oder Frauen) seien allesamt liebesunfähige Egoisten.

Liebe kann nicht in den Werkstätten der Symbiose gemacht werden. Sie wächst in gemeinsam gestalteten Ritualen. Diese Einsicht hat Mühe, sich gegen die Fantasie zu behaupten, nach denen in der »richtigen« Liebe mit dem »richtigen« Partner alles immer stimmt, ohne dass es nötig ist, in Austausch zu treten und über Bedürfnisse zu kommunizieren. Jede Beziehung, die dem nicht entspricht, wird dadurch entwertet, dass sich eben das richtige Objekt noch nicht hat finden lassen.

Es ist sozusagen ein Anti-Liebesritual, offen oder heimlich dem Motto »es darf nur einen geben« zu folgen[51]. Aus Angst vor der Wiederholung einer destruktiven Symbiose wehren viele Menschen jede enge Beziehung ab. Eine verwandte Vermeidung zeichnet jene Menschen aus, die nicht allein leben, aber entweder insgeheim überzeugt sind, ihr Partner sei nicht »richtig«, oder diesen sogar offen mit diesem Vorwurf belasten.

Die Bikini-Depression

Wenn ein sportbegeisterter Mann in den besten Jahren mit einer attraktiven Blondine in den Urlaub fährt, würden wir etwas anderes erwarten als eine rapide Verschlechterung seines Befindens. Hören wir seinen Bericht:

Und dabei habe ich mich so auf die Reise gefreut! Mit meiner Freundin in die Tropen, mitten aus dem deutschen Winter nach Mexiko, wunderbar.

Dann sind wir in Acapulco gelandet, und es hat angefangen. Wir gingen gleich an den Strand, wir wollten zwei Tage in der Hauptstadt bleiben, dann war der Leihwagen bestellt, es ging in die Nationalparks und auf die Vulkane. Alle Frauen trugen Bikinis und am Abend Sommerkleider mit tiefen Ausschnitten, und sie sind wirklich sehr schön dort.

Ich bekam immer mehr das Gefühl, dass ich völlig falsch bin, ein Versager, dass ich mit der falschen Frau losgezogen bin, ich habe sie gehasst, aber ich musste mich doch um sie kümmern und habe mir wahnsinnige Mühe geben, dass sie nichts bemerkt. So bin ich immer depressiver geworden, bin so neben ihr hergeschlichen, hab versucht, mich ganz auf sie einzustellen. Wenn wir nicht am dritten Tag rausgekommen wären in die einsamen Landschaften, hätte ich es nicht mehr ausgehalten.

Es ist ganz schrecklich mit mir. Ich war noch nie mit einer Frau zusammen, die ich richtig geliebt habe, die ich mir ausgesucht habe, die mir wirklich rundum gefallen hätte. In den letzten Schulklassen habe ich immer wieder für welche geschwärmt und nie eine gekriegt, ich hab mich einfach nicht getraut, sie zu fragen, hab da so rumgeträumt und gedacht, wenn ich was sage, dann sagt sie, »was will denn der!«

---

51 Der Satz ist durch die Filme über den *Highlander* populär geworden und erfasst eines der Grundbedürfnisse des primitiven Narzissmus.

Dann hatte ich meine erste Freundin, aber ich war nur mit ihr zusammen, weil sie das wollte, sie hat mir nie gefehlt, wenn sie nicht da war, ich war lieber allein als mit ihr zusammen, hatte dann natürlich ein schlechtes Gewissen, wenn ich ihr so was angedeutet habe, richtig sagen kann man das ja nicht, das ist zu beleidigend. Ich war fünf Jahre mit ihr zusammen, wenn man das so nennen kann, bin viel allein weggefahren mit Freunden, aber sie hat nicht locker gelassen, und so kam ich auch immer wieder, hätte mir natürlich auch was gefehlt ohne sie, aber die Abstoßung überwog immer bei Weitem, das sieht man ja auch daran, wie erleichtert ich war, als sie sich endlich von mir getrennt hat. Sie wollte nach fünf Jahren eine Entscheidung, wollte, dass ich sie heirate oder so, ich war ja auch gerade mit dem Studium fertig, da hätte das gepasst.

Und als sie weg war, hat sie mir doch gefehlt, und ich war eine Zeit lang allein, hab mich aber nicht getraut, eine Frau anzusprechen, die mir gefiel, hab halt immer so cool getan, bis es dann wieder passiert ist, wieder genau dasselbe, ich gefalle einer Frau, sie will mich unbedingt, sie ist nicht wirklich mein Typ, wenn ich mir eine aussuchen könnte, wäre es eine ganz andere.

Mit der zweiten bin ich dann nach Amerika gefahren, für sechs Wochen, es war eine Tortur, nach zwei Tagen in Kalifornien – ausgerechnet Kalifornien, wo alle in engen T-Shirts und Bikinitops rumlaufen – war ich ganz sicher, du bist wieder mit der falschen Frau unterwegs, es ist nicht auszuhalten. Ich wäre am liebsten abgehauen, irgendwo in die Wüste oder in die Rockys, wo sie nicht mitkann und wo ich nicht ständig andere Frauen sehe, die mir besser gefallen und mich nicht fragen muss, warum hab ich nicht eine von denen, warum hab ich ausgerechnet die, die mir nicht gefällt und die gar nicht mein Typ ist.

Kaum waren wir zu Hause, hab ich ihr gesagt, es ist nichts mit uns, sie sei einfach nicht mein Typ. Sie hat das gar nicht verstanden, aber ich war sehr erleichtert. Dann hat sie mir aber doch auch wieder gefehlt, und wir kamen wieder zusammen, es war auch leichter auszuhalten hier, die Arbeit lenkte mich ab, ich ging mit meinen Freunden in die Berge oder surfen, wo sie nicht mitkonnte.

Es wird schlimmer. Ich will ja eigentlich eine ganz normale Familie, Kinder auch. Aber ich will um keinen Preis so leben wie meine Eltern. Mein Vater hat meine Mutter nie geliebt. Der sagt es auch ganz offen, dass es in der Ehe darum geht, seine Pflicht zu tun. Redet nicht mit ihr, redet eigentlich überhaupt nicht, beklagt sich nur über sein Rheuma, seit er in

Pension ist, früher hat er über seinen Chef geklagt. Ein Leben mit einer
Frau, die ich nicht liebe, das ist die Hölle.

Der Erzähler, Volker L., fühlt sich doppelt gescheitert: Als Liebhaber
der Blondine, die er aus Deutschland mitgebracht hat, und als Liebhaber der Brünetten, die er in Mexiko oder Kalifornien erobern müsste,
wenn er den Mut hätte, den er so sehr vermisst. So ist er weder Don
Juan noch Romeo, sondern depressiv wegen des Mangels an beidem. Er
taugt nichts, hat keine Chance, macht alles falsch, ist falsch, war schon
immer falsch.

Volker orientiert sich an zwei Ritualen: Einem, das er als komplette
Unterwerfung unter die Vorstellungen einer Frau erlebt, die er nicht
wirklich liebt, und an einer ganz einseitigen Fantasiewelt, die er vor seiner Partnerin verbirgt. In ihr hält er an einem Bild erlösender Liebe
fest, die einfach richtig und richtig einfach wäre und in der die Aufgabe
nicht existiert, gemeinsam mit einer Partnerin die Affekte von Lust,
Angst und Aggression zu bewältigen.

Anscheinend spielt hier auch das verinnerlichte Bild eines freudlo-
sen und seiner Ehefrau unterworfenen Vaters eine Rolle. In der Wahrnehmung seiner Ähnlichkeit mit diesem Vater entwertet sich Volker
selbst; anscheinend ist der Mann, der in Mexiko neben der mitgebrach-
ten blonden Frau geht und es versäumt, eine der aufregenden Brünetten zu erobern, »auch nicht besser als der Vater!«

Shakespeare hat in einer ganz anderen Stimmung jenes Sonett ge-
schrieben, in dem er die Geliebte mit einem Grab vergleicht, in dem
alle weiteren Lieben begraben seien: Die Faszination durch andere
Frauen, die Liebe zu ihren Vorgängerinnen raubt der Geliebten nicht
den Glanz, sondern stärkt ihn. Volker aber gelingt es nicht, seine
Nächte mit der hellen Begleiterin durch die Erinnerung an heimliche
Blicke nach dunklen Schönheiten mit mehr Leidenschaft zu erfüllen.
Er begräbt seine Erotik unter Schuldgefühlen.

Für den Gekränkten wird alles ein Versagen: Er hat noch *nie* die Frau
gewonnen, die *er wirklich gewollt* hat, und er ist unfähig, die Freundin
richtig zu lieben, die ihn liebt und der er sich verpflichtet fühlt.

Volker L. wurde mit einer Lippen-Kieferspalte geboren. Von dieser
Vorgeschichte ist an dem attraktiven, schlanken Mann nur noch eine
Narbe zu sehen, die er unter einem gepflegten Bart verbirgt.

Wer die Erlebnisse rekonstruieren kann, in die ein Kind mit einer solchen Missbildung gerät, versteht besser, was Volker F. bewegt. Allerdings wird Volker selbst eine solche Verbindung nicht herstellen. Er wird sehr sachlich über drei Operationen in verschiedenen Lebensaltern berichten. Das Ergebnis der ersten beiden war so wenig befriedigend, dass er nach dem Abitur ein letztes Mal in einer Spezialklinik operiert wurde. Endlich war er an jemanden geraten, der seine Sache verstand, endlich fühlte er sich »normal«.

Einmal hatte der Vater gesagt, »aus dem Volker wird nichts mehr!« Die Äußerung passte nicht in das Bild eines pflichtbewussten und fürsorglichen, wenn auch emotional wenig zugänglichen Mannes, das Volker sonst von diesem Vater zeichnet. Vielleicht wollte er sich nur Luft machen, rechnete nicht damit, dass der Sohn das hörte, aber die kindliche Psyche ist so beschaffen, dass sie die grausamsten Äußerungen der Eltern besonders nachdrücklich festhält, vielleicht weil sie unter archaischen Lebensumständen das größte Potenzial an Gefahr enthalten.

Ein Kind, dessen wichtigste frühe Erfahrung die chirurgische Operation ist, wird daraus nur unter den günstigsten Umständen ohne eine bleibende Schädigung seiner Aggressionsverarbeitung hervorgehen. Volker hat sich so prägend mit dem sadistischen Vater, dem Chirurgen identifiziert, dass er gar nicht anders kann, als in seinem konkreten Verhalten besonders höflich und freundlich zu sein.

Er kann sich nicht erinnern, dass er beispielsweise im Beruf – er leitet die Entwicklungsabteilung einer kleinen Softwarefirma – jemals einen Mitarbeiter angeschrien hätte. Er bemüht sich, stets souverän zu sein, cool zu bleiben, was ihm dank seiner Intelligenz und seiner Leistungsbereitschaft auch gelingt. Seine Waffen in betrieblichen Auseinandersetzungen sind subtile Ironie und genaue Kenntnis des Arbeitsrechts.

In der Bikini-Depression richten sich seine Don-Juan-Sehnsüchte strafend gegen das eigene Ich und quälen es mit einem Leporello-Album der verpassten Gelegenheiten. Volker verachtet Männer, die eine Frau *brauchen*. »Ich brauche kein Hausmütterchen. Ich konnte alles besser als die meisten Freundinnen – besser kochen, besser sauber machen, sogar besser bügeln!«

Auf der anderen Seite fühlt er sich seiner Freundin gegenüber wehrlos, ausgeliefert, ein Opfer ihrer Forderungen. Er sagt das mit einem halben Lachen. Er sucht seinen Analytiker als Komplizen in der Überzeugung zu gewinnen, dass Frauen *immer* Männer zwingen wollen, Geld für anspruchsvolle Dienstleistungen auszugeben. Ein Mann *muss* jeden zweiten Abend Blumen mitbringen, sie jeden Samstag in ein teures Lokal einladen und sich allen ihren Wünschen fügen, was putzen und persönliche Hygiene angeht. Er selbst fühle sich ja wohl, wenn er bei einer Schitour von Hütte zu Hütte eine Woche dieselbe Unterhose trage. Aber das dürfe er seiner Freundin niemals sagen!

Er hat diese Frau eigentlich nie gewollt. *Sie wollte ihn*, er hat sich ihr unterworfen und sich dabei überfordert, er liebt sie nicht richtig, aber er kann ihr das auch nicht sagen, das würde sie beleidigen. Er liebt nicht, was er hat, er hat nichts, was er lieben könnte, er darf die Fantasie nicht genießen und die Realität ebenso wenig.

Volker ist damit aufgewachsen, dass er *nicht* liebenswert aussieht. In der Verinnerlichung des liebevoll Betrachtet- und Bewundert-Werdens entwickelt das Kind Vertrauen in die eigene Attraktivität, die es sich später, beim Blick in den Spiegel, bestätigen kann.

Volkers Kriterium der »richtigen« Frau aufgrund eines flüchtigen optischen Eindrucks wirkt primitiv. *Die Richtige, die ich nie hatte, sieht einfach richtig aus!* Die *Richtige* ist einerseits extrem wichtig, weil sie so ist, wie Volker sein sollte; anderseits extrem ängstigend, weil sie ihn gnadenlos auf sein Versagen hinweist, selbst »richtig« zu sein.

Volker glaubt also nicht »wirklich«, dass seine Entstellung verschwunden ist. Solche narzisstischen Fantasien, sozusagen Phantomschmerzen am Selbstgefühl, sind extrem hartnäckig und quälend. Sie führen manche Opfer in sinnlose Schönheitsoperationen – die Nase ist zu groß, der Penis zu klein[52] usw. In die Frau, die »optisch« so gut ist, dass er ihr zutraut, seine eigenen »optischen« Defizite auszugleichen, projiziert Volker die eigene Identifizierung mit dem Aggressor, dem Chirurgen.

---

52 Die Penisvergrößerung durch einen chirurgischen Eingriff ist inzwischen eine regelrechte Industrie, die solche narzisstischen Fantasien ausbeutet und ihre Behandlung erschwert und verzögert. Immer häufiger kommen Männer in Therapie, nachdem sie viel Geld und Erwartungen in eine solche Operation investiert haben. Sie sind überzeugt, dass sie nach der Operation für Frauen ganz besonders attraktiv sein werden, dass ihre Kontaktprobleme dann mit einem Schlag verschwunden sind. Ganz im Gegenteil: Werden durch Identifizierungen mit dem Chirurgen eigene Ängste verstärkt, ist die Angst vor Intimität und emotionalem Austausch mit einer potenziellen Partnerin nach der Operation heftiger als vor ihr.

Sie würde ihn, wenn er sich ihr nähert, sadistisch zurückweisen. Er fantasiert, wie sie ihn erniedrigt, ihn mit einem verächtlichen Blick mustert, ihm sagt: »Was willst du denn!« Umgekehrt sieht er in der Frau, die sich ihm zuwendet, den eigenen Mangel und verachtet sie dementsprechend. Es gelingt ihm nicht, das Ritual zu finden und libidinös zu besetzen, das sich zwischen ihm und seiner Partnerin entfaltet.

Solange er sich allen »wirklich guten« Frauen gegenüber gehemmt fühlt, läuft er auch nicht Gefahr, jenen peinigenden Gefühlen aussichtsloser Abhängigkeit erneut zu begegnen, die seine kindliche Sehnsucht nach Anerkennung bestimmten.

Volker projiziert seine Selbstentwertung auf die Frauen, die ihn wollen, seine Selbstidealisierung aber auf die Frauen, die er gerne hätte. Das Ergebnis ist tragisch und komisch zugleich; es erinnert an Groucho Marx' trotziges Bekenntnis: Ich mag zu keinem Club gehören, der *mich* aufnimmt[53].

Die Entwertung des realen Partners

Wer einer Ehe begegnet, in der einer oder auch beide Partner behaupten, sie hätten sich nie »richtig« geliebt, hält das meist für eine krasse Ausnahme. Der Glaube an die Liebe wurzelt fest, ist sie doch die letzte Magie in einer entzauberten Welt.

Wer professionell mit Familien und Ehen beschäftigt ist, wird bald entdecken, dass solche Entwertungsfantasien weit verbreitet sind. Hinter ihnen verbirgt sich ein Stück manische Abwehr in der Gestalt des Glaubens an die »richtige«, die perfekte Liebe, das dauernde Glück, die stets intensiven Gefühle. Es gibt diese Liebe, weil es sie geben muss; das über die Unmöglichkeit, sie in sich und außer sich zu finden, ratlose Ich behauptet trotzig: Auch wenn ich sie nicht geben kann und nicht bekommen habe, weiß ich doch genau, was fehlt.

1. Eine Frau erkrankt nach der Geburt des zweiten Kindes an einer depressiven Krise. Als Auslöser beschreibt sie eine Äußerung ihres Partners: »Unsere Beziehung war doch noch nie das Gelbe vom Ei!«

---

53 Das Paradoxon wird meist mit Groucho Marx verbunden, ist aber erheblich älter. John Galsworthy sagt in *The Forsyte Saga (Teil 1, Kap. 2, Jolyon geht in die Oper)*: »He naturally despised the Club that *did* take him«, nachdem ihn ein anderer abgelehnt hatte, da er Kaufmann war.

2. »Ich glaube nicht, dass ich ihn geliebt habe, damals vor zwanzig Jahren. Aber er hat so um mich geworben, irgendwie ist mir nichts anderes übrig geblieben, und dann kamen die Kinder.«
3. »Ich muss immer an andere Männer denken, ich glaube, ich will gar nichts von ihnen, wenn es ernst würde. Aber mein Mann denkt ja nur an seine Arbeit!«
4. »Ich habe mich auf das Kind gefreut. Aber als meine Frau die Fehlgeburt hatte, wusste ich auf einmal nicht mehr, ob ich sie je geliebt habe. Ich denke, eher nicht. Es war Abhängigkeit, Schwäche, ich fand keine bessere Frau, aber Liebe war es nicht.«
5. »Ich habe ein schlechtes Gewissen, weil ich immer wieder andere attraktiv finde. Dann bin ich ganz unsicher, ob es nicht falsch ist, das meiner Frau nicht zu sagen. Ich betrüge sie doch in Gedanken!«
6. »Als ich neulich mit meiner Freundin in Urlaub fuhr, sah ich in der Schlange am Flughafen eine andere Frau, die mir viel besser gefiel. Ich war den ganzen Urlaub verstört und konnte weder mit mir noch mit ihr etwas anfangen. Jetzt will sie sich trennen, und es geht mir ganz schlecht.«

Papageno schwört in der *Zauberflöte* einem alten Weiblein ewige Treue, weil er sonst in einem unterirdischen Gefängnis verschmachten muss. »Solange ich keine schönere finde!«, sagt er halblaut dazu; seine Retterin soll es nicht hören. Was ihn von den bekümmerten Liebenden unterscheidet, die oben zu Wort gekommen sind, ist der Mangel an Kummer, an schlechtem Gewissen darüber, dass er ein derart loser Vogel ist.

Volker glaubt, dass sich *alle normalen Menschen richtig verlieben*, die Frau erobern und dann glücklich sind. Diese manischen Fantasien sind ebenso unerreichbar wie unhinterfragt. Bewusst wird nur die Depression, die sich aus der Einsicht ergibt, dass er es nicht geschafft hat, sie zu verwirklichen. Sich an Zeichen von Gegenliebe zu orientieren, gemeinsam erotische Rituale zu entwickeln und das *Ergebnis* als Liebe zu erleben, scheitert an dem Wunsch, mit dem Liebesobjekt zu verschmelzen, um alle Beeinträchtigungen des Selbstgefühls zu tilgen. Die Beziehung wird nicht aufgebaut, sie muss da sein, und zwar ganz genau so, wie ich sie mir vorstelle!

Dass es nicht dazu kommt, scheitert nicht daran, dass Volker nicht die »richtige« Frau getroffen hat. Er könnte sich jede Frau zur richtigen träumen, wenn er nicht fürchten müsste, dann seine Autonomie zu verlieren. *Im Prinzip, aber Glücklicheren vorbehalten, gibt es sie, die richtige Liebe zum richtigen Objekt, die dauerhaftes Glück beschert. Nur ich versage vor diesem Ideal.* So kann die Hoffnung auf die Erlösung durch Liebe bleiben, ohne den Autonomieverlust zu riskieren. Im Liebesritual hingegen können die Liebenden diese Angst verkleinern, indem sie schrittweise, wie vorsichtige Tauschhändler, ihre Rituale entwickeln, in denen die *gegenseitige* Abhängigkeit die Ängste vor Autonomieverlust mildert.

Das Jagdritual

In der Bikini-Depression und bei Don Juan ist eines der ältesten (einseitigen) menschlichen Rituale präsent: die Jagd. Die Sehnsucht, frei und Jäger zu sein, wird in der depressiven Reaktion nur indirekt deutlich. Volker in dem oben ausgeführten Beispiel hält es für seinen unverzeihlichen Fehler, dass er nicht Jäger ist, sondern Beute. Er tauscht die Sicherheit des Geliebtwerdens gegen die Freiheit der Jagd.

Die bei narzisstisch belasteten Männern (sehr viel seltener Frauen) geäußerte Klage, »ich kann mich nicht richtig verlieben«, zeigt die Macht einer perfektionistischen Abwehr von Kränkungsangst. Sich zu verlieben ist ein simpler Affekt, der meistens von optischen Wahrnehmungen, manchmal auch von akustischen gesteuert wird. Wir können uns schon im Kindergartenalter verlieben, womöglich jeden Tag mehrmals, in ein anderes Kind, in einen Erwachsenen, in eine Stimme, in ein Tier. Es spricht uns an, wir wollen es haben, ihm nahe kommen und nahe bleiben.

Der Anspruch, diesen einfachen Akt »richtig« zu machen, entfremdet ihn dieser spontanen Produktion von Wünschen. Dadurch entsteht ein Teufelskreis. Wer die spontane Verliebtheit, die kaum von Neugier zu unterscheiden ist, zulässt und akzeptiert, wird sich ihrem Gegenstand nähern.

Solange er sich nicht auf etwas Bestimmtes konzentriert, sondern seiner Aufmerksamkeit freien Lauf lässt, ist für den gesunden Menschen der Mensch meist das Interessanteste, was es zu sehen und zu hören gibt. Er nähert sich dem Gegenstand seines Interesses und versucht, dessen Reaktion auf diese Annäherung zu erkunden. Wo Annäherung im Gegenüber ähnliche Bedürfnisse weckt, steht einer Intensivierung nichts im Weg. Die Polynesierinnen schwammen neugierig den englischen Schiffen entgegen und wollten die Männer dort genauer kennenlernen. Das führte nicht selten zum Geschlechtsverkehr, da diese Männer nicht zu einem Clan gehörten, der tabu gewesen wäre.

In der modernen, individualisierten und von einer ausgeprägten Leistungskonkurrenz bestimmten Gesellschaft hat die Verliebtheit diese Qualität der Neu-Gier weitgehend verloren. Sofort beginnen die Prüfungsfragen: Hält das Objekt, was es beim ersten Eindruck versprochen hat? Ist die Schönheit nur Schminke und Perücke? Ist sie auch gebildet? Hat er einen guten Beruf? Alle diese Fragen treffen wie Querschläger auch das eigene Ich.

In traditionellen Kulturen wird man in Familie, Clan und Stamm hineingeboren. Man hat keine Wahl. In der Moderne sucht man sich seinen Club selber – und prompt entsteht das ganz und gar nicht nur scherzhafte Dilemma: Was kann schon ein Verein wert sein, der keine Einwände hat gegen Mitglieder wie mich?

Don Juans Taktik, die eroberten Frauen fallen zu lassen, um neue an ihre Stelle zu setzen, perpetuiert die Jagd, die Suche nach dem noch nicht Erreichten auf der Grundlage einer Entwertung des Erreichten. Das ist der Prototyp eines einseitigen Rituals: Es geht nicht um die Bedürfnisse, die Eigenarten der Frauen, sondern um den Eintrag in die Liste.

Seit Penelope gehört es zu den Geschichten über menschliche Leidenschaften, dass Liebende sich angesichts von schier unüberwindlichen Hindernissen bewähren sollen. Sie werden gezwungen, das zu leisten. Es wäre der Gemahlin von Odysseus ebenso wie ihm selbst weit lieber, in Ruhe auf Ithaka zu bleiben und nach Telemach noch einige andere Kinder zu zeugen. Die Liebes-Leistung wird bei Homer Anlass (Helena) und Folge (Penelope, aber auch Klytämnestra) der militärischen Aktion.

Es mit einem Partner auszuhalten, den sonst niemand erträgt, Abweisungen zu ignorieren, Näheängste zu beschwichtigen, durch einen Mangel an Erwiderung nicht abgeschreckt, sondern angespornt zu werden, ist ein Liebesritual an der Grenze zur Einseitigkeit.

Wer sich um die aussichtslose Beziehung bemüht, kann in diesem Streben seine eigenen Ängste beschwichtigen. Er ist allemal beziehungsfähiger, zur Liebe klarer entschieden als sein Gegenüber. Die Erfahrung mit solchen Beziehungen zeigt nicht selten, dass in dem Augenblick, in dem das so hartnäckig umworbene, spröde Objekt die Zuneigung erwidert, plötzlich Unsicherheit aufkommt. Der Verein würde mich jetzt aufnehmen. Aber will *ich* noch hinein? Ich finde Gegenliebe – kann ich sie auch angemessen erwidern? Sich etwas schenken zu lassen fällt dem Menschen schwer, den unbewusste narzisstische Ängste einengen. Er verliert die Aufwertung im Geben, die Bestätigung durch das Tun.

Schwärmerei und Beziehungswahn

Liebesrituale entstehen aus Verliebtheit. Sie motiviert die ersten Schritte. Der Gegenstand des Ritualentwurfs wird überschätzt. Überschätzung, Idealisierung, Bewunderung bedeuten psychologisch eine gesteigerte Fantasietätigkeit. Das Ich des Verliebten mustert die Umgebung und inszeniert Begegnungen mit dem Liebesobjekt. Wie würde es aussehen, was würde es sagen und tun, wenn es plötzlich inmitten der Kulisse auftauchen sollte, die ihm geschaffen wurde?

Die Fantasien der Verliebten greifen auf kindliche Rituale von kreativer Selbstbezogenheit und Annäherung an das Liebesobjekt zurück. Das Kind malt, ganz für sich, es will nicht gestört werden, es weist sogar die Mutter ab, die neugierig über die Schulter sehen will, was da entsteht. Dann aber läuft es eilig zur Mutter und ist enttäuscht, wenn es diese nicht findet und wenn diese nicht begeistert ist von dem Geschaffenen.

Dieses Modell übernimmt die schwärmerische Liebe. In extremen Fällen weiß das Liebesobjekt gar nicht, wie ihm geschieht.

Ein Gesangslehrer und Chorleiter an einer Musikschule findet immer wieder mehr oder weniger kunstvoll gestaltete Herzen in seinem Garten. Sie hängen in den Bäumen, liegen auf dem Rasen, schmücken die Alleebäume auf dem Weg von seiner Wohnung zur Schule. Pralinenpackungen mit zärtlichen Namen liegen in seinem Briefkasten.

Der Lehrer ist peinlich berührt. Er fühlt sich bedrängt und an den Pranger gestellt, als könnte ihm unterstellt werden, er tue nicht das ihm Mögliche, um solche Schwärmerei abzustellen. Er spürt etwas wie Scham, dass er so gar nichts mit Gesten anfangen kann, die immerhin viel Aufwand für ihn verraten. Die Pralinen bleiben erst liegen, dann findet er es aber dumm, sie verderben zu lassen, und teilt sie eines

Abends mit Gästen. Es erleichtert ihn etwas, von dieser Geschichte zu erzählen.

Er vermutet eine Schülerin als Urheberin der unerwünschten Liebesbeweise. Die professionelle Distanz ist ihm wichtig. Hoffentlich fasst niemand den Verdacht, er hätte etwas getan, um diese Schwärmerei auf sich zu ziehen! Ein Bekannter gibt ihm den Rat, seinen Garten durch eine versteckte Videokamera und einen Bewegungsmelder zu überwachen. Die Aufnahmen zeigen schließlich die Täterin.

Sie ist sechzehn Jahre alt, singt im Chor und ist dem Leiter bisher nur durch ihre große Zurückhaltung und dadurch aufgefallen, dass sie oft rot wurde, wenn er sie in einer Probe ansprach.

Sie leugnet erst alles ab, sie habe nie etwas gemacht. Als ihr die Aufnahmen gezeigt werden, bricht sie in Tränen aus und bittet, sie nicht aus dem Chor auszuschließen. Der Leiter hat nun ein Mittel zur Hand, sie zu bewegen, auf ihre schwärmerischen Rituale zu verzichten, wenn sie im Chor bleiben wolle.

Die schwärmerische Fantasie wird im Lauf der seelischen Entwicklung der Realitätsprüfung ausgesetzt. Im günstigen Fall bleiben ihre kreativen Potenziale erhalten, gehen aber nicht mehr ins Leere, sondern lassen Rituale entstehen.

Jill und Max haben immer Sex bei Gewittern. Angefangen hat es damit, dass Jill sich bei einem krachenden Blitz an Max klammerte und anfing, ihn zu küssen. Seither lassen sie im Sommer kaum eine Gelegenheit aus. Jill nennt Max ihren Donnergott.

In seinem Ursprung gleicht das Ritual der Schutzsuche, mit dem Jill diese Erotisierung von Blitz und Donner einleitet, dem Ritual der kindlichen Überschätzung des Liebesobjekts. Max kann in Wahrheit nicht mehr gegen die Gefahren des Gewitters tun als Jill. Aber indem beide die Situation erotisieren, nutzen sie die angstmildernden Potenziale der sexuellen Lust und verwandeln ein einseitiges Ritual in ein gegenseitiges.

Nicht immer lassen sich Beziehungsfantasien durch die Begegnung mit der Realität verändern. Die auffälligen Beispiele dafür sind der Beziehungswahn und das Stalking. Viele der wahnhaften Formen des einseitigen Rituals bleiben unbeobachtet. Nur ausnahmsweise er-

fahren ausgewählte Personen von dieser schambesetzten Fantasiewelt.

Ich erinnere mich an eine Wissenschaftlerin, die ein Arbeitsleben
lang im Labor einer großen pharmazeutischen Firma tätig war. Sie hat
zu niemandem außerhalb der Therapie von ihren intensiven Fantasiebeziehungen zu verschiedenen Partnern gesprochen. Sie schämte sich
ihrer Traumwelt, konnte aber auch nicht von ihr lassen. Die Ursache
lag in einem schweren Kindheitstrauma. Sie war während der Vertreibung im Jahr 1945 Zeugin wiederholter Vergewaltigungen ihrer Mutter
und ihrer Tante geworden.

In den einseitigen Ritualen einer Fantasiebeziehung muss die einsam Liebende zwar auf die direkten Reaktionen eines Partners verzichten und erfährt keine körperliche Erfüllung ihrer erotischen Wünsche.
Aber sie hat das ganze Geschehen vom ersten bis zum letzten Zug unter
Kontrolle und kann sich daher in ihrer Liebeswelt sicher fühlen.

Als Komplikation einer Psychotherapie gefürchtet ist der Übertra-
gungswahn. Irgendwann beginnt eine Patientin zu glauben, der Therapeut sei in sie verliebt, scheue sich aber aufgrund seiner professionellen
Distanz, seine Leidenschaft offen zu bekennen. Daher erlebt es die Patientin als ihre Liebespflicht, die Behandlung zu beenden und den Therapeuten zu ermuntern, zu seinen Gefühlen zu stehen.

In anderen Fällen fühlt sie sich regelrecht vom Therapeuten verfolgt; er beeinflusst ihren Freundeskreis oder sendet ihr im Fernsehen
Botschaften. Für Außenstehende können solche Wahngebilde beträchtliche Überzeugungskraft entfalten und der Gegenstand des Wahns in
beträchtliche Schwierigkeiten geraten. Ich erinnere mich an einen Fall,
in dem sogar ein Gericht ein Verfahren gegen den Kollegen eröffnete,
ehe der Wahn aktenkundig wurde und die Sache im Sand verlief.

Stalking[54]

Während die schamhaft verborgenen Fantasiebeziehungen eine Domäne der Frauen sind, ist Stalking vorwiegend Männersache. Stalker
müssen einen Menschen kontrollieren, um sich selbst vor einer Depression zu schützen. Daher ignorieren sie das Widerstreben der Verfolgten

---

54 Dieser Abschnitt stützt sich zum Teil auf die sehr viel ausführlichere Darstellung in
   W. Schmidbauer, »Die Rache der Liebenden«. Reinbek 1999.

und deuten es manchmal als nicht eingestandene, jedoch mächtige Zuneigung (»Jetzt braucht meine Exfreundin schon die Polizei, um sich gegen ihre Leidenschaft für mich zu wehren!«).

Die Verfolger sind so unterschiedlich wie andere Süchtige auch, die durch Selbstaufblähung eine Depression abwehren. Manche handeln ohne greifbaren Realitätsbezug; andere verfolgen eine Frau, die sich nach einem Flirt zurückgezogen hat, als sie bemerkte, was für eine Lawine sie losgetreten hatte. Verlassene Ehemänner werden zu Jägern des verlorenen Schatzes. Sie versuchen, durch hartnäckige Verfolgung entweder die einstige Partnerin umzustimmen oder sich an ihr zu rächen. Oft tun sie beides zusammen in einer bizarren Mischung, die Stoff für zahllose Melodramen, Komödien und Tragödien gibt.

Stalker sind wenig fähig, sich in andere Menschen einzufühlen. Daher leben sie in einem ständigen Beziehungsdefizit, das sie auf ihre Weise kompensieren. Über die Wünsche und Gefühle ihrer Opfer haben sie keine inneren Bilder. Man kann einem Analphabeten nicht vorwerfen, er *wolle* nicht lesen; er *kann* es einfach nicht.

Ähnlich ist die Gleichgültigkeit, das Desinteresse jener Menschen zu verstehen, die aufgrund traumatischer Erfahrungen nicht »mentalisieren«, keine inneren Bilder der Gefühle anderer in sich zulassen können. Sie werden weitgehend durch Manipulationen der Außenwelt ersetzt. In dem einseitigen Ritual der Stalker richtet sich ein leidenschaftlicher Wunsch darauf, das eigene Defizit nicht wahrhaben zu müssen und seine kränkende Realität zu verleugnen.

So setzen solche Menschen ihr Denken außer Kraft, wenn es um ihre »Liebe« geht. Zurückweisung heißt, dass die Geliebte gegen ihre Leidenschaft ankämpft. Flucht bedeutet, dass sie vor ihren Gefühlen für den Täter davonläuft. Holt sie die Polizei, will sie eigentlich, dass die Staatsmacht sie vor dem Durchbruch zu ihrem wahren Selbst schützt und nicht vor dem Täter.

In den Medien werden Stalking-Berichte fast immer von einem dramatischen Ausgang her erzählt. Solche Ereignisse erschweren das Verständnis für die durchschnittlichen Fälle. Ein Stalker, der sein Opfer schließlich ermordet, ist noch sehr viel seltener als ein Stalker, der mit Selbstmord droht und sich dann tatsächlich umbringt.

Zehn bis zwanzig Prozent der Bevölkerung geben in Umfragen an, schon einmal Opfer eines Stalking gewesen zu sein. In den meisten Fällen geben die Jäger bald auf. Man würde gerne hinzusetzen: ohne größeren Schaden angerichtet zu haben. Das ist aber nicht der Fall. Stalking ist für das Opfer seelisch extrem belastend. In seiner Folge sind Ängste, Depressionen und Posttraumatische Belastungsstörungen beschrieben worden.

Vor einiger Zeit beschäftigte in München-Ismaning[55] ein Fall die Medien, wo ein 43-jähriger Buchhalter eine 17-jährige Arbeitskollegin monatelang mit Mails verfolgt, beschimpft und bedroht hatte. Schließlich veröffentlichte er sogar eine Todesanzeige – »Unsere liebe Steffi wurde heute viel zu früh aus ihrem jungen und erfüllten Leben gerissen«. Der Täter hatte seine Urheberschaft geschickt verschlüsselt, fiel aber dann doch durch einen Fehler auf. Das Opfer war sehr verstört. Die Familie hatte tagelang zu tun, betroffene Anrufe richtigzustellen.

Täter und Opfer hatten nie eine greifbare Beziehung. Das Motiv der Verfolgung ist der erbitterte Neid eines Täters, der fürchtet, sein Leben sei vorbei und habe ihn nur enttäuscht, auf das »junge und erfüllte Leben« seines Opfers.

Ein gesunder, selbstbewusster Mensch verkraftet eine Zurückweisung in der Liebe mit Mühe. Das traumatisierte Selbst, das nach einer perfekten Beziehung sucht und daher die Abweichung eines Liebesobjekts vom Liebesideal nicht ertragen kann, wehrt seinen drohenden Zusammenbruch ab, indem es Liebe erzwingen will.

Traumatisierte Menschen haben wenig passive Kompetenzen. Sie müssen handeln, oder sie fühlen sich von Ängsten überwältigt und erdrückt. Daher suchen sie Hilfe in der Tat, auch wenn sie sinnlos ist.

Das Streben des Stalkers, ein Liebesobjekt als Selbstobjekt zu nutzen und sein eigenes Selbstgefühlsdefizit durch die Beziehung zu kompensieren, ergibt die Ähnlichkeiten des Stalking mit Sucht und Perversion, die ja beide ebenfalls die Funktion haben, eine Selbstgefühlsstörung zu reparieren.

Der Stalker scheut keine Mühe, keine Kosten, um seinem Objekt nahe zu sein. Oft hofft er, es durch Erniedrigung und Selbstanklagen zu erweichen, droht mit Selbstmord, riskiert seine Gesundheit, stilisiert Polizeistrafen zum Liebesdienst. Dieses masochistische Ritual ist häufiger, aber weniger auffällig als das sadistische.

---

55 Süddeutsche Zeitung v. 24. 8. 2012, S. R 18. »Der Stalker von Ismaning ist gefasst«.

Dem Sadisten geht es darum, seine grandiose Macht durch den Kontrast zur Unterwerfung des Opfers zu betonen. Sadismus steht der Rache sehr nahe, ist vielleicht immer eine geronnene, aus ihrem Kränkungskontext gerissene Rache. Eltern, die ein Kind sadistisch misshandeln, rächen sich oft an ihm, weil es nicht so ist, wie sie es haben wollen, wie sie es brauchen, um ihr eigenes narzisstisches Defizit zu flicken.

Vielleicht ist es sinnvoll, der perversen die autistische Dimension hinzuzufügen, um die Bedeutung des typischen Stalking-Rituals zu verstehen: des Anrufs, ohne ein Wort zu sagen. Stalker verwenden darauf oft sehr viel Zeit und überwinden mit hartnäckiger Energie die Versuche des Opfers, sie durch Kunstgriffe (wie eine Geheimnummer) loszuwerden. Sie rufen zehn-, ja hundertmal am Tag an – und sagen dann gar nichts.

Die Täter vergewissern sich, dass der Gegenstand ihrer fanatischen Sehnsucht dort ist, wo sie ihn vermuten. Die elektronische Verbindung wird zu einem Teil des eigenen Nervensystems. Wenn ich sie/ihn erreiche, gehört sie/er mir! Wenn das Opfer sich meldet, genügt das in den meisten Fällen, um die Vorstellung von Beziehung zu halten – aber eben nur für sehr kurze Zeit.

Der Geisteranruf gleicht dem Schreien des Säuglings insofern, als auch darin zunächst kein spezifisches Bedürfnis erkennbar ist, sondern ein grandioser Anspruch: Eine Mutter hat zu wissen, was geschehen muss, damit das Schreien aufhört. Ganz ähnlich müsste das Opfer der Geisteranrufe wissen, was zu geschehen hätte, um den Anrufen ein Ende zu setzen. Sich den Telefonterror zu verbitten oder dem Geist am anderen Ende der Leitung gut zuzureden, hat nicht viel mehr Sinn als ähnliches Vorgehen bei einem schreienden Säugling.

Stalking ist ein Regressionsphänomen. Es ist der Sturz in Abhängigkeit bei einem Menschen, der auch andere Erlebnisweisen kennt und beherrscht.

Wer Stalking begegnet, kann wenig tun, aber viel falsch machen. Es ist herzzerreißend, für einen anderen Menschen so wichtig zu sein und ihn so wenig erreichen und umstimmen zu können. Das Wenige, was das Opfer tun kann, läuft darauf hinaus, sich konsequent abzugrenzen und beim geringsten Zeichen der Entgleisung in Gewalt die Polizei zu rufen.

Das fällt vielen Betroffenen schwer. Mit dem Selbstbild eines Menschen, der die Liebe hoch schätzt, ist es schwer zu vereinen, der Liebesbehauptung des Stalkers *nicht* mit eigenen Emotionen oder gutem Zureden zu begegnen. Die symbiotische Ur-Tendenz auch im Leben des kritischen Erwachsenen lässt sich an kaum einem anderen Ort so gut aufspüren wie im Zögern, im Gefühl einer Verstrickung, in der unabweisbaren, keimenden Unsicherheit, ob das eigene Ich nicht doch irgendwie, irgendwo verantwortlich ist für diese intensiven Wünsche, mit denen es so gar nichts zu tun haben will. Polizisten zu rufen, die selten durch besondere Einfühlung und Verständnistiefe aufzufallen pflegen, fällt den Opfern schwer. Und genau diese Lücke nutzt der Täter, um sich zu entfalten und seinen Machtanspruch zu regenerieren.

Der Stalker sucht im Inneren des Opfers nach dessen wahrem Selbst, das genau so ist, wie er es sich wünscht. Seine sadistischen Aktionen gleichen den Bemühungen des Bildhauers, der die im Marmor eingeschlossene Statue aus der Materie befreit und ihre nur ihm sichtbare Gestalt freilegt.

Wenn das Opfer sich gepeinigt fühlt, ist das angesichts des erhabenen Ziels zu vernachlässigen. Die realen Gefühle des Opfers sind *collateral damage*. Das strategische Ziel hat mit dem Opfer wenig zu tun. Zudringliche Liebe ist Projektion. Je leidenschaftlicher sie wird, desto gefährlicher wird auch die Ignoranz über die Gefühle des Partners.

Vielleicht sind Vampirgeschichten aus diesem Grund gerade in den fortgeschrittenen Konsumgesellschaften so beliebt. Vampire sind unsterblich und sehr viel stärker als normale Menschen, solange die Sonne nicht scheint und sie genügend Blut trinken können. In der hellen Sonne verbrennen sie; nur während der Nacht haben sie ihre vollen Kräfte. Wenn wir Verharmlosungen des ursprünglichen Mythos ignorieren, leben Vampire von dem Blut, das sie anderen nehmen. Es muss frisches menschliches Blut sein. Das Opfer des Vampirs wird sterben, ausgesaugt. Oder aber es wird selbst zum Vampir.

Der einseitige Liebhaber, der Grenzen nicht achtet, sondern sie einfühlungslos überschreitet, leistet Erstaunliches, vermag es, mit Unverschämtheiten durchzukommen, die seine Opfer sprachlos machen; er beutet ihre Rücksichtnahme aus, manipuliert ihre Gutherzigkeit, spielt mit ihren Ängsten, droht mit Beziehungsabbruch, Selbstmord oder Gewalt und hat nachher nur ein wenig übertrieben.

Wenn alle so wären wie er, gäbe es ihn gar nicht, er hätte nicht den Freiraum, sich zu entfalten. Er ist der Carnivore unter den Pflanzenfressern und dankt seine Macht der Wehrlosigkeit und Rücksichtnahme jener, die vergeblich auf seine Einsicht hoffen, wenn sie ihm diesmal Blamage oder Strafe ersparen.

Wenn der Vampir-Mythos keinen Ausweg zulässt, spiegelt das die Kompromissunfähigkeit, welche der narzisstisch Gestörte immer erlebt, aber keineswegs immer praktiziert. Wer gebissen wurde, hat nach dem Mythos nur die Wahl, selbst zu sterben oder ein Untoter zu werden, nicht besser als die anderen Vampire auch.

Ähnlich beobachtet der Analytiker von Partnerschaften, in denen mindestens ein Teil eine schwere narzisstische Störung mitgebracht hat, immer wieder die immense Macht der seelischen Infektion. Da alle Menschen Größenfantasien kennen, Verunsicherungen erleben, Kränkungen verarbeiten müssen, da ferner alle Menschen die Fähigkeit zur Regression in sich tragen, geschieht es sehr oft, dass nicht der Gesunde den Kranken bessert, sondern der Kranke den Gesunden so sehr kränkt, dass dieser nun beginnt, mit den Waffen zurückzuschlagen, die der Aggressor liegen ließ. Am Ende wird, wer an die Heilung durch Liebe glauben wollte und danach trachtete, mithilfe seines Überschusses an Seelenstärke die zerbrechliche Natur seines Gegenübers zu festigen, zum Komplizen, Bundesgenossen und dauernden Anlass für ein Beziehungschaos.

Rache[56]

Im Stalking schwankt das einseitige Ritual zwischen Liebe und Hass. Die Sehnsucht nach Gegenliebe mischt sich noch mit der Gier, die Differenz zum Objekt und dessen Widerstreben auszulöschen. In der Rache ist dieser innere Streit entschieden. Sie scheint auf den ersten Blick nicht das Geringste mit Liebe und Bindung zu tun zu haben. Dennoch führt der Versuch, ihr seelisches Entstehen zu verfolgen, zur Symbiose zurück, in die Semantik der Abhängigkeit. Das Objekt soll mit allen, auch den (selbst)zerstörerischen, Mitteln überzeugt werden, dass es nicht versagen darf, dass sein Versagen unverzeihlich ist und einfach nicht hätte geschehen dürfen.

Rache ist kein Liebesritual, wohl aber ein Ritual der enttäuschten Liebe. Während in anderen einseitigen Ritualen die Fantasie auf die

---

56 Vergleiche auch W. Schmidbauer, Der Mensch als Bombe. Eine Psychologie des neuen Terrorismus. Reinbek (Rowohlt) 2003.

(Wieder-)Herstellung einer Beziehung gerichtet ist, scheint es in der Rache allein darum zu gehen, eine kränkende Situation auszulöschen, indem der Täter entweder genauso viel oder noch mehr leiden muss wie das Opfer.

Rache ist eine unheimliche Emotion. Sie erhebt sich wie eine Stichflamme aus scheinbar nichtigem Anlass oder wuchert verborgen, bis nach ausdauernder Jagd ein Opfer zur Strecke gebracht wird, das den Anlass längst aus den Augen verloren hat. Forscher haben herausgefunden, dass Rache ein Belohnungszentrum im Gehirn aktiviert und selbst dann noch genossen wird, wenn sie ökonomisch keinen Gewinn erbringt. Was experimentell im Labor bewiesen wurde, spiegelt unser Alltagserleben – »Rache ist süß!«

Rachegefühle werden ausgelöst, wenn uns Unrecht geschieht. Wir erleben sozusagen einen Fehler in der Wirklichkeit, den wir weder ertragen noch verleugnen können. Wo ein Mensch nicht verletzt wurde, wird er sich nicht rächen. Rache hängt mit seelischen Qualitäten zusammen, die man früher Ehre oder Stolz – in China »Gesicht« – nannte und heute unter dem Begriff des Narzissmus erforscht.

Die Radikalität und Herzlosigkeit der Rache wurzelt darin, dass ein Mensch in seinen seelischen Grundfesten erschüttert wurde. Er hat etwas verloren oder nicht gewonnen, das für sein Gleichgewicht unentbehrlich scheint. Er kann sich nicht vorstellen, mit dieser Kränkung weiterzuleben. Er muss sie auslöschen, sie aufheben, die Zeit zurückdrehen. Da er das in der Realität nicht kann, muss er wenigstens ein Symbol vernichten, das für seine Kränkung steht.

Der Grieche Herostratos fühlte sich gekränkt, weil er bisher keinen Ruhm in seiner Heimatstadt Ephesus erworben hatte. Daher beschloss er, eines der Weltwunder der Antike, den Tempel der Artemis, in Brand zu stecken und lieber den Tod zu erleiden, als ruhmlos zu bleiben.

Wenn ich die treulose Geliebte erschlage, ist es so, als ob ich sie nie kennengelernt hätte. Entweder alles oder nichts, entweder ganz oder gar nicht, entweder ist die Ehre rein, der Stolz ungebrochen, oder das Leben wertlos. In solchen Alternativen des Denkens und Fühlens bewegt sich die Rache. Wir betreten die seelische Welt des primitiven Narzissmus. Es ist eine Welt, in der sehr mächtige und oft unheimliche Kräfte wirken. Wir dachten, dass der Fortschritt von Zivilisation und Gesittung die Rache kraftlos machen würde. Wir haben uns getäuscht.

Die Dynamik der Rache wurzelt in einem Dilemma der menschlichen Entwicklung. Die Natur hat, um die überlebensnotwendige Bindung zwischen Kind und Eltern zu stärken, eine hochbrisante Reaktion auf die Enttäuschung von Erwartungen an unsere Mitmenschen geschaffen. Wenn wir den schöpferischen Impuls der Evolution in Sprache setzen, lautet er etwa so: Wir müssen unser Selbstgefühl mit allen Mitteln schützen und Zeichen setzen, die andere davon abhalten, uns zu verletzen.

Das soziale Problem liegt in der selbstbezogenen Grenzenlosigkeit der narzisstischen Wut. Sie respektiert nicht, dass andere Menschen anders sind, dass sie auch verletzlich sind und oft nicht verstehen können, was sie ausgelöst haben. Wenn ein Baby schreit, kommt die Mutter und stillt es. Wenn sie nicht kommt, steigert sich das Schreien. Es wirkt auf den Beobachter aggressiv, vermutlich, weil es ihn heftig irritiert und er es nicht hören will. Kommt die Mutter zu spät, kann es sein, dass das Baby in die Brust beißt oder die Brust verweigert. Rächt es sich für die Versagung? Jedenfalls ist es bereit, einen Genuss aufzuschieben, um ein Zeichen zu setzen, und genau das ist auch die Geste des Rächers.

Sinn dieser Aktion ist, der Mutter zu verdeutlichen, *dass sie sich nicht verspäten darf.* Wenn die Mutter das versteht, wird die Entwicklung gut weitergehen; wenn sie aber mit Gegenkränkungen reagiert, absichtlich zu spät kommt oder die Brust verweigert, weil das Baby gebissen hat, entstehen Teufelskreise. *Die Brust ist böse, sie gibt mir nichts, ich muss sie mit den Zähnen festhalten* ist die eine Position. *Das Kind ist böse, es beißt, ich gebe ihm die Brust nicht* ist die Gegenposition.

Es scheint einfach, einen Ausweg zu zeigen: Das Baby beißt nicht mehr, die Mutter kommt rechtzeitig. *Aber wer fängt an?* Das Beispiel ist nur scheinbar harmlos; in der Behandlung zerstrittener Paare gibt es ähnliche Probleme.

Ich würde nüchtern nach Hause kommen und freundlich mit dir reden, wenn du öfter mit mir schläfst.

Ich würde öfter mit dir schlafen, wenn du nüchtern nach Hause kommst und freundlich mit mir redest.

Auch hier kennt jeder den Ausweg – und auch hier ist die knifflige Frage: Wer fängt an, ihn zu beschreiten?

Die frühkindlichen Wurzeln der Rache machen sie so radikal, verbinden sie mit dem primitiven *Alles oder nichts.* Wenn ein trotziger Dreijähriger, dessen Mutter partout nicht tut, was er will, Zünder und Dynamitstange bedienen könnte, würde er die Familie in die Luft sprengen. Wenn sie ihn ablenken oder beruhigen kann, ist er zehn Minuten später wieder der süße Engel.

Unter den Bedingungen, die unsere Psyche geprägt haben, ist das kein Problem. Die Eltern erkennen, wie wichtig es für die Kinder ist, ihren Willen, ihre Autonomie zu entwickeln. Die Kinder lernen, die überlegene Kraft und das überlegene Wissen der Eltern zu achten. Explosivstoffe und wirksame Mordwerkzeuge sind in unserem seelischen Haushalt nicht vorgesehen. Unsere primitiven Affekte sind auf Fäuste und Zähne zugeschnitten.

Der Vergleich zwischen dem trotzigen Dreijährigen und einem Terroristen oder Amokläufer löst Unbehagen aus. Er hilft aber, die Bedeutung der Umwelt und der Gegenkräfte besser zu verstehen. Nach dem psychoanalytischen Modell ist nicht der Impuls zu blutiger Rache und Terror die Ursache für die zerstörerische Aktion, sondern der Mangel an Gegenkräften.

Erwachsene leben im Austausch; wenn sie immer noch auf die semantische Funktion der Rache setzen, »rächt« sich das; das Ergebnis ist nicht die gute Mutter, die das rachsüchtige wütende Kind am Ende doch noch beruhigen kann, sondern es ist jene endlose Kette der »Blutrache«, welche in der Entwicklung zur Zivilgesellschaft als »primitiv« gilt.

Diese Gegenkräfte werden in der Konsumgesellschaft allgemein geschwächt. Es gehört zu ihrem Stil, Disziplin aufzugeben und schnelle Befriedigung als soziales Ideal zu definieren. Heute ist eine Themensparte in Hollywood beschäftigt, Racheszenarien auszumalen und oft genug Rächer zu idealisieren.

In einer reichen Gesellschaft, die ihren jungen Männern und Frauen viele Zukunftsperspektiven bieten kann, hilft den meisten Jugendlichen die Vernunft, sich von der Rache zu distanzieren. Wo sich aber große Gruppen als gekränkt und beschämt erleben, geschieht etwas ganz anderes. Der Intellekt zügelt nicht die Rache, die Rache greift zu diesem Werkzeug und wird vernichtender als je zuvor. Kalte Rache verbindet sich mit den technischen Möglichkeiten der Zeit und stellt sie in ihren Dienst.

Der moderne Terror ist aus der Verbindung von Presse und Dynamit entstanden[57]. Seine Geburt hängt mit einer menschlichen Ur-Sehn-

---

57 Im späten 19. Jahrhundert machten sich zwei neue soziale Phänomene bemerkbar: die Massenpresse und der aufrührerische Terrorismus. Beide verdankten einen großen

sucht zusammen: dem Paradies, dem Leben ohne Kränkungen und – wenn dieses Leben denn schon nicht möglich ist – der Zurückgabe jeder Kränkung an den Urheber, um sie, soweit es eben möglich ist, ungeschehen zu machen und abzuwehren. Wer unter ungerechter Herrschaft leidet, möchte – wenn es denn schon das Paradies der Freiheit nicht gibt – die Tyrannen wenigstens töten.

In den letzten dreißig Jahren ist die Rache wieder salonfähig geworden. In Filmen (wie *Blue Steel*) übergibt die Polizistin nicht mehr den Verbrecher der Justiz, sondern erledigt ihn (der behauptet, er werde erfolgreich auf geisteskrank plädieren) mit gezielten Schüssen.

Disziplinierte, z. B. juristische oder politische, Konfliktlösungen sind »umständlich« und daher unbefriedigend. Ihre Fähigkeit, Ungerechtigkeiten zu verhindern, wird im Impuls zum Faustrecht verachtet. In allen Hollywoodfilmen, die das Rachethema auswalzen, ist die Polizei entweder unfähig oder korrupt.

Wer Rachsüchtigen begegnet, sollte zwei Fehler vermeiden: Die Gegenkränkung auf der einen, die Verwöhnung auf der anderen Seite. Das gilt für den Umgang mit einem bockigen Jugendlichen ebenso wie für Rachegesten in einem Liebesstreit. Die semantische Wut ist kein Zeichen, dass ein Mensch böse oder minderwertig ist. Solange er diese Affekte nicht gewalttätig auslebt, macht die ökonomische Einrede Sinn: Es gibt keine kränkungsfreie Welt hienieden, warum sich also jeden Genuss des Guten verbieten, um der Rache zu frönen?

Sobald aber ein Rächer sich über Gesetze erhebt und Gewalt androht, sind nicht mehr die Liebe und die Vernunft das Gegenmittel, sondern das Gesetz und die Justiz. Niemand verdient deshalb Respekt, weil er bereit ist, sich selbst weit über den Anlass hinaus zu schädigen. Er muss sich dem Recht unterwerfen wie alle anderen, denn genau für solche Situationen ist es geschaffen worden.

Teil ihrer Existenz jüngsten technischen Entwicklungen: dem Dynamit, das 1866 erfunden worden war, und der Rotationspresse, die 1848 eingeführt und 1881 vervollkommnet wurde. Beide Erfindungen traten bald in Wechselwirkung. »Wahrheit kostet zwei Cent die Kopie, Dynamit vierzig Cent das Pfund. Kaufe beide, lies die eine, nutze das andere!« So erklärte das Anarchistenblatt »Wahrheit« (Truth) in San Francisco diesen Zusammenhang. Alex P. Schmid, Janny de Graaf, Violence as Communication. Insurgent Terrorism and the Western News Media, London (Sage) 1982, sowie George Woodcock (Hg.), The Anarchist Reader, Glasgow (Fontana) , S. 43 f.

8   Behandlungstechnik

Wie in der traditionellen Psychoanalyse besteht auch in der Paaranalyse das Junktim von forschen und heilen. Die in der gegenwärtigen Situation sinnvollen Erwartungen an den Partner müssen herausgearbeitet werden, um sie von Erwartungen zu unterscheiden, die traumatische Ängste abwehren sollen und den Partner im Aufbau der Beziehungsrituale stören.

Die Analyse wirkt durch Differenzierungen »therapeutisch«. Das erwachsene Ich kann einen prüfenden Blick auf Rituale werfen, wenn sie bewusst werden. Nun wird es erkennen, welche Ängste begründet sind und welche von in den Partner projizierten Aggressoren und Aggressionen ausgelöst wurden.

In der Praxis der Paaranalyse werden die Kernstücke der traditionellen analytischen Psychotherapie – Übertragung und Widerstand – in modifizierter Form verwendet. In einer Zweipersonensituation prägt der Therapeut das Geschehen auch dann stärker, wenn er passiv bleibt. Er ist das einzige Ziel von Erwartungen und arbeitet sich schrittweise zu deren unbewusster Dynamik vor.

Diese Arbeit kann einige Jahre dauern. Häufig profitieren jene Patienten besonders von einer Langzeittherapie, die vom Scheitern bisheriger Beziehungsversuche gebrochen sind. Sie wurden und werden von ihren Eltern, Freunden, Geliebten chronisch enttäuscht und haben nun zum ersten Mal die Chance, in der Auseinandersetzung mit dem Analytiker zu verstehen, woran das liegt. Es ist gut, wenn dieser therapeutische Partner auch dann noch eine Weile bei ihnen bleibt, sobald sie beginnen, die Erkenntnisse aus der Übertragungsanalyse auf ihren Alltag anzuwenden.

Demgegenüber beruhen Paartherapien, die sich über mehrere Jahre hinziehen, meist auf einem paaranalytischen Defizit. Sie dienen dazu, Störungen in den Ritualen des Paares nicht bewusst zu machen, sondern sie zu kompensieren. Die Paartherapie wird zum Ritual der vermiedenen Trennung.

Ernst hat sich vor zwei Jahren von seiner Frau Sandra getrennt und wohnt seither allein. Auf Sandras Wunsch geht er seit der Trennung mit ihr einmal jede Woche mit zu Sandras Psychotherapeutin. Sandra glaubt, dass Ernst irgendwann seine Näheängste so weit bearbeiten kann, dass er wieder zu ihr und den Kindern zurückkehrt. Ernst hat Angst, dass Sandra sich scheiden lässt und die Kinder ihm die Schuld geben. Er verschweigt deshalb in der Paartherapie, dass die von ihm dort vorgebrachten Gründe für seine Distanz gegenüber Sandra nicht die einzigen und vermutlich auch die weniger wesentlichen sind. Er ist nicht nur ausgezogen, um zu sich zu finden, über seine Ehe nachzudenken und seine Beziehung zu Sandra in aller Ruhe zu klären (wie er ihr gegenüber behauptet), sondern auch, weil seine neue Freundin das von ihm verlangt hatte, mit der er seither zusammen ist, die er aber vor Sandra und den Kindern verheimlicht.

Paaranalytische Kenntnisse sind auch in der Einzeltherapie unerlässlich. Sie helfen, einen Fehler zu vermeiden, der in diesem Beispiel das Handeln von Sandras Therapeutin prägt. Sandra hatte ihre eigenen Depressionen und Ängste derart überzeugend mit Ernsts Verhalten begründet, dass die Therapeutin schließlich glaubte, sie könne ihrer Patientin nur helfen, wenn sie sich ebenfalls dieser Problemquelle zuwende.

Statt sich nun aber zu jenen Einsichten bringen zu lassen, die Sandra und ihre Therapeutin mit ihm erarbeiten wollten, nutzte Ernst die Paartherapie, um sein Desinteresse an Sandra zu verschleiern. Wenn sie sich beklagte, wenn sie sich einen Partner wünschte und nicht nur ein Konglomerat von Ausreden, vertröstete Ernst sie auf die nächste Therapiesitzung – dort werde das alles bearbeitet, dorthin gehöre es.

Das Ritual der Paaranalyse

Die rituellen Aspekte einer Psychotherapie werden selten beschrieben, was aber nicht sagt, dass sie unwichtig sind. Sie sind persönlich und nicht leicht zu versachlichen – Forschungshindernis auf der einen, Forschungsergebnis auf der anderen Seite, denn die Untersuchungen über erfolgreiche Behandlungen ergeben immer wieder, dass unabhängig von der verwendeten Technik die vom Patienten als »gut« erlebte Beziehung zum Helfer den stärksten Einfluss auf das Resultat entfaltet.

Daher sollte das Ritual der Therapie so gestaltet werden, dass sich Patient und Therapeut miteinander wohlfühlen[58]. Ich will im Folgenden beschreiben, wie ich dieses Ritual handhabe. Im Behandlungszimmer steht ein runder Tisch mit zwei Sesseln und einem Stuhl vor der Couch. Im Vorgespräch bitte ich das Paar, auf den beiden gepolsterten Sesseln Platz zu nehmen. Ich setze mich auf den Stuhl.

Dann frage ich, was ich für das Paar tun kann, und lasse mir, möglichst an konkreten Beispielen, die Konflikte schildern, die den Behandlungswunsch begründen. Ich versuche eine Situation und eine Stimmung herzustellen, in der Geschichten erzählt werden, was meist leichter ist, wenn die Klienten einzeln kommen. Es geht etwa darum herauszufinden, wie sich die Partner kennengelernt haben und seit wann die Beziehung so konfliktträchtig geworden ist.

Im ersten Gespräch suche ich vor allem, Kontakt zu beiden Partnern herzustellen, und dort, wo es voreilig wäre, Hoffnungen zu wecken, wenigstens ein Stück Gewissheit erarbeiten, dass dieses Gespräch zu dritt keinem der Beteiligten schaden wird.

Es ist unvermeidlich, in diesem Zusammenhang auch zu beobachten, wie die Partner kooperieren, rivalisieren oder demonstrativ auf Rivalität verzichten. (»Fang du an!« – »Nein, du!« – »Ich wollte dir den Vortritt lassen!«) Oft spricht anfangs jeder Partner in der wir-Form, »wir haben das Problem, dass«, »wir streiten aus nichtigem Anlass«. Das geht bis zu paradoxen Formulierungen wie »wir müssten uns eigentlich trennen!« Ich sage dann manchmal: »Ein *Wir* trennt sich nicht. Nur ein *Ich* kann sich trennen.«

Sobald die Konflikte konkreter werden, tritt das Wir zurück. In der Regel nicht für immer. Es taucht als Gesprächsmodus nur vorübergehend unter, drängt aber wieder zur Oberfläche, wenn ein Ritual der symbiotischen Abwehr als gefährdet erlebt wird. »*Wir* könnten uns gut

---

58 An dieser Stelle fällt besonders auf, dass die Verwendung der männlichen Form die Realität verzerrt – es sind in der Praxis mehr Patientinnen und Therapeutinnen am Werk. Ich ignoriere das aus ästhetischen Gründen. Persönlich bevorzuge ich einen Text, in dem ich nicht in meinem Lesefluss durch Beweise politischer Korrektheit gestört werde, und bitte jene, mir zu verzeihen, die umgekehrt dieses Vorgehen irritiert. Der Sprachraum ist wie der Arbeitsraum des Therapeuten ein Ort, an dem sich dieser wohlfühlen sollte, was nicht durch Versachlichung und Neutralität erreicht wird, sondern durch die Bereitschaft, persönlich zu bleiben, aber dieses Persönliche zu reflektieren und sich für seine kränkenden Seiten zu entschuldigen.

verstehen und einen schönen Urlaub verbringen, wenn *du* nicht immer wieder mit deiner Eifersucht die Stimmung kaputt machen würdest.«

Zwischendurch kläre ich, wie lange ein Paar zusammen ist, frage vielleicht auch nach dem Beruf, auf jeden Fall nach Zahl, Alter und Geschlecht der Kinder, bei kinderlosen Partnern nach den Gründen der Kinderlosigkeit – gewollt, ungewollt, konflikthaft? In diesem Nachfragen entsteht eine erste Skizze der Rituale des Paares, Kränkungen zu verarbeiten.

Es kann aber auch geschehen, dass das Vorgespräch sofort zu einer Krisenintervention wird, vor allem bei heftigen Eifersuchtskonflikten. Dann lässt sich zunächst kaum klären, wie das Paar bisher mit Kränkungen umgegangen ist und durch welche Rituale es sich vor der Wiederkehr belastender Elternbilder schützt. Der eifersüchtige und der untreue Partner sehen jeweils im anderen die schlimmste Stressquelle, die ärgste Belastung. Sie können sich kaum daran erinnern, dass sie mit diesem Menschen schon irgendwann einmal Krisen bewältigt und sich in Ängsten unterstützt haben.

Um Zugang zu diesen verschütteten »guten« Ritualen zu finden, ist es dann erst einmal notwendig, den in seiner Verlustangst und Wut verzweifelten Partner zu beruhigen, ihn aber auch mit der Aussichtslosigkeit des Bemühens zu konfrontieren, durch peinliche Verhöre und Ausforschung von Telefonaten oder Mails die verlorene Sicherheit wiederherzustellen.

Ich frage dann beide Partner, ob sie sich trennen wollen. Wird das verneint, betone ich, dass die eifersüchtige Nachforschung kein Vertrauen und keine Sicherheit herstellen kann. Es gehe nicht darum, die Gründe für das negative Ereignis zu vertiefen, sondern die positiven Erfahrungen in der Beziehung wieder zu stärken. Sich Trennungsgründe gegenüber einem Partner zu verschaffen, mit dem man doch zusammenbleiben wolle, sei vergeudete Energie.

Parallel dazu versuche ich auch dem durch Eifersucht und Vorwürfe gequälten Partner klarzumachen, dass seine moralische Kritik (»du hast mir nachspioniert«) und seine Vorwürfe, gute Stimmungen kaputt zu machen, die Lage nicht bessern, sondern verschlechtern. Denn je weniger liebenswert sich ein Partner fühlt, desto schwerer fällt es ihm, von seinen Eifersuchtsängsten abzulassen, dass er jederzeit durch eine attraktivere Person ersetzt werden könne, die nicht spioniert und keine vorwurfsvollen Szenen macht.

Es geht dann bereits im Vorgespräch darum, die Bedeutung des elementaren Rituals gegenseitiger Bestätigung auf der einen Seite, des Verzichts auf Vorwurf und Entwertung auf der anderen Seite zu erklären. Ich versuche mit möglichst viel Humor dem Paar meine Eindrücke zu erklären, welche Rituale zwischen ihnen funktionieren können und welche nicht.

In dem Vorgespräch ist es wichtig, dass die Klienten ein klares Bild davon gewinnen, wofür der Experte steht, was er tun wird und was nicht. Was der Experte sagt, sollte dem Paar nützen – aber es schadet nicht, wenn es gleichzeitig dem Experten Kontur verleiht und die Partner wissen, mit wem sie es zu tun haben. Gleichzeitig versuche ich, das Selbstgefühl der Partner zu festigen und Gelegenheiten zu nutzen, ihnen zu verdeutlichen, wo ihre Partnerschaft funktioniert. Gerade in Eifersuchtskonflikten entspannt sich die Stimmung, wenn ich etwa bemerke, es sei eine hohe Leistung, angesichts solcher Kränkungen hier zu sitzen und sich auf einen Wortwechsel zu beschränken – der erste Impuls sei doch oft genug, den Treulosen zu erschlagen.

Gegen Ende des Vorgesprächs erkläre ich, ob ich eine Paaranalyse für angebracht halte. Ich erläutere kurz den Sinn – es gehe darum, die Fähigkeit wiederherzustellen, Kränkungen gemeinsam zu bewältigen, nicht für den Partner eine Quelle von Kränkungen zu sein. Ich sage, dass es sich um eine begrenzte Intervention, keine langfristige Begleitung handle. Die Dauer sei auf zehn Sitzungen zu dritt begrenzt; vorher würde ich mit jedem der Partner einzeln sprechen. Nach fünf Sitzungen gäbe es eine Zwischenauswertung, nach zehn bis zwanzig solle die Behandlung zu Ende sein. Über jede dieser Regelungen könne man verhandeln. Die Art meines Vorgehens sei im Vorgespräch erkennbar geworden und werde im großen Ganzen so bleiben: ein Gespräch, in dem die Hintergründe der Problematik herausgearbeitet und Ansätze zu einer Lösung entwickelt werden. Das Paar müsse jetzt entscheiden, ob es mit mir arbeiten wolle.

Manche Paare wollen keine Bedenkzeit, sondern gleich Termine vereinbaren. Ich gehe dann darauf ein. Andere melden sich nach einigen Tagen oder Wochen und beginnen dann. Wieder andere lassen nicht wieder von sich hören.

Symbiose und Triangulierung

Eine Dreiergruppe ist immer in Gefahr, dass sich zwei zusammenschließen und einen Dritten ausgrenzen. Dank der engen Verbindung von Mutter und Kind ist die seelische Symbiose eine Grunderfahrung. Sie entfaltet einen natürlichen Magnetismus.

Die Partner würden nicht Hilfe suchen, wenn ihre Symbiose funktionstüchtig wäre. Sie haben die Fähigkeit eingebüßt, sich gegenseitig zu unterstützen. Daher sind auch ihre Bedürfnisse ausgeprägt, den Experten zu einem parteiischen Unterstützer zu machen. Daraus ergibt sich die Gefahr, dass ein Partner den Analytiker auf seine Seite zieht und ihn dazu bringt, nicht mehr die Rituale des Paares zu erforschen, sondern zum Parteigänger einer der widerstreitenden Deutungen des Rituals zu werden.

Der Kunstgriff, die Intervention abzukürzen und sie durch einen klaren Rahmen zu umgeben, kann das zum Teil ausgleichen. Andere Kunstgriffe wären es, dass auch die Therapeuten als Paar auftreten oder dass strikt vermieden wird, Einzelgespräche mit den Partnern zu führen, um jeden Eindruck abzuweisen, einer der Partner hätte Heimlichkeiten mit dem Analytiker.

Die Fantasie, für einen Parteigänger eines Partners gehalten zu werden, sehe ich nicht als Tabu, sondern als Forschungsgegenstand. Es geht hier darum, genau zu erklären, was mit *Allparteilichkeit* in der Paaranalyse gemeint ist: Wenn ich mich für das Wohlergehen eines Partners engagiere, richtet sich das nicht gegen den anderen. Es geht darum, das Wohlergehen *beider* zu vermehren. In jeder gelingenden Beziehung spiegelt sich das ländliche Sprichwort von der gut gefütterten Kuh, die mehr Milch gibt.

Die Einzelgespräche beginne ich ganz offen – »erzählen Sie von sich, Elternhaus, Kindheit, Beruf, was Sie möchten!« Ich versuche mir ein Bild der Eltern und meist auch der Großeltern zu machen, mit denen die Patienten aufgewachsen sind. Wie war das Verhältnis von Vater und Mutter? Zu den Geschwistern? Welche Belastungen musste die Familie verarbeiten? Welche Rolle spielte der Patient in diesen Prozessen? Wie hat er solche Belastungen verarbeitet und welche Rolle spielte die Partnerschaft in diesem Prozess?

Gerti hat sich von ihrem Ehemann Peter getrennt, weil sie seine ständigen Vorwürfe über ihre sexuelle Zurückhaltung nicht mehr ertrug. Das Einzelgespräch ergab, dass Gertis Kindheit durch einen cholerischen Vater geprägt war, einen Lehrer, der keine Schwäche duldete und seine älteste Tochter manchmal unbarmherzig schlug. Die Mutter hatte sich dem Haustyrannen unterworfen. Gerti lernte Peter während des Studiums kennen. Peter war Quereinsteiger und hatte sich über die Meisterprüfung in einem Handwerk qualifiziert. Die Universität war ihm fremd, und er wirkte hilflos dort, aber zugleich auch tüchtig, zupackend, verdiente sein eigenes Geld und konnte sich eine kleine Wohnung leisten, während Gerti mit ihrem Stipendium nur auskam, weil sie noch zu Hause wohnte.

Als Gertis Vater von ihrer Liebschaft erfuhr, reagierte er mit einem Wutausbruch, drohte ihr Schläge an und verbot ihr die Beziehung, wenn sie weiter unter seinem Dach wohnen wolle. Gerti packte in der Nacht ihre Sachen und stand am nächsten Morgen vor Peters Wohnungstür. Gerti fühlte sich Peter sehr verpflichtet, aber diese Verpflichtungsgefühle warfen auch einen Schatten auf ihre bisher intensiven erotischen Wünsche. Mit der dramatischen Trennung vom Vater war Peter der einzige Mann in ihrem Leben geworden. Gerti entdeckte jetzt väterliche Züge an ihm.

Sie versuchte Peter zu erklären und sich zu rechtfertigen, dass sie nicht mehr so viel Lust wie früher hatte, ihn zu verführen. Peter war sehr gekränkt, er brauchte eine »liebe Gerti«. Das Paar geriet in einen Teufelskreis – Gerti konnte sich Peter nicht nähern, weil sein gereizter, latent cholerischer Zustand Erinnerungen an ihren Vater weckte. Für Peter war die sexuelle Begegnung ein Mittel, sich zu vergewissern, dass Gerti glücklich war, eine ganz andere Person als seine Mutter. Er stammte aus einer Familie von Vertriebenen, in der die Mutter ständig über den Verlust ihres Elternhauses klagte. Peters Vater sei ein Versager, der ihr nichts bieten könne, was auch nur annähernd so gut sei wie das, was sie hätte haben können, wenn sie nicht hätte fliehen müssen.

In der Paaranalyse von Gerti und Peter kritisierte mich Gerti in der ersten gemeinsamen Sitzung nach den beiden Einzelgesprächen, ich hätte Peter davon erzählt, dass ihr Vater sie geschlagen habe. Das wolle sie ihm, wenn er es überhaupt erfahren dürfe, schon selbst sagen. Sie hätte gedacht, das Gespräch mit mir sei vertraulich.

Ich entschuldigte mich. Ich würde mich durchaus bemühen, aus den Einzelgesprächen nichts weiterzugeben, was einem der Partner schaden könne. In diesem Fall hätte ich aber vermutet, dass eine Auseinandersetzung mit dieser Information für eine Verständigung beider Partner über ihre sexuellen Schwierigkeiten hilfreich sei. Ich sei davon ausgegangen, dass es auch für Gerti gut sei, wenn Peter wisse, dass seine cholerisch wirkende Unzufriedenheit sie ängstige. Sie führe zum Gegenteil dessen, was sich Peter wünsche.

Gerti kam während der weiteren Arbeit nicht wieder auf dieses Thema zurück. Ich erwähne diesen (in den Einzelheiten und in den Namen natürlich veränderten) Fall deshalb, weil er der Einzige ist, in dem die in der Zweiersituation gewonnene Information in ihrer Vertraulichkeit problematisiert wurde. Wenn im Zweiergespräch ein Partner ausdrücklich wünscht, dass Informationen nicht weitergegeben werden, ist es selbstverständlich, sich daran zu halten.

Solche Informationen betreffen beispielsweise Liebschaften, von denen der Partner entweder nichts weiß oder zwar weiß, aber über Intensität und Fortdauer im Unklaren gehalten wird. Oder sie betreffen schambesetzte Schleichwege, um sich Informationen zu beschaffen: Der Partner glaubt seine Mails gesichert, die Partnerin hat längst seinen Code geknackt.

Manche dieser Informationen werden im Lauf der Behandlung offengelegt, andere verlieren ihre Bedeutung, wieder andere helfen wenigstens dem Analytiker zu verstehen, weshalb die Paartherapie nicht funktioniert. Das ergibt sich im Lauf der Arbeit. Von Anfang an auf völliger Offenheit nach allen Seiten zu bestehen und die Behandlung abzubrechen, wenn sich jemand nicht daran hält, scheint mir zu rigoros. Wahrheit mag heilsam sein; Wahrheitsfanatismus ist es nicht.

Eine Paartherapie hat den großen Vorzug, dass sie sich auf ein Gebilde richtet, das definierbare Grenzen hat. Was ein Einzelner tun kann, um Symptome zu lindern oder eigene Entwicklungen anzustoßen, ist erheblich schwerer auszuloten als die Bereitschaft eines Paares, zusammen zu bleiben, wenn die wechselseitige Bestätigung schwindet. Paare, die *allein* durch Angst vor einer Trennung zusammengehalten werden, meiden die Analyse, weil sie ihre Vermeidungen gefährdet.

Häufig sind Paare, bei denen sich in den Vorgesprächen ergibt, dass *ein* Partner die Weiterentwicklung wünscht, der andere aber jede Veränderung fürchtet. Dieser kommt widerwillig, allein deshalb, weil er eine Trennung noch mehr scheut als die Analyse. Es ist in solchen Fällen hilfreich, diese Rolle des Wächters der bisherigen Rituale nicht nur zu registrieren, sondern ihren Wert für die Partnerschaft ausdrücklich zu betonen.

Manchmal führt die allparteiliche Haltung dazu, dass ein Partner gekränkt reagiert, der den Anstoß zur Paaranalyse gegeben hat. Er hat erwartet, der Therapeut werde ihm recht geben. Er werde mit Nachdruck unerwünschtes Verhalten seines Gegenübers abstellen. Nun soll er akzeptieren, dass Menschen umso weniger zu einer Veränderung bereit sind, je mehr Druck auf sie ausgeübt wird.

Jeden Verdacht auf Parteilichkeit kann kein Therapeut vermeiden. Er soll doch lebendig bleiben, für die Beziehung engagiert, kein *lackierter Blechaffe*, wie Leo Stone drastisch den Psychoanalytiker nannte, der ein nur auf Zurückhaltung beruhendes Modell der Abstinenz bevorzugt. Meine Faustregel ist, mich auch dann bei einem Klienten zu entschuldigen, wenn ich überzeugt bin, im Recht zu sein. Es ist nun einmal so, dass meine liebevoll und neutral gemeinte Haltung durchaus als Versuch verstanden werden kann, ich hätte die Aktionen eines kränkenden Liebesobjektes gutgeheißen. Das ist vor allem dann unvermeidlich, wenn in der Beziehung primitive Formen der Spaltung dominieren.

Margit findet es lieblos, wenn Fred am Wochenende im Internet surft, statt mit ihr etwas zu unternehmen. Auf ihren Druck hin hat Fred ihr versprochen, nicht länger als eine Stunde am Tag zu surfen, was sie genau kontrolliert. Wiederholt gibt es Streit, weil Fred nicht einsehen will, dass er auch nicht länger surfen darf, wenn Margit mit ihren eigenen Angelegenheiten beschäftigt ist. Fred will nicht wahrhaben, dass sie seine Bildschirmsucht *heilen* möchte und ihr eigentlich bereits die *eine* Stunde ein Dorn im Auge ist.

Margit freut sich auf die Paartherapie – endlich ein Suchtexperte, der Fred klarmachen wird, wie schädlich das Internet für die Psyche ist. Fred blickt dem Termin ohne Zuversicht entgegen. Wenn nun der Therapeut erklärt, dass jedem Partner sozusagen die Hälfte des Kontaktraums gehöre und an der Grenze über die gemeinsamen Unternehmungen verhandelt werden solle – wenn er schließlich gar feststellt, die Freude am Surfen im Internet sei ebenso legitim wie die Freude am Lesen eines Buchs –, dann wird er die Anerkennung seiner Kompetenz durch Margit verlieren, ohne gleichwertigen Ersatz durch Fred zu gewinnen, der solche Äußerungen ganz vernünftig, aber auch banal findet.

Zu einem Paar nimmt der Therapeut eine Beziehung auf, die nicht die Bedeutung gewinnt, wie sie die Beziehung zwischen den Partnern hat. In der Einzeltherapie hingegen ist er selbst Teil eines Paares und im Fall einer intensiven Übertragung den Bedürfnissen ausgesetzt, die in einer Paarbeziehung entstehen.

Der Einzelanalytiker ist in der sogenannten »therapeutischen Ich-Spaltung« Partner *und* Dritter, der die Übertragung untersuchen und deuten soll. Die Übertragungsanalyse ist ein Unternehmen von einzigartigem Wert, das therapeutischen Nutzen, Einsicht und Aufklärung verknüpft. Aber sie ist auch ein riskantes Unterfangen, das exemplarisch scheitern kann. Eine gelungene Analyse gleicht einem Kunstwerk, das von zwei Menschen gestaltet wurde. Die misslungene jedoch hat keine Gestalt, sie zerfällt in zwei Gespenster, die gegeneinander viel Zeit und Kraft vergeudet haben.

In der Paaranalyse *bleibt* der Therapeut immer der Dritte, der er von Anfang an war. Er untersucht die Interaktionen der Partner und versucht ihnen Einsichten über ihre Rituale zu vermitteln. Er klärt durchaus Übertragungen, die einer der Partner zu ihm aufnimmt, aber auch diese Klärung gehört in das gemeinsame Unternehmen, entweder neue Rituale für die Paardynamik zu erarbeiten oder die alten wiederherzustellen.

Paaranalytiker werden bewusst oder unbewusst eigene Rituale auf die Paare anwenden, die zu ihnen kommen. Sie werden dadurch klüger und dümmer zugleich, wie das immer ist, wenn wir eine neue Situation mit dem Wissen angehen, das wir in früheren Situationen erworben haben. Es ist hilfreich, wenn wir aus der eigenen Geschichte Hypothesen ableiten können, was in einer Beziehung funktioniert und was nicht. Gefährlich werden solche Modelle erst, wenn der Paaranalytiker die Fähigkeit preisgibt, sich überraschen und ins Unrecht setzen zu lassen, wenn er also fest daran glaubt, *seine* Rituale seien die besten und er müsse andere zu ihnen bekehren.

Die Macht von Sehnsucht und Angst in der Liebe ist so groß, dass falsche Gewissheiten Konjunktur haben. Patienten berichten oft von Freundinnen und Freunden, die vorgeben, mit absoluter Sicherheit zu wissen, welche Beziehungen möglich und welche nach welchen Ereignissen unheilbar kaputt sind. Es werden sogar Experten zitiert, die angeblich ganz sicher wissen, dass eine Schwangerschaftsunterbrechung jede Liebe definitiv zerstört oder es unmöglich ist, zu einem Partner, der untreu war, wieder leidenschaftliche Gefühle zu entwickeln. Der Paaranalytiker unterscheidet sich von solchen Propheten nicht durch genauere Vorhersagen, sondern durch weniger eilige Urteile.

In jeder Paaranalyse mischen sich symbiotische und triangulierende Erfahrungen: Es gibt den Zweier-Dialog, in dem Verschmelzungen gesucht werden und sich ein Individuum geborgen und »ganz verstanden« fühlt, und das Gespräch zu dritt, in dem zwischen unterschiedlichen Positionen gewählt werden kann. Der Therapeut als der Dritte im Bunde bürgt dafür, dass Konflikte nicht eskalieren, sondern ihre Steigerung durch die Suche nach Verständnis unterbrochen wird.

Der Paaranalytiker argumentiert dabei entlang einer virtuellen Grenze. Sie soll dem Paar ermöglichen, sich über gemeinsame und getrennte Aktivitäten zu verständigen und Rituale einer einverständlichen, im besseren Fall liebevollen Trennung zu finden. An diesen mangelt es in vielen Beziehungen, in denen die Partner süchtig nacheinander sind, weil jeder dem Gegenüber hilft, narzisstische Ängste vor Wertlosigkeit und Verlassenheit zu bewältigen.

Süchtige Formen von Abhängigkeit entgleisen oft in Eifersucht. In Zuständen innerer Leere, des Mangelerlebens an Anerkennung und Bestätigung, greift A. nach dem Smartphone des Partners und untersucht »spielerisch« dessen Dateien, bis sich eine findet, an der sich eine Eifersuchtsszene festmachen lässt. Diese Szene verschlechtert zwar das Klima in der Beziehung und steigert auf lange Sicht die erlebten Defizite an Liebe und Sicherheit. Kurzfristig aber wird das Selbstgefühl durch die Möglichkeit aufgebessert, dem Partner gegenüber aktiv zu werden, der ohnehin als nicht präsent, nicht liebevoll erlebt wird.

Gelingt es gar, ihm nachzuweisen, dass er es wirklich nicht gut meint, dass er wirklich böse Worte sagt, ja Schläge androht, wenn diese sinnlosen Szenen nicht endlich aufhören, ist das ein kannibalischer Triumph über ihn: Kannibalisch, weil auf lange Sicht die Grundlage einer Liebesbeziehung verzehrt wird; Triumph, weil doch endlich klar ist, dass *ich* mehr und richtiger liebe als das entwertete Gegenüber.

Wer die Streitigkeiten zwischen solchen Partnern analysiert, entdeckt oft, dass sie nicht fähig sind, *sich im Guten zu trennen*. Sie nivellieren auf diese Weise Unterschiede (was der Strategie der Symbiose entspricht) und berauben sich jener Regenerationsmöglichkeiten, die durch Aktivitäten ohne den Partner entstehen.

Ludwig ist mit einem ehrgeizigen Vater und einer depressiven Mutter als Einzelkind aufgewachsen. Der Vater arbeitete rastlos und schuf ein kleines Vermögen; die Mutter war emotional unzugänglich und entwickelte einen Putzzwang. Ludwig erinnert sich, dass er einige Zeit selbst Zwänge entwickelte – so aß er als Kind über viele Jahre hin ausschließlich Leberkäse mit Spiegelei. »Gerettet hat mich das Zeichnen«, sagt er. Helga, seine Frau, die er während des Studium kennenlernte, wuchs ebenfalls als Einzelkind mit einem alkoholkranken Vater und einer Mutter auf, die versuchte, die Familienfassade schönzulügen – Helga durfte nie mit anderen Kindern spielen oder diese einladen.

Helga und Ludwig fanden viel Halt aneinander, solange sie praktisch jede Minute ihrer Freizeit zusammen verbrachten. Das änderte sich, als Ludwig sich als Grafiker und freier Künstler selbständig machte. Helga konnte nicht ertragen, dass Ludwig z. B. noch eine Arbeit fertigstellen wollte, wenn sie von ihrer Arbeit nach Hause kam. Sie warf ihm vor, kalt zu sein, sie nicht zu lieben, wenn er lieber arbeite als mit ihr zusammen zu sein. Sie hungerte nach Ludwigs Zuwendung, verweigerte sich aber sexuell, weil sie sich seine »Kälte« nicht gefallen lassen wolle. Er sei genauso kalt wie seine Mutter und ehrgeizig wie sein Vater. Ludwig suchte in den Monaten vor der Paaranalyse öfter den Streit, um sich möglichst schnell beleidigt zurückziehen und endlich arbeiten zu können. Das steigerte umgekehrt Helgas Vorwürfe.

In den Einzelgesprächen gelang es, für jeden Partner den Zusammenhang zwischen dem kindlichen Defizit und dem aktuellen Konflikt erkennbar zu machen. Dem Analytiker konnte Helga gestehen, wie neidisch sie auf Ludwigs Fähigkeit war, über seinem Zeichentisch alles zu vergessen. *Er hat mich und seine Arbeit, ich habe nur ihn, ist das nicht eine schreiende Ungerechtigkeit!*

Aber wenn Sie so weitermachen, haben Sie am Ende nicht einmal mehr ihn, und er hat auch Sie nicht mehr. Ich sehe die Lösung eher darin, dass auch Sie etwas finden, das Ihnen wirklich Freude macht und in das Sie sich zurückziehen können!

Der symbiotische Zuspruch stabilisiert sich im Alltag nur dann, wenn die Partner Rituale finden, sich zu trennen, ohne den Glauben aneinander zu verlieren. Es geht darum, sich zusammenzutun, wenn mindestens einer der Partner, im Idealfall aber alle beide davon profitieren. Die zentrale Qualität des Rituals ist es, den Partner loszulassen, ehe die Gemeinsamkeit erdrückt. Nur so kann die Suche nach Schuldigen vermieden werden, weshalb nicht mehr Gemeinsamkeit geht. Sie verletzt meist beide Partner und vertieft die Problematik.

Die analytische Aufklärung erleichtert es den Partnern zu verstehen, was jeden von ihnen plagt. Die therapeutische Arbeit liegt nun darin, destruktive Rituale zu erkennen, in erster Linie die Übertreibung des Negativen, um der Verleugnung zu widerstehen, mit der es vom Partner kleingeredet wird.

Indem Helga Ludwig vorwirft, er sei nicht besser als sein ehrgeiziger Vater/seine kalte Mutter, will sie die Ungerechtigkeit auslöschen, dass er in seiner Liebe zum Zeichnen etwas hat, was ihr fehlt. Im Schutz der Zuwendung und des Verständnisses vonseiten des Analytikers kann Helga erkennen, dass ihr Versuch, einem fühlenden Menschen auf diese Weise klarzumachen, was sie braucht, das Gegenteil erreichen muss.

Mehr noch: Sie verwandelt sich, wenn sie diesen Weg beschreitet, selbst in die kalte Mutter, die moralische Urteile vollstreckt. Vor dieser Mutter hat Ludwig in den guten Zeiten doch gerade bei Helga Zuflucht gesucht und gefunden. Der therapeutische Aspekt dieser Analyse des Rituals liegt darin, den früheren Glauben in die guten, lösenden Seiten des Partners zu belegen und angesichts der Gefahren zu behaupten.

Ludwig hingegen wird darin unterstützt, den Stolz auf und die Freude an seiner Kunst zu behalten und die Zuversicht zu entwickeln, dass er Helga klarmachen kann, dass diese Qualitäten gut für die Beziehung sind. Er soll an eine Helga glauben, die sich mit ihm über die Erfolge seiner Arbeit freut und ihn in dieser Arbeit unterstützt. Glaube versetzt keine Berge, kann aber Menschen buchstäblich dorthin bewegen, wo sie ein besseres Ritual finden als das gegenwärtige.

Das Ritual des schlechten Gewissens

Der Konflikt zwischen Helga und Ludwig ist auch deshalb eskaliert, weil Ludwig in ein charakteristisches Ritual geraten ist: Er versucht, durch falsche Versprechungen und faule Ausreden Helga abzulenken und die Differenz zu vernebeln, die zwischen ihnen besteht. Er verspricht ihr beispielsweise, dass er in einer Stunde fertig sei, kommt dann nach zwei Stunden aus dem Atelier und behauptet, er habe sich wahnsinnig beeilt. Sobald ihm Helga Vorwürfe macht, sagt er vielleicht: »Willst du denn, dass ich die Sache hinhudle und keine Aufträge mehr bekomme?«

Er trifft sich mit einem Freund für ein gemeinsames Projekt. *Schon wieder! Aber nicht wieder so lange!,* sagt Helga. Ludwig behauptet, auf jeden Fall von diesem unwichtigen Treffen pünktlich zum Abendessen zurückzukommen, verspätet sich aber dann doch um eine Stunde, verlässt den Freund widerwillig und nach seinem Empfinden viel zu früh und muss Helga etwas von einem Stau auf der Autobahn erzählen.

Wer so vorgeht, vermittelt dem Partner ein schlechtes Selbstgefühl. Denn entweder fühlt sich Helga nicht ernst genommen – Ludwig kann ihr versprechen, was er will, und sich nachher nicht dran halten. Oder aber sie fühlt sich behandelt wie eine Polizistin, die mit Ausreden abgespeist wird, weil sie nichts im Kopf hat als Strafzettel.

Wesentlich für stabile Rituale ist es aber, dass die Partner sich in ihren Rollen als *gute erwachsene Personen* festigen. Sie verhandeln, sie einigen sich auf einen Kompromiss, sie respektieren diesen Kompromiss, fördern und fordern auch ihr Gegenüber darin, sich konstruktiv zu verhalten. Ein liebevolles Klima in einer Beziehung wird nicht allein dadurch gesichert, dass sich jeder darum bemüht. Es geht auch darum, Lieblosigkeiten nicht zu dulden und sich verantwortlich dafür zu fühlen, dass ein Gegenüber nicht in entsprechende Gewohnheiten verfällt. Die Ko-Alkoholikerin, die als ihre Leitlinie zitiert: *Wer viel liebt, verzeiht auch viel,* befindet sich auf einem gefährlichen Weg.

Der Paaranalytiker wird die Schuldgefühle und die kindlichen Manipulationen hinter solchen falschen Versprechungen und faulen Ausreden aufdecken. Der Therapeut wird vielleicht scherzhaft sagen, es sei doch viel klüger, angesichts eines ängstlichen Partners Verabredungen so zu treffen, dass man – wenn schon nicht pünktlich – auf jeden Fall *früher* eintreffe als zugesagt.

Aber Wichtigeres bleibt in solchen Ritualen unsichtbar: Defizite an Wahrnehmung des Partners, an Einfühlung in seine Situation, Gleichgültigkeit angesichts der Frage, wie viel ihm gerechterweise zusteht, auch wenn er es nicht einklagt, und was ihm sinnvoll verweigert werden muss, auch wenn er es begehrt. Es sind Fragen der narzisstischen Stimulierung, der Kränkungsverarbeitung, in denen sich Unbewusstes vorwiegend als Gedankenlosigkeit verkleidet. »Es ist doch alles in Ordnung bei uns, Probleme gibt es überall, niemand sollte aus einer Mücke einen Elefanten machen!«

Die Paaranalyse geht schrittweise vor, wie ja auch das Paar in Aktion und Reaktion seine konstruktiven wie seine destruktiven Rituale in Szene setzt. Dem einen Partner wird gerade bewusst, wann er entgleist – siegesgewiss stößt der zweite nach: *Ich habe doch immer gewusst, daran liegt es!*, um sich nun der Analyse seines Beitrags auszusetzen, der zum Teil in einer destruktiven Reaktion auf ein destruktives Angebot liegt, zum Teil darin, sich selbst zu loben, weil man sich gerade nicht auf das Niveau des Partners herabgelassen hat.

Jeder Partner kriegt also sein Fett ab. Ich habe nach dem Ursprung dieser Redensart gesucht: Die häufigste Deutung ist, dass es sich um ein Ritual nach dem Schlachten eines Tieres handelt. Jeder, der mitgearbeitet hat, bekommt einen Teil des Fetts, das ja in hungrigeren Zeiten als der unsrigen eine Delikatesse war.

Eine andere Metapher wäre das Tennisspiel. Wenn ein Partner glaubt, ein As geschlagen zu haben, greift der Analytiker ein und spielt den Ball zurück: Es geht nicht darum, den Partner zu überwältigen, sondern *mit ihm zu spielen*. Im Beziehungs-Tennis ist es ein grober Fehler, den Ball dorthin zu schlagen, wo der Partner *nicht* steht, und ihm so die Möglichkeit des *Returns* zu nehmen.

Schuldgefühle zu haben, sie dem Partner zu machen und beides abzuwehren, ist eines der häufigsten destruktiven Rituale. Es ist auch eines, das durch die Paaranalyse gut aufgedeckt und dadurch verändert werden kann.

Schuldgefühle sind das ärgste Hindernis, liebevolle Rituale von Trennung und erneuter Nähe zu entwickeln. Partner, die unsicher sind, ob sie überhaupt lieben können, versuchen um jeden Preis den Vorwurf zu vermeiden, sie seien nicht liebevoll genug. Alles, was sie tun, muss das Etikett »aus Liebe« tragen wie Edelmetall den Materialstempel. Die von Liebesreden durchtränkte »christliche« Erziehung vermittelt vor allem den Söhnen frommer Mütter das Grundgefühl, dass sie zu wenig lieben. Statt Sicherheit über die eigenen Gefühle entsteht so eine Projektion unterdrückter Wut, gemischt mit Überanpassung aus Schuldgefühlen.

Die Partnerinnen fühlen sich nicht geliebt – und trösten sich damit, dass sie die Kontrolle über ihren Mann perfektionieren. Wenn er dann

Heimlichkeiten hat, in einen Alkoholexzess oder zu einer Geliebten entweicht, wird er als ertappter Sünder beichten und büßen. Je eindrucksvoller die Zerknirschung, desto wahrscheinlicher der Rückfall. Solche Paare leben in einer verrückten Kunstwelt, in die sie sich gegenseitig zwingen. Die Frau an der Seite eines Mannes, der schuldbewusst Liebesbeweise für sie erbringt, weil er nicht weiß, ob er sie liebt, konsumiert seine Dienste und ist am Ende als seine Wärterin nicht weniger gefangen als er. Wer in einer entwerteten Beziehung ausharrt, zahlt für die gewonnene Sicherheit mit Schuldgefühlen und mit Scham, die ja nichts anderes ist als das Gefühl, dem eigenen Ideal etwas schuldig zu bleiben.

Die Analyse solcher Paare darf aber nicht bei den harten Kontrasten von Liebe und Gleichgültigkeit, von guter oder schlechter Ehe stehen bleiben. Die Psyche ist niemals so eindeutig wie unsere Bewertungen. Auch in den schwärmerischen Beziehungen fehlt selten die Berechnung ganz. Ebenso kann auch in den berechnenden wie ein unerwarteter Gast das romantische Gefühl auftauchen, wenn sich der Beobachter nicht vorschnell in das Urteil der Partner findet: *Unsere Ehe ist total zerrüttet!*

Der Paaranalytiker wahrt gleichen Abstand zur gut- wie zur schlechtgeredeten Beziehung. Er untersucht die Bedingungen, unter denen die jeweiligen Formen von Idealisierung der Liebe und von schuldbewusster Entwertung zustande kommen. Sie hängen in der Regel mit Trennungsängsten zusammen. Wo jeder Abstand zum Partner völlige Verlassenheit fürchten lässt, lädt die Beziehung nicht mehr zum Essen ein, sondern zur Sondenfütterung.

Wer sich in aller Ruhe klarmachen kann, was er an seinem Partner liebt und was er an diesem nicht leiden mag, dem gelingt es besser, die Liebe zu pflegen und den Rest liegen zu lassen. Der Schülerslang hat die treffende Formulierung gefunden: *Das muss ich mir nicht auch noch hineinziehen!* Die orale Bedürftigkeit wird in ironischen Abstand gerückt. Wir tragen das Baby noch in uns, das sich an der Brust *alles* hineinziehen muss, aber wir können auch Abstand finden von diesem Zwang.

Schuldgefühle und Aggressionen sind Geschwister. Wer mir Schuldgefühle bereitet, weckt auch meine Aggression. Wer mich daran erinnert, wie sehr ihm Dank gebührt, stimuliert unter geheuchelter Demut den Wunsch, ihn mitsamt der Verpflichtung loszuwerden.

Marion und Bernd suchen Hilfe, weil sie kurz vor der Trennung stehen und es doch eigentlich endlich schön haben könnten, denn sie haben schon viel schwierigere Zeiten gemeinsam durchgestanden. Bernd hatte große Probleme im Studium und in seinem ersten Job, hat aber jetzt endlich eine gute Stelle. Er kann die schöne Wohnung finanzieren, in die sie beide gezogen sind. Marion hat sich aufopfernd um ihn gekümmert, wenn er Magenschmerzen hatte und nicht in die Arbeit gehen wollte, sie hat ihn zu seinen Prüfungen begleitet und dafür gesorgt, dass er sich trotz seiner Ängste zum Examen anmeldete.

Bernd kommt aus geordneten, aber lieblosen Verhältnissen; Marion hatte eine alkoholkranke Mutter und hat eine Einzeltherapie begonnen, nachdem Bernds Vorgänger sie von einem Tag auf den anderen verlassen hatte und sie entdecken musste, dass er bereits seit einem Jahr eine heimliche Liebschaft hatte. Sie ist im Grunde sicher, dass Bernd sie nicht betrügt. Aber Bernd hat ein Hobby, das ihm sehr wichtig ist: Er ist in einer Gruppe von Laienschauspielern und führt mit diesen jedes Jahr in einem Freilichttheater ein Stück auf. Marion ist eifersüchtig. Sie würde ihm am liebsten verbieten mitzuspielen. Jeder wisse doch, wie locker die Sitten unter Schauspielern seien! Bernd dagegen: Solche Klischees seien unwürdig! Sie: Ich habe mich so um dich gekümmert, und du willst gar nichts für unsere Beziehung tun! Er: Ich lasse mich nicht erpressen. Bernd wird im Streit immer kühler, Marion immer hitziger. Bernd will sich zurückziehen, sie lässt ihn nicht gehen. Sie hält ihn fest, er befreit sich und schubst sie weg.

Die Paaranalyse von Marion und Bernd wurde durch Marions Therapeutin vermittelt. Sie hatte mich auf die beiden vorbereitet: heftige Krise, der Mann schlage ihre Patientin. Er sei mindestens so gestört wie sie, aber zu keiner Therapie bereit. Er würde probeweise in eine Paarberatung mitkommen.

Im Vorgespräch erlebe ich Bernd eher eingeschüchtert, sehr bemüht, Marion entgegenzukommen, sehr unklar in seinen Grenzen ihr gegenüber – erst extrem nachgiebig, dann plötzlich völlig verschlossen und unzugänglich.

Er sei beruflich hoch belastet, müsse viel reisen, sei oft nur am Wochenende zu Hause und wolle dann die Zeit mit Marion intensiv nutzen. Statt es sich zusammen schön zu machen, gäbe es dann Streit, er müsse irgendwann seine Ruhe haben, es tue ihm nachher leid, wenn er

Marion mit Gewalt aus seinem Zimmer dränge, aber er halte ihre Vorwürfe nicht aus!

Marion dagegen: Sie wolle doch nur ein wenig Interesse für ihre Ängste und Sorgen, sie habe sich schließlich auch um ihn gekümmert, als es ihm schlecht gegangen war, ihr gehe es einfach schlecht, wenn sie eifersüchtig sei, und Bernd tue dann gar nichts für sie, verstehe sie nicht im Geringsten und bemühe sich auch gar nicht, das zu tun. Sie wisse nicht, ob die Beziehung noch eine Chance habe, sie habe bereits den Mietvertrag für eine eigene, kleine Wohnung unterschrieben – ade Projekt Gemeinsamkeit!

Es gelang, Bernd für die Paaranalyse zu gewinnen. In dem Einzelgespräch konnte Marion erkennen, dass Bernd sie nicht aus der ihm unterstellten Haltung einer kalten Macht abtropfen ließ, sondern sich vor ihr zurückzog, weil er Angst vor ihr hatte und als sehr leistungsorientierter Mann mit ihren Vorwürfen nicht zurechtkam, er sei ein miserabler, liebloser Partner. Bernd umgekehrt konnte sich der Einsicht nähern, dass Marion keine mächtige Hexe war, die ihm sein Selbstbewusstsein rauben wollte, sondern sich in ihrem Anklammern fühlte wie ein verängstigtes Kind.

Nicht ganz untypisch waren diese Einsichten in den ersten Paargesprächen nicht mehr auffindbar. Es hatte wieder einen heftigen Streit gegeben. Marion hatte jetzt fest vor auszuziehen. Bernd drohte, dann sei die Beziehung zu Ende.

Ich erinnerte beide wiederholt an die Sicht auf den Konflikt, die im Gespräch mit jedem Einzelnen von ihnen erarbeitet worden sei. Marion sagte, sie habe sich ohnehin sehr gewundert, dass Bernd zu einem Gespräch mit mir bereit gewesen sei. Ich appellierte an ihren Humor: Noch verwunderlicher sei es dann doch, dass Bernd einem Fremden gegenüber Einsichten entwickelt habe, die sie als seine Liebste und Vertrauteste nicht aus ihm hervorzaubern könne!

Marion ging auf den Scherz ein und entspannte sich. Bernd blieb deutlich bedrückt – er wisse auch nicht, was ihm geschehe, er könne einfach nicht mehr geradeaus denken, wenn Marion so auf ihn losgehe, das passiere ihm sonst nie und nirgends. Ich erklärte ihm, das sei ein Zeichen, wie eng er an Marion gebunden sei, wie sehr er sie brauche, um sein Selbstgefühl aufrechtzuerhalten, ich sähe eine Wurzel des Konflikts in einem bei ihnen beiden sehr unterschiedlichen Tempo der Reaktion auf Kränkungen.

Marion reagiere schnell und sei auch schnell wieder entspannt; er reagiere langsam und brauche lange Zeit, um sich zu erholen und sein Selbstgefühl wiederzufinden. Daher sei es vielleicht auch hilfreich zu erproben, wie sie in getrennten Wohnungen miteinander umgehen könnten; vielleicht seien sie zu Beginn ihrer Beziehung zu bedenkenlos zusammengezogen.

Es stellte sich heraus, dass es in der Tat so war. Marion hatte nach ihrer Kränkung durch Bernds Vorgänger schnell ein Zimmer in einer Wohngemeinschaft gesucht und war bei Bernd gelandet, den sie damals nur flüchtig kannte.

In den nächsten Sitzungen hatte sich die Situation deutlich entspannt. Marion hatte eine eigene Wohnung und war stolz auf die eigenen vier Wände und den Blick über die Dächer der Stadt. Sie lebte aber die meiste Zeit in Bernds Wohnung, angeblich weil sich die einst gemeinsam aus dem Tierheim geholte Katze an Bernds Räume gewöhnt hatte und Marion sich während Bernds Reisen um das Tier kümmerte.

Die Möglichkeit, sich zurückzuziehen, wenn die Beziehung nicht harmonisch war, hatte beide ähnlich beruhigt, wie manche Angstpatienten allein deshalb wieder schlafen können, weil sie wissen, dass die hilfreichen Tabletten in der Schublade liegen.

Vermutlich hatte der Analytiker eine ähnliche Funktion. Er diente als Übergangsobjekt. Er vermittelte die Haltung, dass Beziehungen bestehen bleiben, auch wenn der Partner nicht zur Verfügung steht.

So kann der Teufelskreis aufhören, dass Verlassenheitsangst Anklammerungsbedürfnisse weckt, die wiederum Rückzugswünsche wecken und dadurch die Angst verstärken. Die Ängste, für immer allein zu sein, werden durch den Freiheitsimpuls verstärkt. Die Ängste, nie wieder frei zu sein, werden durch das ängstliche Klammern ausgelöst. *In* dem Zirkel ist das Problem unlösbar; sobald er verlassen wird, erscheint es harmlos – es muss ja nur einer anfangen, muss ein wenig vertrauen, dass es schon gut gehen wird, schon entspannt sich die Situation, weil auch der Druck der Gegenseite nachlässt.

Paaranalyse und Einzeltherapie

Marions Therapeutin sagte nach einem halben Jahr, als ich sie bei einer institutsinternen Tagung traf, ich hätte Bernd sehr geholfen. Er habe sich nach den Berichten Marions sehr verändert, sie wünsche ihm sehr, dass er ebenfalls eine Einzeltherapie beginne. Ich freute mich, dachte aber nicht weiter über den Hintergrund ihrer Äußerung nach.

Therapeuten und Patienten bewegen sich heute nicht mehr in einer Gesellschaft, in der ihre Arbeit exotisch ist. Die Psychotherapie ist in den Medien angekommen. Das führt dazu, dass sich in den Begegnungen mit ihr voreilige Wertungen und Neugier mischen.

In meiner eigenen Praxis wird etwa die Hälfte der Paare von Kollegen überwiesen, die einen der Partner behandeln und zu der Überzeugung kommen, dass Beziehungskonflikte eine wichtige Rolle spielen. Die Überweisung hat den Vorteil, dass dem Paar Therapie nicht ganz fremd ist und sich manche Vorurteile erübrigt haben. Und sie hat den Nachteil, dass die Rivalität zwischen den Partnern durch eine mögliche Rivalität zwischen den Therapeuten erweitert wird.

Die Aussage, die Paaranalyse habe Bernd genützt, während Marions Nutzen unerwähnt bleibt, ist eine sehr harmlose Form dieser Rivalität. *Marions* positive Veränderungen gehören ihrer Einzeltherapeutin, nicht dem Paaranalytiker. *Bernd* hingegen ist Brachland. In der Paaranalyse wurde bereits deutlich, dass Marion sich auch darüber ärgert, dass sie Therapie braucht, während Bernd ohne Therapie auskommt, aber womöglich von ihrer Therapie mitprofitiert.

Als ich diese Rivalität bemerkte, habe ich Marion gefragt, ob denn für sie die Stunden bei ihrer Therapeutin ein so bitteres Getränk sei, dass sie gerne wolle, dass auch Bernd etwas von dieser Bitternis abbekomme? Sie lächelte und schüttelte den Kopf, natürlich sei sie sehr froh um ihre Therapeutin und wolle diese ganz und gar nicht mit Bernd teilen. Und doch – er könne doch auch mal was tun!

Rivalität kann Gutes wecken und Schlechtes. Nicht sie ist gefährlich, sondern ein Mangel an den Kräften, die sie ordnen und ein faires Spiel sichern. Wie im Wettlauf der bessere Läufer nur dann siegt, wenn der geschicktere Rempler und Beinsteller disqualifiziert wird, ist auch die Rivalität zwischen Therapeuten harmlos, solange jeder die Arbeit des anderen respektiert und nicht zu unfairen Mitteln greift. Eine Grenzsituation beleuchtet die folgende Fallskizze:

Eine Psychologin behandelt seit einigen Jahren eine depressive Patientin, die ihre Ehe als das reinste Fegefeuer schildert – ihr Mann tyrannisiere sie, bestimme in dem Haus, das er von seinen Eltern geschenkt bekommen habe, jedes Detail der Einrichtung, kritisiere sie heftig, wenn sie die Kinder anders erziehe als seine Mutter, die nebenan wohne und sich ständig einmische. Die Therapeutin versucht, der Patientin Fähigkeiten zu vermitteln, sich zur Wehr zu setzen, die Hausarbeit partnerschaftlicher zu verteilen, sich durch die Wiederaufnahme einer Berufstätigkeit mehr Selbstvertrauen zu verschaffen. Alles scheitert, weil der Ehemann die Wünsche der Patientin sabotiert und sie unfähig scheint, sich gegen ihn durchzusetzen. So gewinnt die Therapeutin die Überzeugung, dass der Ehemann das Haupthindernis für einen Weg der Patientin aus ihrer Depression sei. Sie hat auf einer Praxiseinweihung einen Arzt kennengelernt, der sich eben als Psychotherapeut mit einer Privatpraxis niedergelassen hat; seine Spezialität sei Paartherapie. Er macht einen sehr aufgeschlossenen Eindruck, die Therapeutin findet ihn sympathisch und denkt, dass der Ehemann ihrer depressiven Patientin einen solchen Einfluss gut brauchen könnte.

So schlägt sie eine Paartherapie bei diesem Kollegen vor und wartet gespannt auf die ersten Berichte ihrer Patientin. Bald stellt sich heraus, dass der Kollege die Problematik ganz anders sieht als die Patientin und ihre Therapeutin. Nach einigen Gesprächen mit dem Ehepaar kommt er zu dem Ergebnis, dass es die Frau sei, welche ihren Mann unterjoche. Sie halte ihn durch ihre Depression klein und elternabhängig, verweigere sich ihm sexuell und trage außer Versorgungsansprüchen nichts zur Familie bei.

Die Patientin ist empört. Sie hat von der Paartherapie erwartet, dass endlich ihrem Partner gesagt wird, was er ändern müsse; jetzt soll sie etwas ändern? Der neue Therapeut hat durchblicken lassen, dass in ihrem Fall eine Behandlung mit antidepressiven Medikamenten mehr Erfolg verspreche als eine Psychotherapie, über deren Ergebnisse in Bezug auf ihre Leiden sie doch selbst wenig Gutes gesagt habe.

Die Paartherapie wird nicht fortgeführt. Die Patientin hat empört abgebrochen. Der Ehemann will nach einigen Gesprächen mit dem ärztlichen Therapeuten noch weniger von Psychotherapie wissen als zuvor, drangsaliert aber seine Frau mit dem Hinweis, sie sei hier die Kranke, sie solle endlich Medikamente nehmen, damit sie wieder normal werde.

Zwischen der Therapeutin und dem Paartherapeuten gibt es ein Telefonat, in dem der Arzt von einem Kunstfehler spricht, eine so hartnäckige Depression nicht mit Medikamenten zu behandeln. Die Psychologin entgegnet, sie könne selbst Indikationen einschätzen, sie habe sich nach seiner Ausbildung erkundigt und frage sich inzwischen, woher er die Frechheit nehme, überhaupt psychotherapeutisch tätig zu sein. Sie jedenfalls werde im Kollegenkreis vor seiner handgestrickten Paartherapie warnen.

In diesem Fall hat die Therapeutin ihrer deprimierten Patientin einen besseren Ehemann herbeischaffen wollen. Sie hat sich mit dem Bestreben der Patientin identifiziert, ihr Leid mit dem Mangel an Bestätigung durch den Ehemann zu erklären. Die depressive Symptomatik begann, als die Patientin nach der Geburt des zweiten Kindes ihre Berufstätigkeit aufgegeben hatte.

Die Therapeutin hatte sich mit dem Bedürfnis der Kranken identifiziert, ihr Partner müsse bei seiner Frau den Verlust an narzisstischer Bestätigung durch ihre Berufstätigkeit ausgleichen. Sie übernahm die Entwertungen, welche die Ehefrau gegen ihren Mann richtete – elternabhängig, keine Hilfe mit den Kindern! Sie sah nicht, dass auch der Ehemann überfordert war. Er bemühte sich nach seinen Kräften, die Familie zusammenzuhalten und mit dem fertig zu werden, was er als krasse Undankbarkeit seiner Partnerin erlebte. Hatte er ihr nicht ein Haus gebaut? Sorgte er nicht für ein in seinen Augen bequemes Leben?

Ihr Mangel an paaranalytischem Verständnis führte die Therapeutin dazu, von einer Paartherapie die bessere Versorgung ihrer Patientin mit einfühlender Männlichkeit zu erwarten. Ihre Sympathie für den Kollegen in der Party-Situation führte dazu, dass sie keine Fragen nach seiner Qualifikation und etwaigen Referenzen stellte. Sie meinte es nur gut, wollte ihrer Patientin Gutes tun – und musste bekümmert feststellen, dass ihr Vorschlag die Spannungen in der Ehe verstärkt und ihrer eigenen Therapie einen Bärendienst erwiesen hatte.

Der »Paartherapeut« hatte in einem Selbsterfahrungszentrum zusammen mit seiner Exfrau eine Woche Tantra-Therapie gemacht. Dort hatte er die Überzeugung erworben, dass es bei Paaren darum gehe, die sexuelle Aktivität anzukurbeln; alles Weitere ergebe sich von selbst.

Die Einzeltherapeutin hingegen hatte ihre Patientin darin unterstützt, nicht mit ihrem Ehemann zu schlafen, wenn sie keine Lust dazu habe. Den unerfahrenen und hinter seiner forschen Fassade unsicheren Paartherapeuten kränkte sein Misserfolg, das Paar von seiner Sicht zu überzeugen. Er wurde ungeduldiger, die Partner trotziger.

Es ist nicht zu leugnen, dass eine gute sexuelle Beziehung über manche Misslichkeiten des Alltags mit kleinen Kindern trösten kann. Aber das wissen die Partner meist bereits, ehe sie darüber mit ärztlicher Autorität belehrt werden. Ein besserwisserischer Paartherapeut wird dann trotz seiner an sich brauchbaren Idee schnell zum gemeinsamen Feind, gegen den sich das Paar kurzfristig einigen kann. Und weil Therapeuten sich in ihrer Bedürftigkeit nicht von anderen Menschen unterscheiden, greifen sie in Zuständen der Kränkung ebenso wie diese nach Strohhalmen – und sei es die faule Aufwertung durch das einer Kollegin unterstellte Versagen.

In jeder Depression steckt verborgen eine Größenfantasie, und sei es nur der naive Plan, durch das eigene gute und brave Sein andere Menschen ebenso gut und brav zu machen. Therapeuten sind ganz und gar nicht immun gegen dieses Projekt.

Auch in dem vorliegenden Fall scheint die Therapeutin ihre kritische Distanz zu den chronischen Klagen der Patientin verloren zu haben, dass ihr Partner, obwohl sie doch so gut und brav alle ihre Vorstellungen über eine gute Ehefrau zu verwirklichen suche, sich ganz und gar nicht ihren Vorstellungen über einen guten Ehemann nähere.

Wenn *er* Kopfweh hätte – was leider kaum je der Fall sei –, würde sie ihm selbstverständlich alles abnehmen. Neulich aber hätte sie wieder Kopfweh gehabt, und statt die Kinder zu Bett zu bringen und ihr die nötige Ruhe zu gönnen, habe er anscheinend nicht einmal daran gedacht, seine Verabredung mit den Kollegen zu einem Kegelabend abzusagen. Wenn sie es nicht schaffe, habe er gesagt, solle sie seine Mutter rufen, die springe gerne ein. Und er *wisse* doch, dass sie diese Frau nicht leiden könne und ihren Einfluss auf die Kinder verderblich finde!

Es ist nicht angenehm, die Aggression einer solchen Ehefrau in die Übertragung hineinzuholen. Aber es ist die professionelle Aufgabe, um wachsende Passivität der Patientin, Sündenbockzuschreibungen an den Ehemann und eine negative Entwicklung der Ehe zu verhindern. Nicht die Versorgung mit einem wundertätigen Paartherapeuten bringt die Patientin weiter, sondern die Einsicht, dass passive Erwartungen und magisches Denken ihre Chancen blockieren, die gegenwärtige Krise zu bewältigen.

Ein professionell arbeitender Paartherapeut hätte in dieser Richtung gearbeitet und nicht die Partner durch das Angebot einer Patentlösung verwirrt. Aber ökonomischer wäre es, wenn die Einzeltherapeutin paaranalytische Gesichtspunkte von Anfang an berücksichtigen und in dieser Richtung arbeiten würde.

Die Domäne der Paaranalyse sind Paare, die eine Fantasie von Kooperation mitbringen. Das erinnert an die traditionelle Einteilung von Freud, der völlig selbstbezogene und daher unzugängliche Personen (er nannte sie »narzisstische Neurosen«[59]; gegenwärtig spricht man von Psychosen) für ungeeignet hielt. Ein Minimum an Einsicht in den Sinn einer eigenen Veränderung sollte auch bei dem zunächst überwältigenden Wunsch nach einer Veränderung des Partners erkennbar sein.

Es gibt Therapeuten, die von sich behaupten, sie könnten in der ersten Sitzung erkennen, ob ein Paar eine gemeinsame Zukunft habe oder nicht. Ich halte es für sinnlos, mich in solchen Künsten zu erproben; die Prognose einer Paaranalyse ergibt sich nicht durch den distanzierten Scharfblick, sondern durch die gemeinsame Arbeit. Sie einem kooperationswilligen Paar zu verweigern, widerstrebt mir ebenso wie Versprechungen über den Ausgang. Zu Beginn lassen sich vor allem die Flexibilität und die Bereitschaft zur Kooperation nicht genau einschätzen. Menschen überraschen, im Positiven wie im Negativen.

Zusichern kann ich nur, dass Komplikationen oder Verschlechterungen durch eine kunstgerechte Paaranalyse extrem selten sind. Das professionelle Vorgehen nützt nicht immer, sollte aber auch auf keinen Fall schaden. Wenn ein Paar die Analyse sucht, ein Partner oder beide aber bereits an Trennung denken, ist das kein Ausschlussgrund: Die erweiterten Möglichkeiten von Empathie und Verständnis können auch eine Trennung weniger bitter und destruktiv gestalten.

Die Indikation der Paaranalyse während oder nach einer Einzeltherapie wird umso fundierter sein, je weniger der Einzeltherapeut sich dazu verführen lässt, den Ehepartner als Hinderns für das Lebensglück seines Patienten zu sehen. Er sollte klären, weshalb sich ein solcher Ankläger zu gerade dieser Partnerschaft entschieden hat und wie er seinen Anteil an der gegenwärtigen Misere einschätzt.

Weniger problematisch als zur Paaranalyse parallel laufende einzeltherapeutische Behandlungen ist eine bereits *abgeschlossene* Psychothe-

---

59 Was den historisch unkundigen Freud-Leser verwirrt, denn heute gelten narzisstische Neurosen bzw. narzisstische Störungen bis hin zu den Grenzfällen (Borderline) zur Psychose als mit modifizierter Technik behandelbar. Der zu Freuds Zeiten für solche Patienten gebräuchliche Hysterie-Begriff wurde aus der Medizin verabschiedet, hat aber in den Kulturwissenschaften Asyl gefunden.

rapie. Hier genügt es meist herauszufinden, was an der vorausgehenden Erfahrung als hilfreich erlebt wurde. Wenn eine Therapie abgebrochen wurde, liegt die Frage nahe, was diesmal einen besseren Ausgang erwarten lassen soll. Behandlungen können an Kunstfehlern scheitern oder aber weil sie einen Perfektionsanspruch nicht erfüllen.

Es gibt in der Paaranalyse auch unerwartete »Einzelsitzungen«, wenn ein Partner nicht mitkommen will oder kann, der andere aber den Termin für sich nutzt bzw. telefonisch anfragt, ob er allein kommen »darf«. Ich bestehe dann nicht auf dem vereinbarten *Setting*, sondern nutze die Gelegenheit, mit einer Hälfte des Paares zu sprechen.

In ungeplanten Einzelsitzungen ergeben sich oft Fragestellungen, die für das Paar ebenso produktiv sind wie die Arbeit zu dritt. Wichtiger als die körperliche Anwesenheit ist die seelische Präsenz der Beziehung im Erleben der Gesprächspartner. Misstrauen und Verschwörungsängste lassen sich bearbeiten.

Anders sieht die Sache aus, wenn ein Partner einen Termin vereinbaren möchte und ausdrücklich verlangt, dieser müsse geheim gehalten werden. Es widerspricht der Allparteilichkeit und gefährdet die Zusammenarbeit mit dem ausgegrenzten Partner, sich auf solche Konspirationen einzulassen.

Wer solchen Ansinnen begegnet, sollte sich fragen, ob er einem Paar Anlass gegeben hat, mächtiger zu erscheinen, als er ist. Verschwörung und Heimlichtuerei sind Reaktionen auf erlebte Übermacht, auf eine Fantasie über einen Analytiker, der Richter und Henker sein könnte.

Wer genügend deutlich und mit einem Schuss Selbstironie unterstreichen kann, dass Therapeuten keine Übermenschen sind und jeder von uns ein in seiner Liebesfähigkeit recht unvollkommenes Geschöpf ist, wird seine Klienten eher von Aktionen abhalten können, die für eine Überschätzung seiner Macht und die Projektion einer Elternrolle sprechen[60].

---

60 Mich überzeugt das technische Vorgehen Freuds mehr als das mancher seiner Nachfolger. Freud hat Übertragungen nicht durch extreme Zurückhaltung und Fokussierung der Deutungen gefördert, sondern als Quelle von Widerständen respektiert und angegangen, wenn sie den analytischen Prozess störten. Der Analytiker soll demnach keine Übertragungen provozieren, sondern alles tun, um den Erkenntnisprozess zu fördern und seine professionelle Rolle zusammen mit dem Patienten zu klären. Mich irritieren Analytiker, die Reaktionen von Patienten auf ihre soziale Inkompetenz als Übertragung deuten. Sie haben der Profession sehr geschadet.

Je klarer ein Analytiker die Grenzen seiner professionellen Kompetenz im Gespräch darstellen kann, desto eher wird er dort überzeugen können, wo er wirklich etwas zu sagen hat: nicht als Herrscher über die Definition von Gut und Böse, sondern als Spezialist für Empathie, für die traumatischen Wurzeln menschlicher Kränkbarkeit und für die Chancen, diese zu überwinden.

Sucht und Koabhängigkeit

Nachdem die hier vorgeschlagene Form der Paaranalyse eine relativ »kleine« Intervention ist, die in ihrem wirtschaftlichen Aufwand hinter den üblichen Rahmen der Verhaltens- und Psychotherapie zurücktritt, könnte man sich damit zufriedengeben, dass sie manchmal eben ergebnislos bleibt – was soll's, solange sie nicht schadet. Jedes zweite verschriebene Medikament wandert schließlich unbenutzt in den Müll, die sinnlose Multiplikation von Diagnostik in Praxis und Klinik verschlingt Unsummen!

Aber so einfach sollte die Sache nicht bleiben. Ein kleines Übel lässt sich nicht durch ein größeres legitimieren. *Jede* unökonomische Intervention kostet nicht nur Zeit und Geld. Sie steht einer produktiven Maßnahme im Weg, will erst durchgeführt und ausgewertet sein, ehe man zum nächsten Schritt kommt.

Aus diesen Gründen lohnt es sich, Situationen zu untersuchen, die *gegen* eine Paaranalyse sprechen. Manche Gegenanzeigen sind eigentlich selbstverständlich – akute Verwirrung, Geistesschwäche, eine körperliche Erkrankung, deren Bewältigung alle verfügbare Energie aufzehrt. Komplizierter und auch schwerer zu erkennen ist die Kontraindikation bei Sucht.

Ein pensionierter Richter möchte mit seiner Ehefrau eine Paartherapie machen. Sie hat wiederholt damit gedroht, sich zu trennen; er hat daraufhin angekündigt, Selbstmord zu begehen. Im Vorgespräch stellt sich heraus, dass die entsprechenden Szenen immer ablaufen, wenn der Ehemann nach dem Genuss von zwei Flaschen Rotwein mit seiner Partnerin Sex haben will. Sie findet den Alkoholgeruch widerlich.

Der Ehemann wirkt einsichtig, was seinen Alkoholkonsum angeht. Er trinke zu viel, aber eben nur dann, wenn er unglücklich sei, weil sich seine Frau verweigere. Sie sei eine feurige Geliebte gewesen. Er brauche diese leidenschaftliche Beziehung mit ihr, auch wenn er inzwischen nur noch mithilfe von Medikamenten potent sei. Er habe seine erste Frau und seine Kinder verlassen, um mit ihr zusammen zu sein. Ihre Kälte ertrage er nicht.

Die Ehefrau erklärt, sie habe oft mitgemacht, obwohl sie keine Lust gehabt hätte, nur damit er Ruhe gebe. Aber das gehe jetzt nicht mehr, sie müsse ihre sterbende Mutter pflegen. Ihr Mann sei selbstbezogen wie ein Kind und trinke weiter, obwohl er an Diabetes leide.

Wer angesichts einer solchen Situation mit einer Paaranalyse beginnt, wird nach einigen Sitzungen an den Punkt kommen, der sich bereits in den Vorgesprächen deutlich genug abzeichnet: Solange der Ehemann seinen Alkoholismus verleugnet und nichts gegen diesen unternimmt, wird die Behandlung immer nur bis zu dieser Frage vordringen und dann stagnieren.

Der Patient wünscht sich, von außen so viel Sicherheit und narzisstische Bestätigung zu bekommen, dass er aufhören kann zu trinken. Solange er glaubt, dass der Therapeut ihn in dieser Hoffnung unterstützt, ist es auch bereit, sich behandeln zu lassen. Aber diese Unterstützung ist gefährlich: Sie schafft eine illusionäre Situation, enthält ein unerfüllbares Versprechen, schwächt die Basis für eine Alkoholabstinenz.

Wer in solchen Fällen möglichst taktvoll erklärt, ohne eine Behandlung der Alkoholabhängigkeit in einer Klinik und stabile Abstinenz sei eine analytische Intervention nicht aussichtsreich, verliert den Nimbus des Wundertäters, erspart sich und dem Paar aber vergeudete Zeit und enttäuschte Erwartungen.

Manchmal stellt sich erst im Lauf der Arbeit heraus, dass die Krisen bei einem Paar durchweg dann auftreten, wenn entweder beide oder ein Partner schwer betrunken sind. Das hängt manchmal mit einem riskanten Ritual zusammen: Sexualfeindlich erzogene Männer und Frauen haben irgendwann entdeckt, dass Alkohol ihre Hemmungen schwinden lässt.

Sich Urlaube, Volksfeste oder Bekanntschaften schön zu trinken, ist als Gelegenheitsritual harmlos, als Zwang verheerend. Viele Alkoholiker leben trocken, weil sie irgendwann erkannt haben, dass ihre Sucht sie die berufliche Existenz kosten würde. Aber das zentrale Problem trockener Alkoholiker liegt nicht in ihrer Arbeitsfähigkeit, sondern im Aufbau erotischer Rituale, in denen Alkohol keine Rolle mehr spielt.

Die Paaranalyse kommt in eine schwierige Lage, wenn diese Dynamik deutlich wird. Das Paar erlebt seine Konflikte in alkoholisiertem Zustand, betritt aber nüchtern die Praxis des Therapeuten. Wenn die Analyse da ist, ist das Problem weg; wenn das Problem da ist, spielt die Erinnerung an die erarbeiteten Einsichten eine Nebenrolle. Sie wird zu einem der vielen guten Vorsätze, die jeden Trinker umschwirren wie Fliegen den Misthaufen.

Psychotherapie kann nicht gegen Drogen konkurrieren, was Macht und Schnelligkeit der Wirkung angeht. Es ist wie ein Rennen zwischen Fahrrad und Motorrad: Der Radler hat erst eine Chance, wenn dem Motorrad das Benzin ausgeht. Wer sich dessen bewusst ist, wird mit der nötigen Vorsicht und Skepsis drogenbedingte Beziehungsprobleme analysieren. Viel Erfolg für seine Arbeit sollte er nicht erwarten.

Aber auch hier sind Menschen für Überraschungen gut. Es gibt Alkoholiker, die trocken werden, sobald sie eine Frau verlässt, die mit ihrer Sucht gerungen hat. Und es finden sich Ko-Abhängige, die nach einer mühevollen Scheidung erste Schritte in eine neue Beziehung wagen und wie durch Zauberkraft wieder an einen Mann mit einem Suchtproblem geraten.

Abhängigkeit wie Ko-Abhängigkeit ist mit einer Paaranalyse erst dann beizukommen, wenn die Arbeit eine Ernsthaftigkeit gewinnt, die ihr in der Rivalität zur Droge mangelt. Die Gefahr einer Therapie im »nassen« Bereich liegt darin, dass die Behandlung missbraucht wird, um einen Vorwand mehr zu haben. Der notwendige Verzicht wird verschleiert. Solange ein Schwinden der Probleme ohne Aufgabe der Sucht möglich scheint, kann sich der Therapeut auf Bewunderung verlassen; sobald er den Drogenkonsum infrage stellt, hat er nichts mehr zu bieten.

Dankbarer und dennoch recht schwierig ist die Paaranalyse bei einer Partnerschaft, in der ein bisher alkohol- oder drogenabhängiger Partner den Entzug durchgestanden hat. Das Paar muss eine Art Normalitätsschock verkraften.

Solange mein Mann getrunken hat, habe ich nichts sehnlicher gewünscht, als dass er aufhört. Jetzt hat er aufgehört. Er achtet sehr auf seine Gesundheit, macht viel Sport, trainiert im Studio. Die Kinder sind erleichtert, dass es so viel ruhiger geworden ist. Aber ich kann nichts mehr mit ihm anfangen. Er ist ein Pedant geworden, weiß alles besser, redet mir in den Haushalt hinein und hätte anscheinend jeden Tag gerne eine kleine Feier, die das Wunder seines Trockenwerdens mit Andacht begeht.

Diese Äußerung einer 44-Jährigen, die dicht vor der Scheidung stand und zahllose Rückfälle ihres Partners miterlebt hatte, zeigt die Enttäuschung einer Ko-Abhängigen, wenn der Alkoholiker aufhört zu trinken. Aus dem von Abstürzen bedrohten, luziferischen Flügelwesen wird ein Erdenwurm, der wenig abgeben kann und seine seelische Energie auf das eigene, nun zwanghaft gesicherte Ego konzentriert.

Schluss: Rituale und kein Ende

Wer erst einmal die Rituale entdeckt hat, den fesseln ihre vielfältigen Möglichkeiten. Viel mehr in uns als das bewusste Ich reagiert auf Reize und wiederholt diese Reaktionen, wenn sie zu einem erwünschten Ergebnis führen. Von frühester Kindheit an machen Menschen, ihre Mienen, ihre Gesten, ihre Bewegungen und ihre Art, sich aufeinander zu beziehen, den tiefsten Eindruck auf uns. Nur ein kleiner Teil dieser Eindrücke und Prägungen wird bewusst erlebt. Wie bei treibendem Eis bleibt der weitaus größere Teil unserer Verwurzelung in Ritualen in unsichtbaren Tiefen.

Am Anfang des Rituals war die Tat. Aber anders als in der Textstelle von Goethes Faust ist es der Sinn dieser Tat, Bedürfnisse nach Expansion und Neuerung zu begrenzen. Faust weigert sich, den Nutzen der Rituale anzuerkennen. Er will immer Neues schaffen, zu neuen Ufern aufbrechen und raubt so jenen die Heimat, die gerne immer genau so weiterleben würden, wie sie es gewohnt sind.

Faust ist ein Symbol für die Unruhe, die durch eine entfesselte Geldwirtschaft in die traditionelle Welt getreten ist. Man sollte ihn parallel zu dem fast gleichzeitig mit Faust II entstandenen Märchen von Wilhelm Hauff *Das kalte Herz* lesen.

Die Faszination durch den Reichtum kostet die Menschen mehr, als sie wahrhaben wollen. Gefühle, Beziehungen, Empathie werden ebenso bedeutungslos wie Rituale, die »nichts bringen« oder »nur Zeit kosten«. Es geht allein um den Kick des zum Suchtmittel gewordenen Geldes.

Wie sehr die Autoren in den ersten Dekaden des 19. Jahrhunderts von der wachsenden Macht des Kapitals und der Industrie fasziniert wurden, hat Hans Christoph Binswanger in einer Analyse von Goethes Werk gezeigt. Faust scheitert daran, den Weltgeist zu verstehen. Aber er entdeckt das Papiergeld und die Ausbeutung der Natur. *Durch die Reduktion der Welt auf die Quintessenz des Geldes wird die Welt vermehrbar: Sie wächst mit dem wirtschaftlichen Wachstum*[61].

---

61 Hans Christoph Binswanger, Geld und Magie. Eine ökonomische Deutung von Goethes Faust. Murmann, Hamburg 2003, S. 55. S. a. W. Schmidbauer, Das kalte Herz. Die Macht des Geldes und der Verlust der Gefühle. Hamburg 2010.

Das Ritual hilft, in unserem Erleben und in einer vom erwachsenen Ich gestalteten Szene einen Gegensatz zu lösen, der unser Leben prägt: den zwischen Autonomie und Geborgenheit, zwischen Neugier und Heimat, in der kindlichen Entwicklung zwischen Lösung von der Mutter und Wiederannäherung. Im sozialen Leben schafft das Ritual Zyklen und Rhythmen, wie das Vegetativum im Körper Atem und Verdauung steuert.

Das Ritual wird auf subtile und zugleich eindrucksvolle Form Heimat. Es inszeniert das Vertraute aus dem Nichts wie der Schiffbrüchige, der mit letzter Kraft das unbekannte Ufer erreicht und dort niederkniet, nach Osten gewandt, mit der Stirn den Boden berührt und betet.

Unsere Kenntnisse über Rituale bleiben unser Besitz, auch wenn wir alles andere verlieren. Sie bleiben unsere Grenze, auch wenn die Welt um uns herum Tentakel der Verführung nach uns ausstreckt. Das Dinner im Abendanzug, ein Ritual der britischen Kolonialverwaltung, richtete sich gegen die Verführungskraft der eingeborenen Frauen, gegen das *going native.*

Keinem Erwachsenen würde es heute einfallen, einem Neugeborenen am achten Tag die Vorhaut abzuschneiden, wenn es nicht ein Ritual wäre, das seit Jahrtausenden den Bund mit Gott symbolisiert. Individualisierung, naturwissenschaftliche Forschung und persönliche Bindung haben in der Entwicklung der modernen Gesellschaft die pauschale Macht der Rituale aufgelöst. Aber eben diese Auflösungserscheinungen führen dazu, alte Rituale zu beleben oder neue zu schaffen.

Nationalismus und Rassismus schaffen in der Industriegesellschaft neue kollektive Rituale. Sie grenzen aus und vernichten den Ungläubigen, wo frühere Rituale gar nicht wirklich *bekehren* wollten, sondern sich mit dem Vollzug einer Geste zufriedengaben. Der Christ im römischen Kaiserreich sollte sich nicht zum Kult *bekehren*, er musste nicht glauben, dass der Kaiser ein Gott sei, er sollte nur *das gesetzliche Opferritual vollziehen.* Es waren die Christen, nicht die römischen Beamten, welche das Weihrauchkorn in der Opferschale als Abfall von ihrem Glauben deuteten. Die Römer wollten nur Respekt vor ihrem Staat und seinen Ritualen.

Die Rituale der Liebe erkennen wir besser, wenn uns bewusst wird, wie sehr unser Leben und ebenso wie unsere Geschichte von Ritualen geprägt sind. Die Taten geliebter Personen beeindrucken, führen zur Identifizierung, ordnen Bewegungsmuster. *Wie er räuspert, wie er spuckt, das habt ihr ihm glücklich abgeguckt*[62].

Die Identifizierung ist das älteste und vielleicht bedeutungsvollste unbewusste Ritual in menschlichen Beziehungen. Jede Verliebtheit ist auch eine Identifizierung. Wir wollen so sein wie das idealisierte Objekt. Wer schnell und intensiv lernen will, dem gelingt das am besten, wenn er sich in den Lehrer verliebt. Am deutlichsten ist das vielleicht in den uralten Künsten von Tanz und Schauspiel. Exhibitionismus erfordert Mut, Mut wächst aus der Identifizierung mit dem Vorbild.

Von Verliebten wird manchmal gesagt, sie hätten sich in wenigen Monaten mehr verändert als in den Jahren vorher. Auch die Fantasie, endlich einen Seelenzwilling gefunden zu haben, beruht auf dem archaischen Ritual der Identifizierung: Ich finde im anderen, was ich vorher, angeregt durch sein Bild, in mir gefunden habe. Soziale Tiere – Hunde und Pferde – vollziehen ähnliche Rituale. Auch hier heißt es doch, dass sich im Lauf der Zeit Herr und Hund, Pferd und Reiter ähnlicher werden.

Besonders intensive Identifizierungen weckt der Verlust. Eine Hauskatze stirbt, an der ein vierjähriges Mädchen sehr hängt. Die Kleine hört auf zu sprechen, miaut, krabbelt wieder auf Händen und Knien. Ihr Essen will sie nicht am Tisch, sondern vom Boden aus einem Fressnapf. Ein Mann rasiert sich nach dem Tod seines Vaters nicht mehr und trägt nach einem halben Jahr denselben Vollbart wie dieser. Ein anderer hört nach dem Tod seines Bruders – eines überzeugten Nichtrauchers – auf zu rauchen, was er selbst und seine Umgebung bisher für unmöglich gehalten haben.

Auf dieser verstärkten Identifizierung nach einem Verlust beruhen oft Veränderungen *nach* einer Analyse.

Die Analysandin hat während einer langen Analyse in eine Beziehung gefunden. Aber sie wird nicht schwanger, obwohl kein organisches Hindernis identifizierbar ist, weder bei ihr noch bei ihrem Ehemann. Sie wünscht sich ein Kind und würde dieses Thema gerne weiter bearbei-

---

62 Erster Jäger, Wallensteins Lager, 1. Auftritt:
Wie er räuspert und wie er spuckt,
Das habt ihr ihm glücklich abgeguckt;
Aber sein Genie, ich meine, sein Geist
Sich nicht auf der Wachparade weist.

ten, obwohl nach fünf Jahren das Ende der Analyse bereits verabredet ist und die Blockade bereits zwei Jahre bearbeitet wurde. Die Analytikerin möchte bei der Abmachung bleiben. Sie hat ihre Stunden verplant. Widerwillig akzeptiert die Patientin. Drei Monate später ist sie schwanger.

Dass etwas gerade dann gelingt, wenn der Zielzwang schwindet (und umgekehrt ein Zielzwang die Wiederholung des Gelungenen unmöglich macht), hat bereits Heinrich von Kleist in den Beispielen seines Essays »Über das Marionettentheater« beschrieben. Viele Frauen werden nach langen, vergeblichen Versuchen schwanger, wenn sie ein Kind adoptiert haben.

Rituale unterstützen uns, sonst leere Zeiten zu füllen, aus angespanntem, quälendem Warten jenen absichtslosen Zustand zu schaffen, in dem nichts die Entfaltung des Gewünschten stört. Rituale schützen uns, sie ziehen einen magischen Kreis, der das Böse abhält. Sie sind nicht gut, aber sie wehren dem Übel. Sie bringen nichts zustande, aber sie verhindern, dass Übereifer oder Angst Schaden anrichten.

Manchmal sind die einfachsten Experimente auch die ergebnisreichsten. Das gilt für den Marshmallow-Test, dessen Nuancen der 1930 in Wien geborene, wegen des Hitler-Einmarsches 1938 in die USA emigrierte Walter Mischel seit den 60er-Jahren erforscht hat, als er als Psychologe an der Stanford-Universität arbeitete.

Untersucht wurden Vierjährige. Der Versuchsleiter fragte sie, ob sie *einen* Leckerbissen (eben den Marshmallow) haben wollten oder *zwei* davon. Natürlich wollten alle die zwei. Diese waren an eine Bedingung geknüpft: Nur wer *wartete*, bekam die doppelte Belohnung.

Ungefähr ein Drittel der Vierjährigen *wollte* nicht warten. Sie aßen den ersten Marshmallow und verzichteten auf den zweiten. Ein weiteres Drittel *versuchte* zu warten, hielt es aber nicht aus und verspeiste den einen Bissen nach einer gewissen Wartezeit. Ein Drittel aber ertrug die Wartezeit und kassierte die Belohnung.

Vierzehn Jahre später ließ sich eine eindrucksvolle soziale Überlegenheit der Kinder nachweisen, welche den Impuls beherrschen konnten, den Marshmallow sofort zu essen. Sie waren sozial kompetenter, beliebter, selbstbewusster und erheblich besser in ihren Schulleistungen. Die Sofortesser konnten sich schlechter konzentrieren, reagierten auf

Frustrationen mit Wut, waren eifersüchtiger und längst nicht so erfolgreich in der Schule.

Eine weitere Beobachtung spricht für die *Macht der Rituale*. Die Kinder, die zwei Marshmallows bekamen, konnten sich besser die Wartezeit vertreiben. Sie machten ein Schläfchen, führten Selbstgespräche, begannen irgendein Spiel. Sie konnten sich davon ablenken, den Weg der schnellen Befriedigung zu gehen. So vermochten sie es, eine Wartezeit zu ertragen.

Abwarten ist ein so wichtiges Heilmittel, dass die meisten Ärzte irgendwann den Spruch hören: »Medizin ist das System von Ablenkungen, mit dem wir unsere Patienten versorgen, bis sie von selbst gesund werden.«

Um sich aber auf jene angenehme Weise ablenken zu lassen, welche die Selbstheilungskräfte fördert, muss ein Geplagter glauben, dass ihm das Richtige geschieht. Sobald er bemerkt, dass ihn jemand *nur ablenken* will, fühlt er sich nicht ernst genommen, schlecht versorgt, sogar betrogen, jedenfalls nicht unterstützt.

Dass das medizinische Ritual manchmal besser wirkt als der tatsächliche Eingriff, ist bei Knieoperationen von Bruce Morsley dokumentiert worden. Die in einem eindrucksvollen Ritual mit Spülgeräuschen und Bildern einer Operation nur zum Schein operierten Patienten wurden mit anderen verglichen, in denen tatsächlich die übliche Knorpelglättung durchgeführt wurde. Die Scheinoperierten »genasen« nicht nur schneller – was zu erwarten war, es mussten ja auch nur zwei winzige Hautwunden heilen. Sie berichteten auch über etwas bessere Heilerfolge nach zwei Jahren.

Jüngst wurde eine sogenannte »Metastudie« über Antidepressiva veröffentlicht. Sie fasst Ergebnisse vieler kontrollierter Versuche zusammen und kommt zu dem Ergebnis, dass diese Medikamente in den meisten Anwendungsfeldern Placebos nicht überlegen sind. Das widerspricht dem Eindruck vieler Fachleute, die in diesem Gebiet arbeiten. Zu oft haben sie beobachtet, dass es depressiven Kranken, die nächtelang gegrübelt haben, was sie falsch machen, wirklich hilft, wenn sie ein solches Mittel nehmen.

Aber die wissenschaftliche Kritik wird wieder verständlicher, wenn wir uns klarmachen, dass die Kranken in den Experimenten nicht *wussten*, dass sie Milchzucker nahmen. Sie waren im Gegenteil über-

zeugt, ein besonders wirksames, noch nicht auf dem Markt befind-
liches Mittel zu bekommen. Und so verbrachten sie voller Hoffnung die
Zeit, welche die Depression brauchte, um zu verschwinden.

Wer sich solche Vorgänge klarmacht, erkennt die Armut der natur-
wissenschaftlichen Kontrolle in der Heilkunde. Mit ihrem Beharren auf
Objektivität nivelliert sie den Umgang mit Ritualen. Das große Reich
der eindrucksvollen Aktionen wird auf eine simple Zweiteilung redu-
ziert. Jeder Student im ersten Semester kann es sich leisten, Rituale zu
verachten, deren Sinn sich dem Doppelblindversuch nicht erschließt.

Um glaubhaft abzulenken und die Ängste des Kranken zu lindern,
dass nichts Gutes mit ihm getan wird und er daher dem Übel zum Opfer fällt, muss ein Ritual überzeugen. Wenn es auf die Bühne tritt und
bekennt, »ich bin ein Placebo«, dann wird es ausgelacht. Daher *glauben*
Astrologen an die Gestirne, Homöopathen an das Simile.

Gegenüber der unermesslichen Kreativität des Lebens und der
Liebe entspricht die Analyse von Ritualen ein wenig der Anekdote über
den Heiligen, der das Wesen Gottes zu ergründen sucht und einem
Kind begegnet, das mit einer Muschel das Meer in eine von ihm ge-
höhlte Grube im Sand schöpfen will.

Die Rituale in den menschlichen Liebesbeziehungen sind noch vielfältiger als die Rituale im Kontakt von Arzt und Patient. Sie werden
nicht eingeschränkt durch den Zwang, sich wissenschaftlich und ökonomisch zu legitimieren. Sie unterstützen (oder behindern) nicht
Selbstheilungskräfte in einem Organismus, sondern sie *sind* der Organismus und damit auch die Selbstheilungskräfte einer Beziehung.

Literatur

Alexander, F. G., Selesnick, S. T.: Geschichte der Psychiatrie. Diana, Konstanz 1969

Alexander, F. et al.: Psychoanalytic Pioneers. New York 1966

Anzieu, D.: Freuds Selbstanalyse und die Entdeckung der Psychoanalyse. Verlag Internationale Psychoanalyse, München/Wien1990

Ardrey, R.: The territorial imperative. Collins, London 1967. Deutsch: Adam und sein Revier. Molden, Wien 1968

Bach, G. R.: Pairing – Partnerschaft in der intimsten und zugleich offensten Beziehung zwischen Menschen. Diederichs, München 1994

Balint, M.: Therapeutische Aspekte der Regression. Die Theorie der Grundstörung. Klett-Cotta, 4. Auflage, Stuttgart 2012

Balint, M.: Die Urformen der Liebe und die Technik der Psychoanalyse. Klett, Stuttgart 1966

Bandler, R., Grinder, J., Virginia Satir, V.: Mit Familien reden. Gesprächsmuster und therapeutische Veränderung. Klett-Cotta, 7. Auflage, Stuttgart 2011

Bateson, G., Bateson, M. C.: Wo Engel zögern. Unterwegs zu einer Epistemologie des Heiligen. Suhrkamp, Frankfurt a. M. 1993

Bateson, G.: Geist und Natur. Eine notwendige Einheit. Suhrkamp, Frankfurt a. M. 1982

Bateson, G.: Naven – A Survey of the Problems suggested by a Composite Picture of the Culture of a New Guinea Tribe drawn from Three Points of View. Stanford University Press, Stanford 1958

Bateson, G.: Ökologie des Geistes. Anthropologische, psychologische, biologische und epistemologische Perspektiven. Suhrkamp, Frankfurt a. M. 1981

Bateson, Gregory, Jackson, D. D., Haley, J. u. a.: Schizophrenie und Familie. Beiträge zu einer neuen Theorie. Suhrkamp, Frankfurt a. M. 2002

Bateson, G., Ruesch, J.: Kommunikation. Die soziale Matrix der Psychiatrie. Carl Auer, Heidelberg 1995

Bauriedl, Th.: Beziehungsanalyse. Das dialektisch-emanzipatorische Prinzip der Psychoanalyse und seine Konsequenzen für die psychoanalytische Familientherapie, Suhrkamp, Frankfurt a. M. 1980

Bauriedl, Th.: Auch ohne Couch. Psychoanalyse als Beziehungstheorie und ihre Anwendungen. Klett-Cotta, Stuttgart 1994

Benedek, T.: The Psychosomatic Implications of the Primary-Unit: Mother-Child. Amer. J. Orthopsychiatry 19, 1949, 642– 654

Bernfeld, S., Bernfeld, S. C.: Bausteine der Freud-Biographik. Suhrkamp, Frankfurt a. M. 1981.

Binswanger, H. C.: Geld und Magie. Eine ökonomische Deutung von Goethes Faust. Murmann, Hamburg 2003

Bitter, W. (Hrsg.): Magie und Wunder in der Heilkunde. Stuttgart 1959

Clements, H.: Magic, Myth and Medicine. London 1952

de Waal, F., Lanting, F.: Bonobo. The Forgotten Ape. University of California Press, Los Angeles 1997

Deutsch, H.: Psychologie der Frau. Klotz, Bern 1948 – 1954

Ehrenwald, J.: From Medicine Man to Freud. Dell, New York 1956

Erickson, M. H., Rossi, E. L.: Hypnotherapie. Aufbau – Beispiele – Forschungen. Klett-Cotta, 11. Auflage, Stuttgart 2013

Erickson, M. H., Rossi, E. L.: Der Februarmann. Persönlichkeits- und Identitätsentwicklung in Hypnose. Junfermann, Paderborn 1991

Erickson, M. H., Rossi, E. L.: Hypnose erleben. Veränderte Bewusstseinszustände therapeutisch nutzen. Klett-Cotta, 2. Auflage, Stuttgart, 2011

Erickson, M. H., Rossi, E. L.: Hypnose. Induktion – psychotherapeutische Anwendung – Beispiele. Klett-Cotta, 8. Auflage, Stuttgart 2013

Erickson, M. H., Rossi, E. L.: Gesammelte Schriften von Milton H. Erickson. Carl-Auer, Heidelberg, 1995 – 1998

Erikson, E. H.: Ontogeny of Ritualisation in Man, Philosophical Trans. Royal Soc. London 251 B, 1966

Erikson, E. H.: Kindheit und Gesellschaft. Klett, Stuttgart 1963

Erikson, E. H.: Jugend und Krise. Klett, Stuttgart 1971

Diamond, J.: The Third Chimpanzee. The Evolution and Future of the Human Animal. Hutchinson, Los Angeles 1992

Duerr, H. P.: Traumzeit. Über die Grenze zwischen Wildnis und Zivilisation. Suhrkamp, Frankfurt a. M. 1978

Duerr, H. P. (Hrsg.): Der Wissenschaftler und das Irrationale, Bde. I u. II., Suhrkamp, Frankfurt a. M. 1981

Duhigg, C.: Die Macht der Gewohnheit. Warum wir tun, was wir tun. Berlin, Berlin Verlag 2012

Elias, N.: Über den Prozess der Zivilisation. 2. Bde., Basel 1939 (TB: Suhrkamp, Frankfurt a. M. 1976)

Eliade, M.: Schamanismus und archaische Ekstasetechnik. Suhrkamp, 10. Auflage, Frankfurt a. M. 2006

Feyerabend, P.: Wider den Methodenzwang. Suhrkamp, Frankfurt a. M. 1983

Feyerabend, P.: Erkenntnis für freie Menschen. Suhrkamp, Frankfurt a. M. 1981

Frazer, J. G.: The Golden Bough. Part VI: The Scapegoat. London 1913. Deutsch: Der goldene Zweig, Köln 1968 (gekürzte Ausgabe)

Freud, A.: Das Ich und die Abwehrmechanismen. Fischer, 10. Auflage, Frankfurt a. M. 2012

Freud, A.: Indikationsstellung in der Kinderanalyse. Psyche 21, 1969, 233 ff.

Freud, A.: The Mutual Influences in the Development of Ego and Id. Psychoanal. Study of the Child 7/1952

Freud, S.: Totem und Tabu. Einige Übereinstimmungen im Seelenleben der Wilden und der Neurotiker. Fischer, Frankfurt a. M. 1956

Freud, S.,: Gesammelte Werke, Bände I bis XVII, London – Frankfurt 1950 ff.

Gay, P.: Freud. A Life for our Time. Norton, London 1988

Gennep, A. van: Les rites de passage. Nourry, Paris 1909. Deutsch: Übergangsriten. Campus, Frankfurt a. M. 1986

Greenacre, Ph.: Trauma, Growth and Personality. New York 1963

Habermas, J.: Theorie des kommunikativen Handelns (Bd. 1: Handlungsrationalität und gesellschaftliche Rationalisierung; Bd. 2: Zur Kritik der funktionalistischen Vernunft). Suhrkamp, Frankfurt a. M. 1981

Harlow, H. F.: The Heterosexual Affective System in Monkeys. Amer. Psychologist i7/1962

Harlow, H. F.: Love in Infant Monkeys. Sci. American 200/1959

Harlow, H. F.: The Nature of Love. Amer. Psychologist 13/1958

Kanner, L.: Autistic Disturbances of Affective Contact. Nerv. Child. 2/1943

Klein, M.: Die Psychoanalyse des Kindes. Fischer, Frankfurt a. M. 1991

Kohut, H.: Autonomy and Integration. J. Amer. Psychoanal. Assn. 13/1965

Kohut, H.: Introspektion, Empathie und Psychoanalyse. Psyche 25/1971

Kohut, H.: Narzissmus. Suhrkamp, Frankfurt a. M. 1973

Kohut, H.: Die psychoanalytische Behandlung narzisstischer Persönlichkeitsstörungen. Psyche 23/1969

Lee, R., DeVore, I.(Hrsg.): Man the Hunter. Chicago 1968

Lévi-Strauss, C.: Les structures elementaires de la parente. Paris 1949

Lévi-Strauss, C.: Traurige Tropen. Suhrkamp, Frankfurt a. M. 1960

Lévi-Strauss, C.: Strukturale Anthropologie. Suhrkamp, Frankfurt a. M. 1968

Lévi-Strauss, C.: Das wilde Denken, Suhrkamp, Frankfurt a. M. 1968

Lévy-Bruhl, L.: Le surnaturel et la nature dans la mentalité primitive. Paris 1931

Lorenz, K.: Über tierisches und menschliches Verhalten. Piper, München 1965

Malinowski, B.: Magic, Science and Religion. New York 1955

Malinowski, B.: Sex, Culture, Myth. London 1963

Mandel, K. H., Mandel, A., Rosenthal, H.: Einübung der Liebesfähigkeit. Praxis der Kommunikationstherapie für Paare. Pfeiffer, München 1974

Meisl, A.: Fünf Männer für mich. Ein Sexperiment. Südwest, München 2012

Moreno, J. L.: Gruppenpsychotherapie und Psychodrama. Thieme, Stuttgart 2008

Nietzsche, F.: Jenseits von Gut und Böse. Kröner, Stuttgart 1930

Ogbe, H.: The Crumbs off the Wifes Table. Spectrum, Ibadan 2001

Pühl, H.: Angst in Gruppen und Institutionen. Fischer, Frankfurt 1983

Pühl, H., Schmidbauer, W: Eventkultur. Leutner, Berlin 2009

Reynolds, V.: The Apes: their scientific and natural history. Dutton, New York 1968

Richter, H. E.: Eltern, Kind und Neurose. Die Rolle des Kindes in der Familie – Psychoanalyse der kindlichen Rolle. Klett, Stuttgart 1962

Richter, H. E.: Patient Familie. Entstehung, Struktur und Therapie von Konflikten in Ehe und Familie. Rowohlt, Reinbek 1970

Richter, H. E.: Der Gotteskomplex. Rowohlt, Reinbek 1979

Satir, V.: Familienbehandlung: Kommunikation und Beziehung in Theorie, Erleben und Therapie. Lambertus, 9. Auflage, Freiburg i. Br. 1994

Satir, V.: Kommunikation. Selbstwert. Kongruenz. Konzepte und Perspektiven familientherapeutischer Praxis. Junfermann, 7. Auflage, Paderborn 2004

Schäfer, R., Eine neue Sprache für die Psychoanalyse, Klett-Cotta, Stuttgart 1983

Schmidbauer, W.: Psychohygienische und (gruppen)psychotherapeutische Aspekte primitiver Riten. In: Jahrbuch für Psychologie, Psychotherapie und medizinische Anthropologie 17/1969

Schmidbauer, W.: Mythos und Psychologie. E. Reinhardt, 2. Auflage, München 1999

Schmidbauer, W.: Die hilflosen Helfer. Über die seelische Problematik der helfenden Berufe. Rowohlt, Reinbek 1977/1998

Schmidbauer, W.: Alles oder nichts. Über die Destruktivität von Idealen. Rowohlt, Reinbek 1980

Schmidbauer, W.: Du verstehst mich nicht! Die Semantik der Geschlechter. Rowohlt, Reinbek 1991

Schmidbauer, W.: Vom Umgang mit der Seele. Entstehung und Geschichte der Psychotherapie. Fischer, Frankfurt a. M. 2000

Schmidbauer, W.: Mobbing in der Liebe. Bertelsmann, Gütersloh 2008

Schmidbauer, W.: Partnerschaft und Babykrise. Bertelsmann, Gütersloh 2012

Schmidbauer, W.: Kassandras Schleier. Das Drama der hochbegabten Frau. Orell Füssli, Zürich 2013

Tannen, D.: You Just Don't Understand. Women and Men in Conversation. Ballantine, New York 1990. Deutsch: Du kannst mich einfach nicht verstehen. Warum Männer und Frauen aneinander vorbeireden. Ernst Kabel, Hamburg 1992

Torok, M.: Der Penisneid, in: Chasseguet-Smirgel, Ch. (Hrsg.): Psychoanalyse der weiblichen Sexualität. Suhrkamp, Frankfurt a. M. 1973

Trivers, R.: Deceit & Self-Deception. Allen Lane, London 2011

Turner, V.: The Ritual Process. Structure and Anti-Structure. Ithaca, Cornell Univ. Press. Deutsch: Das Ritual: Struktur und Anti-Struktur. Campus, Frankfurt a. M. 2000

Turner, V.: From Ritual to Theatre. The Human Seriousness of Play. Performing Arts Journal Publ 1982

Watzlawick, P., Weakland, J. H., Fisch, R.: Lösungen – Zur Theorie und Praxis menschlichen Wandels. Huber, Bern 1974

Watzlawick, P. et al.: Menschliche Kommunikation. Huber, Bern 1971

Watzlawick, P.: Wie wirklich ist die Wirklichkeit. Piper, München 1984

Wickler, W.: Sind wir Sünder? Naturgesetze der Ehe. Piper, München 1969

Wickler, W.: Stammesgeschichte und Ritualisierung. Piper, München 1970

Woods, V.: Bonobo Handshake. B. Gotham Books, London 2000

Woods, V.: Bonobo but not chimpanzee infants use socio-sexual contact with peers. Primates 52/2011, 111–116

Worbs, M.: Nervenkunst. Literatur und Psychoanalyse im Wien der Jahrhundert-
wende. Europäische Verlagsanstalt, Frankfurt a. M. 1983

Wosnitzer, R. J., Bridges, A. J.: Aggression and sexual behavior in best-selling pornography: A content analysis update. Paper presented at the 57th Annual Meeting of the International Communication Association, San Francisco 2007

www.klett-cotta.de/lebenlernen

Dietmar Stiemerling
Wenn Paare sich nicht trennen können
150 Seiten, broschiert. ISBN 978-3-608-89010-5

»… geht der Psychotherapeut Dietmar Stiemerling der spannenden Frage nach, was aus psychoanalytischer Sicht hinter der Unfähigkeit, den Schlussstrich zu ziehen, stecken könnte. Er fragt nach ursächlichen Faktoren, die zum Scheitern der Ehe beziehungsweise zu Trennungsgedanken führen, und analysiert, welche Bindungskräfte bei Paaren wirken – etwa Loyalitätsgefühle, Treue als ethischer Wert, gemeinsame Geschichte …«
Maja Langsdorff, Psychologie Heute

Gisela Hötker-Ponath
Gruppenarbeit mit Getrennten und Geschiedenen
Ein Handbuch
ca. 224 Seiten, broschiert. Mit Fragebögen und Materialien zum Download. ISBN 978-3-608-89147-8

Das flexibel einsetzbare Manual von Gisela Hötker-Ponath bietet eine Vielfalt an erprobten Übungen und Techniken für die sinnvolle Gestaltung von Trennungs- und Scheidungsgruppen. Mit einer Einführung zu Gruppenarbeit, Gruppenprozess und Leitungsaufgaben.

Leben LERNEN
Klett-Cotta